私的交通
システム論

生田 保夫

流通経済大学出版会

序

　交通は、あらゆる意味において人間社会諸活動の基礎としてあり、第一に考察されなければならない課題である。今日、グローバルに展開する人間社会にあって、広大な社会空間に人、物、情報の動きは、急激な拡大を見せている。交通学は、人間社会を移動という側面から分析、研究する社会科学の一分野であり、こうした社会状況下において、最も重要な接近方法として期待されていると言ってよい。この人、物、情報の動く過程、交通過程は、それを効果的に実現するためには、膨大な交通投資を行わなければならず、ここに投じられる資源の増大は、今日、最大の課題になりつつある地球環境の問題に多くの課題を投射している。そのことは、人間社会の成長、発展にとって不可欠な価値実現手段としての交通システム形成が、資源利用という側面からは、極めて難しい課題を内包していることを示唆している。その意味からも、交通問題は、人間社会のサステナビリティをいかに実現していくかについて、最も本質的な研究課題としてあるということになる。

　交通過程は、まず、個々、個別主体の要求に応じた自身の私的交通に始まる。この交通過程は、私的交通システムという概念領域にあり、交通システムの最も原初的な形態として、交通システムの基本的な特性を包含している。一般に交通過程は、その端末において私的交通システム性を回避することが出来ない。そして、他の交通システムは、その延長線上に展開しており、その意味で私的交通システムの理解なくしては、交通問題の本質的な解明はあり得ないと言ってよい。そのことを明らかにしていくことは、歴史上、人間社会発展の諸段階

において、その変化が、交通と交通システムの変化に大きく関わっていることを明らかにしていくことにもなる。殊に、地球環境問題に関わって、資源利用における循環型社会が提唱される状況下にあり、改めてサステナブルな社会関係を構築する上で、最重要の研究課題になっていると言えよう。

　今日、各方面で論じられている社会パラダイムの変換論が、地球科学的整合性を持った循環性を基軸とする社会への再構築に焦点を当てて、人間社会のサステナビリティ実現を求めようとしていることは周知の通りである。それは、持続的な人類生存への回帰軸が生物多様性の保全される地球環境にあることを認識して、あるべき未来の人間社会を展望する規範を求めて進む新たな挑戦であると言ってよい。私的交通システムとは、個別主体の生存、生活空間における諸活動を実体的に規定する交通過程を包括したものと言ってよく、一連の交通過程、ネットワークに深く浸透した交通関係を指している。そこに、個別主体、すなわち交通主体の日常、社会活動の中心があることを考えれば、在るべき社会関係、そして、その持続性を育む環境との間に行われるダイナミックな有機的関係こそが、新たな社会パラダイム形成への鍵になっていることは間違いない。本書の問題意識も、また、そこにある。その意味で、私的交通システムに焦点を当てて交通問題を論じようとするアプローチは、改めて原点に立ち返り人間社会の在り方を実体的に再検討しようとする、交通学からの試みに他ならない。本研究が、斯界の発展に些かなりとも貢献し得るものがあれば、幸いである。

　本書の執筆は、元明治大学総長故麻生平八郎先生の下でご指導を頂いた折の着想に端を発している。そして、本学名誉教授故中島勇次先生をはじめとする交通学会の諸先輩、本学諸兄の幅広い識見、ご示唆に育まれて、ようやく一冊の著作にまとめ上げることが出来た。両先生のご冥福を心からお祈り申し上げると共に、浅学菲才、遅筆の筆者に、こうした機会が与えられたことは、誠に感謝に堪えない。別けても、本書の刊行にあたっては、流通経済大学出版会会長佐伯弘治学園長ならびに小池田冨男学長のご寛容に負うところが大きく、ま

序

た、前著出版に際し多くのご助言と共に、本書の出版に道付けを頂いた加治紀男前事業部長、そして懇切な御配慮を頂いた池澤昭夫事業部長に、改めて謝意を表する次第である。

東日本大震災下、余震に揺れる流通経済大学研究室にて、

著者しるす

目　次

第1章　人間社会の発展と交通 …………………………………… 1

第1節　交通システムの基本的役割と私的特性………………………… 2
第2節　交通システム展開の系統性……………………………………… 5
第3節　交通の意義・本質との関係……………………………………… 13
第4節　交通サービスと交通システム…………………………………… 15
　　Ⅰ　交通システム形成の基礎条件…………………………………… 16
　　Ⅱ　交通サービスの特性と交通システム…………………………… 17
第5節　交通システム形成の諸条件……………………………………… 19
　　Ⅰ　技術的条件………………………………………………………… 19
　　Ⅱ　経済的条件………………………………………………………… 20
　　Ⅲ　社会的・制度的条件……………………………………………… 22

第2章　私的交通システムの概念形成 ……………………………25

第1節　私的交通システムへのインセンティブ………………………… 26
第2節　私的交通システムの定義………………………………………… 29
第3節　私的交通システムと交通システム形成の諸基軸……………… 33
第4節　私的交通システムの社会的有機化……………………………… 36
第5節　社会の持続的発展と私的交通システム………………………… 38

第 3 章　私的交通システムの展開 ……………………………43

　第 1 節　私的交通システムの位置付け………………………………43
　第 2 節　私的交通システムと他の基軸システムとの関係…………47
　第 3 節　私的交通システムの形成……………………………………54
　第 4 節　私的交通システムの社会的拡大への限界克服……………57
　第 5 節　ネットワークの経済と私的交通システム…………………63

第 4 章　私的交通システムの費用問題 ………………………68

　第 1 節　交通における費用問題の位置付け…………………………68
　　　Ⅰ　資源利用における意識 ……………………………………68
　　　Ⅱ　生産・供給における費用算定の基礎 ……………………72
　第 2 節　交通における費用問題と運賃・料金………………………75
　第 3 節　私的交通システムにおける費用問題の展開………………81
　　　Ⅰ　私的交通システムにおける費用意識 ……………………81
　　　Ⅱ　比較指標としての運賃・料金 ……………………………85

第 5 章　私的交通システムと市場メカニズム ………………88

　第 1 節　交通における市場メカニズムの位置付け…………………89
　　　Ⅰ　市場形成と交通過程 ………………………………………89
　　　Ⅱ　交通システムの市場メカニズム接合 ……………………92
　第 2 節　交通市場形成と市場効果の展開……………………………99
　第 3 節　私的交通システムにおける市場メカニズムの機能化……104
　　　Ⅰ　交通における市場の重層性 ………………………………104
　　　Ⅱ　私的交通システムへの市場メカニズム効果 ……………106

目　次

第6章　公共交通システムと私的交通システム …………………… 109

第1節　公共性課題への接近と交通………………………………………… 109
　　Ⅰ　公共性基準の問題 ………………………………………………… 110
　　Ⅱ　公共性課題の担い手と分担……………………………………… 111
第2節　交通権の問題とその実現…………………………………………… 114
　　Ⅰ　交通権の位置付け―基礎的基本的人権― …………………… 114
　　Ⅱ　交通権の実現 ……………………………………………………… 115
　　Ⅲ　交通権実現の分担 ………………………………………………… 117
第3節　社会的基礎施設としての交通システム………………………… 119
　　Ⅰ　交通システムの社会化 …………………………………………… 119
　　Ⅱ　公共交通システムの展開 ………………………………………… 121
第4節　私的交通システムと交通における公共性の問題……………… 123
　　Ⅰ　公共性基準と私的交通システム ……………………………… 123
　　Ⅱ　私的交通システムの公共システムへの機能化 ……………… 125

第7章　地域社会における交通システムの方向性 …………………… 129
　　　　―私的交通システムと地域社会―

第1節　社会形成と地域選択………………………………………………… 130
　　Ⅰ　地域社会形成と分析の視点……………………………………… 130
　　Ⅱ　地域社会形成と機能因子………………………………………… 133
第2節　地域社会の形成と交通条件………………………………………… 136
第3節　地域社会における私的交通システムの位置付け……………… 142
　　Ⅰ　私的交通システムと地域交通 ………………………………… 142
　　Ⅱ　個別交通需要対応性の実現……………………………………… 144
　　Ⅲ　交通システム基軸間の調整……………………………………… 146

vii

第4節　地域交通マネジメントと交通システムの調整……………… 151
　　　Ⅰ　地域交通マネジメントと私的交通システム ……………… 151
　　　Ⅱ　交通システムの調整と地域社会 …………………………… 154

第8章　情報化の進展と交通システムの高度化 ……………… 159
―高度情報化交通システム社会の形成と私的交通システム―

　　第1節　交通システムにおける情報化の位置付け………………… 159
　　　Ⅰ　情報主導型交通システムへの要請 ………………………… 160
　　　Ⅱ　交通システムと交通過程の情報接合 ……………………… 162
　　第2節　価値観の多様化と交通需要個別化への対応……………… 164
　　　Ⅰ　価値観の多様化と情報・情報化の経済 …………………… 164
　　　Ⅱ　私的交通システム評価の多様化 …………………………… 167
　　第3節　交通過程多様化への複合的接近…………………………… 169
　　　Ⅰ　高度情報化交通システムの社会化 ………………………… 170
　　　Ⅱ　ネットワーク社会の構築と交通システム ………………… 173
　　第4節　私的交通システムの社会化と情報化……………………… 175

第9章　環境問題と私的交通システム ……………………………… 179
―地域環境から地球環境への課題―

　　第1節　地球環境と人間社会のサステナビリティ………………… 181
　　　Ⅰ　文明史上の臨界条件 ………………………………………… 181
　　　Ⅱ　人間社会のサステナビリティ条件 ………………………… 183
　　第2節　環境問題への交通学的接近………………………………… 185
　　第3節　資源展開の二元性の問題―資源利用と環境―…………… 188
　　　Ⅰ　交通システムの特性と基本的問題 ………………………… 189
　　　Ⅱ　交通サービスの即時性の問題 ……………………………… 190

目次

　　　Ⅲ　交通サービス生産・供給条件と需要条件の乖離 ………… 191
　　　　　—資源非効率の問題—
　　　Ⅳ　資源需給展開へのインセンティブと交通過程 ………… 193
　第4節　資源費用概念の導入と交通システム……………………… 195
　　　Ⅰ　交通費用の資源費用評価—地球環境負荷評価の基礎指標—…… 196
　　　Ⅱ　資源費用導入における問題点 ……………………………… 198
　第5節　私的交通システムにおける資源費用の問題……………… 200
　　　Ⅰ　私的交通システムにおける費用評価 ……………………… 201
　　　Ⅱ　私的交通システムの資源費用評価性 ……………………… 203
　第6節　循環型地域社会と私的交通システムの資源展開………… 205
　　　Ⅰ　循環型地域社会形成と資源費用 …………………………… 206
　　　Ⅱ　私的交通システムの循環型社会への貢献 ………………… 209

第10章　私的交通システムと交通政策 ……………………… 214

　第1節　交通政策の役割と基本的課題……………………………… 215
　第2節　交通政策における私的交通システムの位置付け………… 217
　第3節　私的交通システムと公共交通政策………………………… 221
　　　Ⅰ　交通における公共政策へのアプローチ …………………… 222
　　　Ⅱ　公共交通政策における私的交通システムの展開 ………… 224
　第4節　私的交通システムの市場メカニズム接合への政策課題…… 228
　　　Ⅰ　社会的基礎施設形成への市場メカニズム接合 …………… 229
　　　Ⅱ　市場メカニズム接合における二重性への政策的接近 …… 234
　第5節　私的交通システムの環境政策への接近…………………… 238
　　　Ⅰ　交通システムにおける環境対応への政策課題 …………… 239
　　　Ⅱ　私的交通システムの環境政策における位置付け ………… 241
　第6節　交通政策の総合性と私的交通システム…………………… 245
　　　Ⅰ　交通政策総合性の問題 ……………………………………… 245

Ⅱ　総合政策における調整と規制の問題 …………………………… 247
　　Ⅲ　交通政策の総合性における私的交通システムの位置付け……… 251

参考文献……………………………………………………………………… 258
索　引………………………………………………………………………… 268

第1章

人間社会の発展と交通

　人間社会における諸現象の中で、最も現実的重要性をもって現れて来るのは、生存を保障するための第一次的基礎条件である移動行為である。交通学は、人間社会の諸現象をこの移動行為という側面からアプローチし、分析、研究しようとする社会科学として発達してきた。我々にとって、移動行為はあまりにも基本的、日常的なことであるため、しばしば、そのことに対する本質、意義の理解というものが軽視されがちになる。しかしながら、人間社会の歴史を辿る時、交通条件がその盛衰に決定的役割を担ってきたことは疑う余地がない。ここに、改めて交通の意義、役割を認識して、人間社会の発展と交通の関係を理解していくことは、生活空間がグローバルに展開していく時代にあって、緊要の課題になりつつあると言わねばならない。人類発展の歴史を遡って今日に至る史実を顧みれば、明らかに、人、物、情報の空間的な展開の中に盛衰を見る文明史の一過程に他ならない。ここに改めて、この人類史上、今日に続く一連の動きを検証していくことの重要性が再認識されると言えよう。

第1節　交通システムの基本的役割と私的特性

　人間社会の発展が、人、物、情報の空間的な展開、なかんずく場所的な移動を通じて行われているという事実にあって、その顕著な特徴が交通学という形で論じられきて既に久しい。それにも拘らず、この問題は、基礎的な事柄としてありながら、必ずしも的確な認識対象とはなっていない。それは、この空間的活動がどのような意義を持って行われているかの理解が、必ずしも十分には行われていないからである。言い換えれば、移動行為を全ての基礎に置いて考察するという接近方法の中に、人間社会の動きを捉えるという思考展開が不可欠だということである。

　この問題を明らかにしていくためには、少なくとも、次のような諸点に触れていかなければならない。

　第1には、交通という人間社会における最も基礎的な行為の持つ本質に鑑みて、その能力の如何は、地域・社会の盛衰に関わる現実的課題として、本質的な理解の上に、かつ総合的に考察していかなければならないということである。それは、交通が交通対象の場所的移動という位置の変化に対応した価値実現という、優れて現実・実体的な行動であり、それなくしては、生存自体が保障されないということに発している。したがって、この問題は、基本的には人類、人間の生物学的な条件に規定された存在であるということを理解しておくことが必要になっている。このことは、人間が生存、生活条件を持続的に維持・発展させていく上での基礎として、避けられない前提条件になっているということを意味している。

　第2に、この問題を解明していく前提として、既にこうした限定条件が枠組みとしてあるということは、人間の生存、発展を規定する生物学的な特性を十分理解した上で、この作業を進めていかなければならないということを意味している。交通問題を考える場合に、常に念頭に置いておかねばならないのは、このことである。かような認識の下に、まず、最初に指摘しておかなければな

第1章　人間社会の発展と交通

らないことは、交通の発達が、生来ある人間自身の持つ能力から始まって、それをより効果的、かつ発展的に機能化し得るシステムの工夫、開発を通じ、交通能力を向上させる展開過程に他ならないということである。このことは、交通システムの展開傾向に明確な一つの方向性を示唆していることになる。それは、交通システムとは、可能な限り人間自身の能力に有機的に接合・連携した拡張システムであることが、期待されているということである。ここに、交通システムにおける第1次的基軸形態である、私的交通システムの位置付けがある[1]。

　第3に、こうした位置付けにある私的交通システムとは、交通システムにおける原初的存在として、あらゆる交通システムの始点となっていることである。したがって、このシステムの持つ諸特性との関係において整合的でなければ、交通システムとしての有機的機能化が実現出来ないという、極めて基本的な制約条件としてあるということになる。このことは、交通の本質に関わって、交通システムが単なる独立した構造物ではなく、人間および人間社会固有の特性を持ったシステムとしてあることが明らかにされてくる。言い換えれば、この条件に背理していれば、どのような移動システムであっても交通システムとしては、不完全にしか機能し得ないということを意味している。その意味で改めて交通の本質から発した、諸特性の解明、確認を前提とした議論をしていかねばならないということになる。

　第4に、こうした交通システムの展開に関わる問題が、得てして物理的、技術的側面に傾斜しがちになるのは、交通過程が移動という、優れて実体的な現象であることに起因していることは言うまでもない。しかし、交通が、本来、人間自身から、更に一般的に、個別主体それぞれの諸要請の実現過程としてあるという事実に立ち返れば、より一層、交通および交通システムの人間社会的有機性に焦点を当てた分析の必要性が明らかになってくる。このことは、交通過程が個別主体、すなわち交通主体の意志・行動の連続過程としてあること、更には、人間社会自身がその連鎖過程の上に成り立っているということを強く

意識している。交通学は、人間社会の展開をこうした視点からアプローチし、分析していく。

　第5には、このことから交通問題は、その第一に交通主体の意志・行動に関わる分析、理解がなされなければならず、そこから引き出された諸要請を交通システムの中に反映させていくという作業手続きを経なければならない。この手続きの過程で明らかになって来ることは、正に、「個別性」の一言に尽きるということである。交通主体が交通システムに求めているこの個別性こそが、この問題の起点である。交通システムにおける、個別交通需要対応性の問題である。端的に言って、この特性からの乖離は、交通システムの利便性、効率性を著しく低下させる。

　言い換えれば、交通システム展開の方向性は、基本的には、この要請をいかに発展的に実現していくかに掛かっていると言ってよい。そして、交通の自由度とは、正に、この個別交通需要対応性を評価基準とした人間社会の価値実現能力のレベルを示す指標に他ならない。人間社会における要請にあって、自由度の実体化への追求は、あらゆる意味において最も基礎的、基本的な課題である。そして、それが交通過程において実体化するという事実への認識こそは、紛れもなく社会科学研究の一角に交通学が成立する意義を見出させている。

　第6に、結局、交通学が明らかにしようとしている目標が、いかに自由度の高いレベルでの交通過程、すなわち価値実現過程が具体化できるかにあって、それは、言うまでもなく交通需要者の価値意識展開の如何に掛かっている。当然のことながら、交通システムの形成にあたっては、その要請をどのような形で可及的に実現していくかの視点に立ったアプローチがなされていかなければならない。問題は、異なる個別交通需要それぞれの要請に対処して、しかも、それを事前に準備していかなければならないという、交通システムにおける先行投資性が大きな不確実性を孕んだ存在としてあることである。このことは、資源利用に様々な問題を提起しており、今日的には、地球環境問題に新たな視点からの接近方法を示す重要なポイントにもなってくる。

何れにしても、一連の交通過程における交通主体と交通対象との関係は、どのような場合にあっても、位置の相違を起点として常に個別的であり、その意味において交通過程自身、個別性を基本前提として存在している。この「個別性」を強く意識するとき、改めて交通システムにおける個別交通需要対応性という課題が、大きくクローズアップされてくる。この特徴を捉えて交通システム形成を論ずるのが、私的交通システム論の役割である。かように、私的交通システム論は、交通における原初的形態である私的交通の持つ諸特性の中に、交通現象の本質的な姿が内包されているという基本認識の下に考察しようとする接近方法に他ならない。

第2節　交通システム展開の系統性

　この問題は、交通過程が交通サービスの即時的生産・消費を通じて行われるという中で、交通需要が基本的に持つ個別性の問題が、交通システム形成、進化の方向性を強く規定しているという事実の認識に発している。交通過程が個別主体の求める価値実現過程としてある以上、この個別性は基本的な条件として認知し、交通システム形成における議論の前提としていかなければならない。実際、交通システムの形成過程を歴史的に遡って行くと、結局、交通システムが個別主体の求める交通需要への対応性が十分でないものは、自ずからその適応性を失って人間社会から脱落して行くという過程を辿ってきたことが判る。言い換えれば、交通過程とは個別性を基本条件とした価値実現過程であり、このことを前提とした理解がなければ、成立し得ない存在としてあるということである。

　こうした条件は、交通重要の側面から接近する限り極めて当然のこととして理解されることでありながら、供給構造、すなわち交通システムの物理的・技術的条件は、必ずしもこの条件を十分に意識して形成されてきたとは言えない。

ここに交通システム形成における需給間乖離が発生する。その原因の中心が、交通システム形成のための前提である供給条件整備と需要発生との間の時間的・場所的乖離が、著しく大きいことに由来している。このことは、交通問題を考える場合に必ず発生する不可避の課題として常に念頭に置いておかねばならない。当然のことながら、交通システム形成におけるこの乖離が、交通サービスにおける生産・供給、需要・消費の即時財関係と重なって、この問題を更に大きくする。前者は不確実性増大の問題に、後者は主として生産性・効率性の問題に大きな課題を突き付けてくる。

交通システム発展の過程で現れてくるこうした課題、すなわち、交通過程が本質的に持つ基本的特性をいかに組織化して有機的に機能させるかということ、これが避けられない課題である以上、改めて交通学的な検討を加えつつ、望ましい方向性を見出していくことが必要になる。

周知のように、交通システムが人間社会の成長、発展の基礎施設としてあるということは、それが人間の生存能力に基礎づけられた延長線上にある有機的なネットワーク・システムとしてあることに、レゾーン・デートルを見出している。したがって、交通需要の持つ基本的特性である個別性を、このシステムの中にいかにして組み込むかが最も重要な課題になってくる。正に、この関係の中に交通システム進化の系統的発展が、期待されていると言って間違いない。

かような理解の下に、交通システム形成の流れを歴史的に整理していくと次のような系譜が現れてくる。

第1に、交通システムとは、生存の手段として人類が持つ生得の機能を基礎として、その上に、生存能力の向上を目指して構築してきた文明のシステムに他ならない。それは、他の大多数の生命体が採ってきた方法とは異なり、自身の機能改変の領域を遥かに超えて、環境の中に分布する様々な物質を資源とし、それを自己機能化するという進化選択を行ってきたところに著しい特殊性がある。そして、この進化形態は、18世紀の産業革命発祥以来、連綿と続く革新的な科学技術の進歩を梃子にして、膨大な資源利用の途を切り拓いて今日に至っ

第1章　人間社会の発展と交通

ている。

　重要なことは、この資源利用の形態が位置の変換、すなわち場所の移動という極めて簡明な物理現象の中で展開する価値実現行為、交通過程から成り立っているということである。しかも、それは、人間社会における数多の交通主体が求める交通需要の有機的なネットワーク関係を形成する中で、行われていることに注視しなければならない。このことは、交通需要の個別性とは、交通主体が個々孤立的に存在している訳ではないことを意味している。なかんずく、今日の社会生活が高度な社会的分業を基礎にして成り立っている以上、この条件下でのものであることは疑問の余地がない。言い換えれば、個別交通需要対応性の求めるところも、人間社会の歴史的発展段階の中で、それぞれに持つ時代の特性を反映した存在であるという認識の下に、理解していかねばならないということである。その意味では、交通システムのネットワークの中に、個別需要展開の限界が規定されており、それは同時に、その発展段階における臨界域を規定していることにもなる。

　第2に、この臨界域は、当該地域社会の新たな発展の方向性を示唆する存在でもあり、交通システムによって形成される生活空間選択の如何を規定している。それは、地域社会がある程度の基礎的類似性を持ちながらも、極めて多様な展開を示して、更に時間の蓄積の中で固有の文化圏を形成していくという歴史の現実となって現れている。この多様な選択こそが、生存、生活条件向上進化系の核となっていることは言うまでもない。が、そこは個別対応性の領域を越えて多様な価値観対応の要請が相互、重層的に干渉する空間として、正に人間社会は複雑な様相を呈していくことになる。そして、それは紛れもなく、個別交通需要の延長線上にある一連の交通過程から形成される、有機的ネットワークの上に成り立つ新たな社会空間であることである。

　しかし、この領域にある交通過程が、もはや個別の需要者の単純な意思に傾斜したシステムのレベルを超えた多様な意思の錯綜する中で構築される交通システムに、委ねられなければならない社会空間としてあることを認識しなけれ

ばならない。言い換えれば、多様な個別需要の織り成す価値実現過程でありながら、同じ空間に群居しているということは、何らかの形で相互に補完・支援関係が形成されているからこそ、有機的な社会関係が実現されているということになる。そこに、個別交通需要の延長線上にありながらも、一定の共有される現実的交通過程が形成されていることが看取される。ここに、より集合的な形で表現される交通システムの形成基軸が提案されてくることになる。公共性基準、市場メカニズムは、その端的な例である。とは言え、こうした基軸が個々に独立して存在し得るわけではなく、あくまでも個別交通需要対応性の要請の延長線上にあることに変わりはなく、集合化することによって形成された、言わば二次的なシステム基軸として位置付けられた存在であることを理解しておく必要がある。交通は、位置の効用の変化の中に新たな価値実現を図るという行為である以上、位置の個別性に基因する個別交通需要対応性の問題を切り離して考えることは出来ないからである。

　第3には、しかし、交通システムというのは、基本的には技術的・物理的条件が大きな要素を占めており、一連の交通過程にあっては、個別需要対応性への傾斜を超えて、多様な需要の集積からする量的優位性を軸にしたシステム形成力に依存しなければならなくなる場合も少なくない。交通量・交通距離の増大、投資の大規模化、技術的特殊性の問題、等々、そこに需給システム、更には社会的諸条件、環境問題といったマクロ的課題が加わって、こうした傾向はより一層高まってくる。人口・資源分布の不均等、偏在性を基礎にしながら人間社会の成長・発展を期待する以上、地域間、広域化への展開は避けられず、交通過程におけるこうした動きはごく自然な現象として現れてくる。

　重要なことは、交通が交通サービスの生産・消費を通じて行われる場所（位置）の移動という極めて単純な、しかし、あらゆる生存条件の基礎的行為としてあることである。それが、システムの多様性を促進させると共に、需要条件の類似性を集積させることにもなる。そして、ここに共用性という領域から成立する需要形態の存在が浮かび上がってくる。いわゆる公共性を基準とした交

通システムへの要請であり、あるいはまた、需給関係の成立にある程度以上の量の存在が期待されるシステム、例えば、市場メカニズムを基軸として展開する交通システムの形成などは、そうした関係を背景としている。

殊に、公共性の領域で論じられる交通システムの展開は、交通学成立の上で中心的な課題として扱われてきた歴史が長い。より先行史的には、地域社会の発展、国家の成立といった広域的空間条件を基礎とした社会形成を保障する上での、必須要件と認識されるようになってきたことがある。あらゆる社会現象は、交通過程において、そのダイナミズムを現象化させるという本質的な課題に、まず、直面するからである。そこにおいては、また、社会的基礎というマクロ的条件が、個別需要対応性のレベルをシフトアップさせるという関係があることも忘れてはならない。社会の発展諸段階においては、何らかの形で交通システムにおける社会的基礎条件の革新的変化が起きていなければならないということ、ここに注目しておかなければならない。交通システムというのは、ある種の需要だけに対応したシステムの成長だけでは成り立ち得ない総合的な連鎖性の中で成立する存在だからである。需要側面からは個別対応性が基本的要請でありながら、一連の交通過程の中では、必ずシステムの総合性と共用性が基礎条件として準備されていなければならないのである。

第4に、当然のことながら、交通システムの系統的展開を規定する第一次的条件として考えなければならないことに、「人類の生存と、人間社会の持続的進化性が期待されている」という命題が存在していることである。この命題への「解」の中心的側面が需要条件にあることは言うまでもないが、それを実体化する供給条件の制約が限界領域を規定していることを注視しなければならない。その基礎条件は資源利用関係にあることは、後章で詳述することになるが、交通システム形成において、ある段階になるとこのことが極めて大きな問題として現れてくることになる。たとえば、今日、急速に問題化しているグローバルな環境問題などは、その端的な例である。交通学的には、人間社会に取り入れられてくる資源は、二つの機能側面をもって展開している。一つは、資源を

最終的に実体表現する交通対象としての存在であり、他は、その資源の価値実現を担う交通システム形成に投じられる資源である。資源需給展開におけるこの二元性こそが、資源利用における処方箋の基礎条件となっていることを注視しなければならない。そして、それが市場メカニズムを通じて最適化を指向しているというのが、今日の姿であることは周知の通りである。

　この認識の下に、交通システム形成における資源利用の有効性をいかに実現するかという問題が、表面に出てくることになる。現在条件の中では、市場メカニズムをいかに組み込むかという処方箋に解を求めようということになろうが、そこには幾つかの問題が横たわっている。それは、主として次の二点に関わっている。第一は、言うまでもなく交通手段が生存・生活の基礎として、全てに先行して準備されていなければならないという現実の要請に直面し、資源利用の効率性、最適化といった尺度が二次的存在として扱われる傾向があることである。そして、いま一つは、市場メカニズム自体の限界と交通システムの多様な諸特性との不整合である。いわゆる「市場の失敗」に関連して、その諸特性の幾つかが、そうした「失敗」に当てはまる典型的なケースとして挙げられてきたことは周知の通りである。

　しかし、こうした資源利用の有効化に関わって、例えば地球環境といった緊要の課題に対処する処方箋を描くにあたり、今日、共通の社会システムとして受け入れられている市場メカニズムを交通システム形成に適用させようとする努力は、一つの重要な選択には違いない。一般的に需要側面の要請に傾斜しがちな交通システム形成に、資源条件を強く意識した供給構造を構築していく上で、市場メカニズムの規制力に、その有効性を見出そうとしているのである。むろん、それは幾つかの基軸選択の中の一つであり、新たな系統展開の多様性、多型性を析出して、それぞれに理論的整理を行いながらサステナビリティの実現を目指すものでなければならない。ポイントは、どのような選択を行おうとも、原初的要請である個別交通需要対応性という私的交通システムの基礎性を見極めていなければならないということである。

第5に、かような資源利用の有効性という評価指標の導入は、交通システム形成に新たな方向性を与えることになる。それは、今後の人間社会共通のグローバルな課題だけに、優れて巨視的な交通学的アプローチによる座標軸の提示が期待されているからある。

　先に触れたように、資源利用の展開は、交通学的に見るとき交通対象化資源と交通システム化資源の二元構造を採りながら行われている。そして、後者が前者の価値実現手段として位置付けられていることは言うまでもない。言い換えれば、交通システム化資源は、交通対象化資源有用化の費用という存在になっており、その関係の中に資源利用の効率・効果的な処方箋設計の方向性が見えてくる。

　一般的に言って、単位価値実現に要する支出、すなわち投下資源は可能な限り少ないことが望まれる。交通システム化資源がそうした位置付けにある限り、当然のことながら、この側面への資源投下比率の縮小が望まれてくるはずである。しかしながら、現実の資源展開は、むしろ、この部分への投下量が、増大し続けていると言ってよい。このことは、今日の資源流通問題にあって、こうした交通学的なアプローチに対する認識が必ずしも十分でないことを推測させる。それは、資源分布の偏在性と人間社会における資源利用との乖離をどのような形で埋めていくかということに掛かっている。

　実際のところ、その大半がグローバルに展開しつつある市場システムに依拠して行われていることは、周知の通りである。そこでは、資源の最適配分の基準を価格メカニズムに求めており、実際に投じられる資源量そのものによって表示されている訳ではない。表示指標が人間社会の需給関係によって間接化されてしまっているのである。しかし、人間社会の未来が地球環境とシンクロナイズした資源利用条件下に循環型社会を構築することが求められている以上、もはや人間社会だけの意志に委ねられた選択が行われるべきではない。まして、それが、人類生存の基盤である地球環境の循環システムを破壊することになりかねない資源利用を促進するような選択であるべきでないことは言うまでもな

11

い[2]。

　人類生存の第一次的条件である地球資源・環境、その因果関係が解明されようとする時代にあって、人間社会のサステナビリティ（sustainability）、さらに進んでサステナブル・ディベロップメント（sustainable development）の状況を未来に展望しようとする時、資源利用の選択は、地球資源の限界と生成・循環のメカニズムを強く意識した処方箋に拠るべきことは、当然のことと言わねばならない[3]。そして、それが交通学的アプローチに求められようとしているのは、先に示したように資源利用のあり方がきわめて明瞭な二元構造を持っているからである。殊に、交通システム化資源が資源利用における効率化にとって重要な鍵であることは、社会の広域化、グローバル化という時代にあって、改めて注視していかなければならないことは明らかである。資源利用にとって、交通システム化資源が、どのような特性をもって展開しているかの認識である。

　交通対象の有用化すなわち価値実現が何らかの位置の変化を経なければ実現されないという事実に鑑みて、しかも、その過程自身が既に資源消費の過程としてあることを理解しておかねばならない。このことは、交通の本質に関わって人間社会の成長、発展に基礎的役割を果たしてきた交通手段の意義を、改めて別の視角から検討することの必要性を問いかけている。それは、交通過程が増大、長大化する中で資源消費性の高い交通システム化資源のより効率・効果的な利用、更にはこうした交通過程の増大・長大化自身を抑制するような資源利用の在り方を考察していく必要あるということである。

　しかも、この問題は、交通システムに原初的に要請されている個別交通需要対応性を可能な限り損なうことなく実現していかなければならないという難しい制約条件下にあるということである。「位置の効用」に価値実現の実体性を求めている交通過程の本質に鑑みて、このことは不可避の課題であると言わねばならない[4]。この交通システムの原初性を淵源として成長、発展の強力な起動力となってきたということと、他方で、外因的な制約条件が強く働いて、

そこに一定のバランスが実現されることによって、人間社会のサステナビリティは維持されているということへの再確認が求められているのである。重要なことは、私的交通システムの限界を超えた他の基軸に基づく交通システムの展開を通じた革新的な発達が、問題を顕在化させる契機となってきたということである。

第3節　交通の意義・本質との関係

　人間社会において、日常的に使われている用語は、それが意味している範囲よりかなり幅の広い形で弾力的に使われていることは周知の通りである。しかしながら、そうした用語を学問領域で用いる場合には、明確な意義付け、定義を行った上で使用していかなければならない。
　交通学において、交通とは、むろん日常的に用いられている領域での交通の意味が定義上の基礎に置かれていることは言うまでもない。が、そこに内在する本質を解明しながら、その本質において共通する諸現象にまで対象を拡張して、定義領域に包含していかねばならないところに大きな違いがある。
　第1に、交通とは、人間社会の諸現象を、人・物・情報（交通対象）の場所的移動という側面から捉えた概念としてあるということである。これは、あらゆる事象が時と場という二つの物理的因子に規定されている以上、例外なく当てはまることであって、そこにおける諸関係、諸特性は最も基礎的、基本的な共通の課題として認識されていかなければならない。「交通」は、この2因子のうち、まず、「場（位置）」の変換というところに焦点を合わせ、人間社会の主体的な意思が実体化される一連の過程が、そこにあることを強く意識している。その意味において、交通過程は人間社会の現実の姿を反映する場としてあり、改めてその本質をとらえたアプローチが必要であることを示唆している。言い換えれば、この関係は、交通という用語によって一般的に理解されている

概念領域を遥かに超えた存在としてあることを示しているということ、これである。

　かように、交通の役割が、その本質においては人間社会のあらゆる活動の基礎・基盤としてあり、そこにおける共通の特性、更には、そこから派生する様々な諸関係を理解していくことが、全ての場面で必須の要件となっているのである。特に、社会が急激に変化するような時代にあっては、こうした交通条件が、まず、最初の課題として大きく前面に立ちはだかってくることになる。交通条件の変化が社会構造を大きく変え、時に交通革命といった時代を形造ってきた歴史を顧みれば、このことの意味するところは、容易に理解されるに違いない。人間社会の形成において交通システムは、その展開の方向性を基礎づけているという意味において、改めてその重要性を強く認識していかなければならない。

　第2には、こうした理解の下に、交通および交通過程がどのような構造をもって存在、展開しているかの問題である。交通は、人間社会の様々な展開を実体化させる移動という物理的行為に焦点を当てた概念である。その行為を整理すれば、何らかの欲求を実現しようとする意思主体である交通主体と、その対象である交通対象、そして、両者を接合して機能化させる交通システムの存在が、一連の有機的な連鎖関係形成を通じて生存条件を保障するという仕組みを成立させている。その意味において、交通・交通過程とは、まさしく人間社会における生存行為そのものに他ならず、交通条件はその鍵を握っている。人間社会の歴史の中で、幾つか見られる飛躍的な社会変化を引き起こしている背景には、常に、この交通条件に関わる大きな変化が起きていたことを記憶しておかねばならない。

　そして、第3には、こうした関係の中に、更に大きくマクロ的な条件が加わってくる。それは、交通システムを通じて交通主体、すなわち人間社会に属するあらゆる個別主体が、何らかの意思をもって様々な形で諸資源を交通対象化していく中で、環境構造を不断に改変し続けているということである。この

ことは、今日、人類の生存基盤、地球環境の問題としてクローズアップされている課題に大きく結び付いている。交通過程とは、まさしく、そうした変化を引き起こしていく過程に他ならないからである。そこでは、人間社会のサステナビリティ、持続的発展の可能性が、地球科学的な立場から導き出されることが求められているとはいえ、未解明な部分が多い今日の段階では、まず、当面は、資源の効果的な利用という所に焦点を合わさざるを得ない。一連の交通過程が、正にこの資源展開の現実の場であることを考えれば、交通問題への接近は、こうした巨視的な課題を背景にしたものであることを理解しておく必要がある。

　以上のような包括的認識を考慮して、「交通」の概念を、整理、定義しておくとすれば、次のようになろう。すなわち、交通とは、「人間社会において、個別主体がそれぞれの価値基準に基づき、人、物、情報の場所的移動を通じて、価値実現を図る実体過程」であると定義される[5]。

第4節　交通サービスと交通システム

　如上のように定義される交通は、交通主体である個別主体それぞれの意思に基づき、交通対象である人，物、情報の場所的移動を通じて、その意思の実現を図るということにあって、場所的移動という「移動」行為に要点がある。交通学では、この移動行為を交通サービスと言い、それを生産・供給する装置・システムのことを交通システムと呼んでいる。したがって、交通とは、交通システムによって生産・供給された交通サービスを消費することによって行われる場所（位置）の移動ということになる。人間社会はこの交通が連続的に行われ続けることによって実現されており、この一連の過程を交通過程と言っている。

I　交通システム形成の基礎条件

　以上の関係が示すように、交通はこの交通サービスの特性と、交通システムの在り方によって、人間社会の展開を大きく規定していくことになる。それは、時に交通革命と呼ばれるような歴史上に飛躍的な変化をもたらす文明史を特徴づける時代をも現出する。実際、文明発祥の地が交通条件の要衝にあったことは、その端的な例証でもある。当然のことながら、交通条件、すなわち交通システムの構造がどのような状態にあるかは、その地域の社会活動の在り方を方向付ける最も重要な基礎因子として存在しているということになる。

　重要なことは、この交通システム形成には、次の7要素、すなわち交通サービス生産要素が整合的に準備されていなければならないという、絶対条件が存在していることである。それは、通路、運搬具、動力、結節機能要素、エネルギー、情報、労働力の諸要素である。しかも、それらが「整合的」にということは、新たに交通サービス1単位を生産する場合に、必要とされる各生産要素の限界生産力が均等化するように準備される必要があるということである。しかし、実際のところは、多くの場合、各要素を効率・効果的にこのバランスを実現することは難しく、当該交通システム全体が、これら7要素の内の最も能力の低い生産要素に規制されて、他の要素に不使用能力（unused capacity）部分を生じさせてしまうことになる。これは、資源利用、投資計画に大きく問題を投げ掛けてくることになる。特に、交通サービス生産・供給システムを大きく左右する情報要素の精度、充足度等の問題は、これを更に難しくしていく。

　何れにしても、交通システムは、これら7要素それぞれの特性が個別的に影響してくるばかりでなく、それらが組み合わされてシステムが形成され運用されていく中で、相互に規制しあいながら展開していくことになる。しかも、現実の交通過程は、こうした生産・供給側面からばかりでなく、需要側面からの様々な働きかけによって大きく影響されながら進んでいくことになる。

第1章　人間社会の発展と交通

II　交通サービスの特性と交通システム

　かように、交通システムの形成は、極めて多様な関係の中で交通過程を実現していくことになるが、その基本的な役割は交通サービスの生産・供給というところにある。当然のことながら、その交通サービスがどのような性質を持ったものであるかは、交通システムの在り方を大きく規定していくことになる[6]。

　先にも触れたように、交通サービスは移動行為そのものに他ならないが、それは極めてはっきりした特性を持っている。

　第1に、交通サービスは、それが生産されると同時に消費されてしまうという基本特性を持っていることである。この特性を捉えて一般に、交通サービスは即時財と呼ばれている。かように生産と消費が同時に行われるという性質は、交通問題に関わるあらゆる場面に基本的制約として作用していくことになる。それは、交通サービスはそれ自体としては、独立に存在、客体化させることが出来ないということでもある。そのため、交通サービスを利用しようとする場合には、必ず交通システムと交通対象が、同時・同位置、一体的に行動しなければならないという絶対的な物理的制約下に置かれるということになる。

　第2に、交通サービスのこの性質は、それを需要に先立って生産し貯蔵しておくことが出来ないということを意味している。このことは、交通サービスの生産・供給に関わって、極めて強い制約条件となって立ちはだかって来る。最大の制約は、先に示した生産要素、7要素が常に需要条件に応じた形で、その時点に遅滞なく先行的に準備されていなければならないこと、しかも、各要素先行投資の条件に著しく差があることである。この差は、投資効率の悪化、不確実性の増大をもたらす。特に下部構造に多大な投資を必要とする交通システム形成において、最大の課題の一つになっている。

　第3に、交通サービスが即時財であるということは、生産・供給条件と需要条件との差の拡大が不使用能力の増大に結び付いて、直ちに資源利用効率の低下に導くということである。前述の先行投資の不確実性がもたらす非効率と共に、資源効率低下を相乗させる原因になっていく。これは、交通機会が増し、

その距離が急速に伸長するグローバリゼーションの時代にあって、地球環境問題の鍵になる効果的な資源利用に大きな課題を突き付けていくことになる。この問題は、交通システム形成に対し、交通需要からの要請を強力に意識して、資源非効率の発生を可及的に抑制しうるような選択が強く期待されていることを示唆している。問題は、交通需要がどのような特性をもって発生してくるかである。これは、その社会の構造、展開があらゆる形で交通需要に表わされてくるという点で極めて多様である。殊に、価値観の多様化、交通圏の拡大などが加わって、その様相はより一層強まっていく時代になっている。当然のことながら、この需要における多様性は、社会における自由度の現実的表現でもあり、その実現手段である交通システムへの要請は、需要の個別性にいかに対処するかの問題に直面させる。

第4に、交通サービスは物理的には移動行為に他ならないが、それは、人間社会における移動行為として、それを需要する交通主体の意思によって特徴づけられている。しかも、それらは、交通需要ごとに何らかの差異があって、基本的に個別性が色濃く出ている。この交通需要の個別性は、交通サービス生産・供給側面への強力な規制力として、交通システム形成における根元的な指向要件となっていく。この問題は、全ての交通対象が位置（場所）条件において個別的であるという絶対条件下にあることを考えれば、交通問題を考える上で最大の制約条件であるということになる。このことは、交通システムの形成、展開に明確な方向性を与える。すなわち、交通サービスはあらゆる意味において評価の個別性が避けられず、交通システムの進化・発展は、その要請に応ずる形で進んでいくことが期待されているということである。

以上のような交通サービスの特性を受けて、交通システム形成における方向性を考察していくと、一つの明確な方向性が浮かび上がってくる。それは、交通需要に初期化されている需要の個別性に対応することが、交通システムには基本的に欠かせないという事実に由来する。言うならば、この条件下に交通システムの形成は、当初からその発展の方向性が強く示唆されているということ

第1章 人間社会の発展と交通

になる。この特徴を端的に反映した交通システムこそが、私的交通システムに他ならない[7]。

第5節　交通システム形成の諸条件

　交通が如上のような特性をもった人間社会の諸活動の実体的基礎としてあることを理解した上で、更に現実の交通過程がどのような特徴を持ったものであるかを解明していかねばならない。それらは、次の諸要件、すなわち技術的条件、経済的条件、社会的・制度的条件をクリアしていかなければならない。

I　技術的条件

　交通システムは、交通対象の移動という物理的行為を実施する手段として、需要の発生に先立って、まず、その技術的条件が整合的に準備されなければならない。それは、通路、運搬具、動力、結節機能要素、エネルギー、情報、労働力からなる交通サービス生産要素の持つ諸特性を整合、調整して準備するという極めて厄介な問題を背負っている。それらの問題の多くが、交通サービスが即時財であることから来ているということは、言うまでもない。それぞれの技術的特性には大きな差があり、その間に有機的な調整を施し、効率・効果的な交通システムを構築することは、容易なことではない。しかも、それらの諸要素を全て自己の保有に帰するようなシステムとして形成することは、単に技術的な問題ばかりでなく、経済的、社会的等、他の諸条件に強く規制されて、一部の小規模なものを除けば、極めて困難であるのが普通である。こうした問題を様々な方法でクリアしながら、技術的な準備が整わない限り、交通システムとしては成立し得ないことは、言うまでもない。

　重要なことは、交通システムが第一に求められているのは、需要の個別性にいかに対応するかという点にあり、この基本的要請を無視しては成り立たない

ということである。当然のことながら、そのための最も初期的な条件が技術的条件であり、その意味では、どのような交通システムであろうとも、何らかの形でこの条件を担保していかなければならない。多くの場合、それは、単独の交通システムだけでは達成し難く、幾つかのシステムを有機的に結合させることによって行われる複合システムの形で実現させていくことになる。しかも、この有機性は、需要の発生時点で実現されていなければならず、問題は、この需要条件の不確実性が様々な問題を引き起こして来ることである。

　特に、システム形成に当たっては、交通サービス生産要素への先行投資という不可避の要件下に、発生需要との乖離が、結果的に不使用能力の発生という資源非効率の問題を引き起こしがちになることである。しかし、交通の自由度の基礎が、この技術的条件に規定されている以上、時間差を主因として生ずる情報の不均等に基づく需給間ギャップの存在をある程度想定しながら、準備していかなければならないところに、交通問題の基本的な難しさがある。この問題への対処は、要素別分化の中に一つの道を見出すことによって、実現性を高めていくという方法が採られる方向にあると言ってよい。分業に基づく生産・供給能力の向上は、人間社会の成長、発展を促してきた最も効果的な選択であることは、改めて指摘するまでもない。

II　経済的条件

　交通システム形成において、経済的条件は人間社会のあらゆる側面に関連して著しく広範な問題を含んでいる。しかも、それは地域差、歴史的条件の違い、等々、当該社会の個別特殊性が現れてくる場面であり、様々な接近方法を通じて、多くの研究が行われきた分野である。しかし、そこに共通しているのは、人間の欲求とそれを実現する過程における諸関係、そして、そこに資源の配分を効果的に結び付けて人間社会の持続的な成長・発展を求めているところにある。こうした諸関係を機動軸として社会の動きを論理形成するという研究は、経済学という形で発展し、今日の人間社会に大きく貢献していることは周知の

第1章　人間社会の発展と交通

通りである。交通システムは、そうした社会関係に現実的な能力を与える手段として、経済的条件が、中心的方向性を担っていることは間違いない。

殊に、その核となっている資源展開は、交通学的には二つの流れになっていること、すなわち、交通対象化資源と交通システム化資源であることは既に指摘してきた通りである。この認識の下に交通学は、経済学の中で開発されてきた様々な理論、分析手法を採り入れ、理論形成に役立ててきたことは間違いない。そうした経緯を踏まえて、交通過程が基本的に担う「価値実現の実体過程」であるという論点は、経済活動の実体を現実的に規定する基礎になっているということを考えていかねばならない。かような論理認識の下に、次のような諸点を留意しておかなければならない。

第1に、交通システムは、それが生産・供給する交通サービスの利用を通じ、交通需要者の求める交通対象の位置移動から得られる実現価値量との関数関係において、その関係達成を可及的な自由度をもって実現することが求められているということである。それは、何よりも自給性を持つ私的交通システムへの要請を強くしていることは、言うまでもない。そこに価値実現の第一次的要件が保障されているからである。

しかし、この原初的、基本的な交通システムは、その特性において最も個別需要対応性に優れているとはいえ、形成能力において様々な限界に直面する。システム形成の基軸に多様性が求められるのは、そうした条件への補償システムが不可欠だからである。経済的条件といえども、交通過程の整合的な連続性の上に成立するものに他ならないからである。

第2に、交通システムは、交通サービスの生産・供給における技術的・物理的条件を規定する生産要素それぞれの効率・効果的な有機的組織化を実現する経営、管理システムの構築が求められている。ここでは、即時財生産・供給という局面において、投下資源の最適配分という経済的条件の実現に対し、需要条件が他の場合以上に直接的に関与してくるという難しい問題がある。しかも、そこには、システム形成の先行性と需要発生の時間的・場所的乖離がもたらす

不確実性の存在を回避し得ないという負の条件が加わっている。私的交通システムは、この点において最も適合的ではあるけれども、交通対象と交通サービスに対する需要の結合需要性に強く傾斜しているということで、経済的条件の評価は変側的と言わざるを得ない。

　問題は、システム形成における生産要素管理の経済性実現が、想定需要条件に強く規制されて、精度の向上に困難を伴わざるを得ないことである。殊に、幅広い交通需要を対象とするような交通システムにあっては、乖離が大きくなりがちで、投資の効率化は、しばしば困難を伴う。このことは、交通システム形成における投資の在り方、評価において、個別ミクロ的な基準で行うことの難しさを示している。言い換えれば、生存に関わる不可欠の基礎として、あるいは、人間社会のサステナビィリティ、持続的発展の社会的基礎として総合的、マクロ的視野からの接近が必要であることを示唆していると言えよう。社会全体の資源の有効化を考える場合、こうした巨視的な視野から俯瞰する必要があることを、常に念頭に入れておかねばならない[8]。

Ⅲ　社会的・制度的条件

　人間社会に限らず、あらゆる集団が持続性をもって展開していく場合、その一連の時間的過程、すなわち歴史的過程が何らかの形で、その集団の現在の姿を規定していることは言うまでもない。殊に、情報集積性を端的な特徴とする人間社会の展開は、この時間的経過、歴史性を地域社会に色濃く反映させ、多様な社会関係を現出させてきた。一方で、この情報集積型社会として発展してきた人間社会は、情報交流を通じて地域性、歴史性といった差異を融合、有機化させるという展開を示してきた。それは、文明史上の顕著な選択であり、まさしく今日に繋がる情報化社会への軌跡であると言ってよい。その過程は地域差を認識して、新たな可能性を地域間関係に求めるという展開の中で、改めて歴史性というものの重要性を明らかにしてきたと言えよう。

　かような社会関係の実現は、人・物・情報の地域間移動が可能な交通条件の

第1章 人間社会の発展と交通

存在を不可欠としており、ここに交通の社会的位置付けの問題が浮上してくることになる。この場合、交通が人間社会の基礎条件としてあることは当然のこととして、問題は、それが当該社会にどのように組み込まれ、組織・制度化されているかである。実際のところ、それは極めて広範な意識の下に、多様な選択が行われる許容性の中に位置付けられている。

　それは、ある意味で交通の自由が社会的に認識されて行く過程を示す歴史的証左であるとも言えよう。と言うことは、多様な交通システムが一連の交通過程を実現するための有機的ネットワーク形成を可能にする、社会共通のパラダイムが存在していなければならないことを意味している。それは、移動の自由を保障する基本的人権すなわち交通権の問題へと結び付いていくことになる。そして、交通が生存・生活のための基礎条件としてある以上、この交通権は単なる基本的人権ではなく、基礎的基本的人権として位置付けられるべき権利であるとの理解が深められていかなければならない。

　今日の社会は、かように移動の自由が権利として認められるべきであるという意識下に、実際の交通過程にあっては、それが極めて個別的であるという現実を反映して、様々な組み合わせの中でネットワーク化していかねばならない。少なくとも、自己充足型の私的システム、社会的共通需要あるいはシビル・ミニマムと言われるレベルの需要に対処した交通システムの存在は不可欠であり、更には、市場メカニズムを積極的に導入した交通システムの成長を現出させつつある。何れにしても、こうした多重・複合型のシステムが構築される社会体制は、より自由度の高い選択を可能にする諸制度の整備を必要としており、その意味において、交通システムの形成は、その時代の人間社会のパラダイムを具体的な形で現象化させている姿であると言えよう。

　重要なことは、こうした課題が単に一地域、一国といった単位の中だけで成立すれば足りるという問題ではないことである。人間社会の成長、発展は、今や地球規模の資源移動に支えられており、その高度化は、交通システムのより多様かつ自由度の高い能力向上に委ねられていると言ってよい。言い換えれば、

そうした社会意識が地域間、国際間に制度としての共通化を促進することによって、より広範な生活空間の実現が図られることが期待されているということである。

注

（1） Fair, Marvin L. and Ernest W. Williams, Jr., *Economics of Transportation*, revised ed., Harper & Brothers Publishers, NY, 1950, pp.3～5.
（2） Mitchell, Ronald B., William C. Clark, David M. Cash and Nancy M. Dickson ed., *Global Environmental Assessments, Information and Influence*, The MIT Press Cambridge Mass., 2006, chap.1,7.
（3） 植田和弘・森田 朗・大西 隆・神野直彦・苅谷剛彦・大沢真理 編『持続可能な地域社会のデザイン』有斐閣、2004年、pp.1～6。World Commission on Environment and Development, *Our Common Future*, Oxford University Press, 1987. Jorgenson, Andrew and Edward Kick ed., *Globalization and the Environment*, Koninklijke Brill NV, Leiden, 2006, pp.16, 24.
（4） Bonavia, Michael R., *The Economics of Transport*, James Nisbet and Co. Ltd., Digswell Place, 1947, pp.1～4.
（5） 生田保夫『〔改訂版〕交通学の視点』流通経済大学出版会、2004年、第1章第1節。Donaghy, Kieran P., Stefan Poppelreuter and Georg Rudinger ed., *Social Dimension of Sustainable Transport, Transatlantic Perspectives*, Ashgate Publishing Ltd., Aldershot England, 2005, chap.1～3.
（6） 生田保夫「交通サービスの性質―私的交通研究への布石―」、流通経済大学『流通経済大学論集』〔56〕Vol.15, No.3, 1981.2、pp.1～25。
（7） 生田保夫「交通サービスの性質と私的交通の拡大」、日本交通学会『交通学研究』1982年研究年報〔26〕、1983年3月、pp.141～150。同「私的交通と交通サービスの質評価」、流通経済大学『創立二十周年記念論文集』流通経済大学出版会、昭和60年、pp.95～125。
（8） Cowie, Jonathan, *The Economics of Transport, A theoretical and applied perspective*, Routledge, London, 2010, chap.2, 14.

第2章
私的交通システムの概念形成

　交通サービスの持つ特性が、交通システム形成に基本的な規制要因を持って現れてくることは、もはや疑う余地がない。それは、あらゆる交通過程において避けることの出来ない条件として、交通システムに求められる基軸の根幹を成していると言ってよい。交通サービスの即時性、即ち、これである。この生産と消費が同時、並行的に行われるという特性は、それ自体での客体化を不可能としており、その結果、需要に先立って生産し貯蔵しておくことが出来ないという物理的制約となって現れてくる。このことは、交通システム形成において、次のような諸点について、検討を加えていかなければならないことを意味している。

(1)　交通システムは、交通サービス生産・供給のシステムとして、この特性がどのよう課題を突き付けているか。
(2)　交通システムは、交通需要の側面が要求する様々な課題に対し、どのような形で対応していくことになるのか。
(3)　この特性は、交通過程において供給・需要両側面の接合をどこに求めるか、という難しい課題に直面させる。
(4)　しかも、これらの条件が、先行的に準備されていかなければならないという課題が加わってくる。そして、
(5)　究極的には、交通システムの形成が、資源を人間社会の持続・発展的に

組み替えるためのシステムであり、その効率・効果的な利用の実現、環境対応性に優れた形を指向するものでなければならないという、極めてマクロ的な課題が存在していることである。

第1節　私的交通システムへのインセンティブ

　交通システムは、交通サービスを生産・供給することを通じて、交通対象の場所の移動を行い、位置の効用の変化の中に新たな価値（効用）の実現を図るシステムとしてある。このことは、交通サービス需要の側面からは、それ無しには、あらゆる資源すなわち交通対象の価値実現が不可能であることを意味している。ここに、交通システムは、交通サービス需要の発生を契機として、人間社会にレゾーン・デートルを実現することになる。そのことは、交通システム形成に当たっては、まず、需要の側面からのアプローチが優先されるべきであるという考え方を導き出す。そこでは、交通システムが交通需要からの諸要請にいかに対処するかが、評価の起点になっている。ただ、現実には、交通システムの形成が交通サービス生産要素の先行投資を通じて行われるというところで、交通需要の発生時点との間の乖離が大きく、結果的には、交通システムの生産・供給構造に強く規制された需要行動を取らざるを得ないということになる。交通投資が社会構造の展開方向を実体的に強く規定していくというのは、そのためである。

　しかしながら、本来、交通システムの在り方は、需要条件下に可及的に応ずる対処能力が求められていることは疑う余地がない。したがって、交通システムの形成にあたっては、まず、この需要条件の一般的特性の分析、理解から始めなければならない。

　第1に、交通需要とは、全ての交通対象が異なる位置（場所）を持って存在しているということに発している。交通主体にとって、交通需要の発生は、こ

第2章　私的交通システムの概念形成

れら交通対象を資源として何らかの価値実現を目指しているが、その実現に当たって行い得る唯一の方法は、交通対象に関わる位置の変換以外にない。交通対象を分解、加工して新たな有用性を持つ存在に変えられたとしても、それは、その対象の持つ構成要素の位置変換が行われているに過ぎない。

　ここにおいて重要なことは、位置変換によって新たな性質を持つ存在に変化するということ、このことである。しかも、それは、交通主体それぞれの需要条件に応じて変わる評価基準の相対的な状況に委ねられている。言い換えれば、ここに位置を変化させることによって価値の実体化が行われると同時に、新たな評価基準が現れて人間社会の持続的展開への動因となっていく。何れにしても、この交通対象における位置の問題は、人間社会における様々な行動の起点となっていることは明らかであり、交通問題とは、まさしくこの点に着目した課題であることを注視していかなければならない。

　第2に、交通需要が、この位置における差異において全て異なる条件下にあるということは、「位置」に関わるあらゆる問題が関係してくることを意味している。このことを人間社会に当てはめてみれば、少なくとも次の二点において極めて重要な問題を孕んでいることが推察される。その一つは、人間社会の成長、発展が空間的な広がりの中で展開していることを考えれば、まず、それを可能にする手段が準備されること。そして、いま一つは、その手段を効果的に利用し、交通対象の場所移動がより望ましい社会的諸関係に導くような制度、システムが保障されること。この二つである。両者は人間社会の展開を規定する基礎条件として、交通の自由度を規定していくことになる。交通史は、正にそのことを明瞭に実証している。

　第3に、交通対象は常に位置の個別性を基本特性としており、それが交通需要の個別性を特徴づける原因になって、交通における個別性の問題が提起されているわけだが、さらに次の点がその特性を加重する。それは、一連の交通過程が単一の交通サービスの需要だけで成り立っているわけではなく、異種交通サービスに対する連続的な結合需要の形で行われていることからする異種個別

27

評価への対応性の問題である。この問題は、交通システム形成における最も難しい問題を提起する。すなわち、連続性の中に個別性を実現するという相異なる条件を充たすシステムの形成は、技術的、経済的、制度的諸側面に複雑な結節機能メカニズムを構築しなければならないからである。それが、人間社会の複雑な様相に反映されていることは言うまでもない。

　第4に、交通需要充足の様態は、その社会の自由度を現実の場において立証する社会指標に他ならない。これは、需要の個別性を交通システムが、どのような水準で充足し得ているかによって測定される実体指標である。実際、どのような交通過程にあっても、まず、その始・着点においては必ず個別的であり、それに対応した交通システムの存在が不可欠なのである。ここに発して一連の交通過程の自由度とは、結局、この個別交通需要対応性如何の問題であり、交通システム発展の基本的な方向性となってきたことは言うまでもない。このことは、交通需要が二重の意味で個別性の問題を内包させているということであり、その上に他の異質条件が更に加重されてくることを意味している。

　第5に、しかしながら、交通需要は交通対象の価値実現を図る上で不可欠の需要であって、供給交通サービスが需要の個別的要求に必ずしもそぐわない状態にあったとしても、それを受け入れなければならない場合が少なくない。否、多くの場合において需要者はこの状況を余儀なくされており、交通システムの生産・供給条件に主導される交通需要の従属性に規定されてきたというのが、むしろ一般的な姿であるというべきかも知れない。殊に、交通エリアが大きく拡がり、交通距離と時間が増大する社会環境の中にあっては、交通過程の多くの部分が、こうした状況下に置かれていると言って差し支えない。交通需要の本来持つ個別性と共に、両側面同時的に対応する形での交通システムの形成が期待されていることは間違いないが、現実の場では、こうした関係が先行していると言ってよい。結局、交通需要は、その基本特性が交通システムの変化における方向性を与えているとはいえ、技術的・物理的条件に強く規制されて、生産・供給条件に主導されてきたということになる。

第2章　私的交通システムの概念形成

第2節　私的交通システムの定義

　交通需要の諸特性が、交通システムに一つの明確な方向性を与えていることは、既に明らかであろう。それは、位置の差異に原因して、全ての需要が異なる条件下にあるという事実に鑑み、交通システムとは、基本的には、この条件に指向化されていることは間違いない。したがって、この交通システムにおける基本特性を最も端的に表したシステムとして、まず、私的交通システムの問題を取り上げていかねばならない。

　何れにしても、こうした諸点を考慮して、私的交通システムの概念を整理、定義すれば、以下のようになろう。

　私的交通システムは、当然、私的交通を実現するシステムとしてあり、それは、排他的支配下にある交通手段によって、交通需要者自身の意志に従って、自身の交通需要を充足する交通形態を指している。したがって、私的交通システムとは、「排他的支配になる交通手段をもって、私的管理下に自らの交通需要を充足する交通システム」と定義されることになる[1]。ここに示された定義に関して、以下、若干の検討を行っておく。

　第1に、私的交通は、交通における原初的、基礎的形態として、交通の本質を最も端的に反映した交通様態に他ならない。したがって、この定義が交通の定義を第一次的に表現した存在であることは言うまでもないが、特に、その定義における「個別主体」性に焦点が合わされた交通様態として位置付けられているところに要点がある。全ての交通システムは、まず、この私的交通性に対応するところから始まる。その正に原初形態が「動物」としての人間自身にあり、その機能に由来していることは言うまでもない。このことは、交通および交通システムの問題を扱う場合には、必ず立ち返って検討しなければならない分析の基礎となっていることを理解しておく必要がある。

　第2には、まず、ここに示されている「私的」という概念の捉え方についてである。これは、交通需要が場と時間という2因子、殊に前者を主因としてあ

29

らゆる交通対象が異なる位置にあるという不可避の条件が、交通重要の個別性を避けられなくしているということに由来している。「私的」システムとは、交通需要者に対し、この条件を整合的に充足する概念であり、そして社会的側面から特定化されたシステムである。それは交通需要者である個別主体が一連の価値実現に関わる交通過程をより確かなものにするために、自己完結性を追求する意志を表したものに他ならない。

　第3は、「排他的支配になる交通手段」の意味についてである。私的交通が効果的に達成できるための条件は、交通手段における個別主体性をいかに高いレベルで実現できるかに掛かっていると言ってよい。排他的支配とは、それを最も高い水準で具体化するための現実的条件に他ならない。それは、交通サービスが即時財であるという事実によって、その生産・供給が交通需要の存在と一体となって交通過程を実現していかなければならないという、不可避の条件に由来している[2]。

　この排他性は、物理的条件を、まず、第一の前提とすることは言うまでもないが、その状況を人間社会において安全かつ安定的に維持させ得るためには、そのための社会的関係が準備されなければならない。かような二面性、殊に後者の関係は、排他性実現における多様な選択を可能にさせている。が、何れにしても交通における実体性は、前者、物理的条件における排他性が具体化されなければならない。そして、それは、交通サービス生産に関わる7要素、すなわち通路、運搬具、動力、結節機能要素、エネルギー、情報、労働力の諸要素を、交通需要条件に対応した形で準備されなければならないという難しい問題がある。この課題の厄介さは、各要素それぞれの持つ固有の特性に左右されて、その条件を効率・効果的に実現することが容易でないところにある。加えて交通システムがこの7要素の内の最も能力の低い要素によって規定されてしまうということは、重要なことである。実際のところ、需要の不確定性、多様性は、事前に準備すべき要素レベルをどこに合わすべきかの問題を難しくしており、一般的には高めのカバー率を想定して先行投資するのが普通である。

第2章　私的交通システムの概念形成

　こうした物理的条件を克服しつつも、それがより安定的、かつ可及的に確実性をもって実現するためには、社会的諸関係、制度、システムに、それを補償する準備がなされていなければならない。今日の社会は市民社会として多様な選択が可能であるが、それらは、主に次のような仕組みの中で行われていく。

(1) 最も強力に個別主体の財産権を保証する、所有権による排他性の実現である。これは私的交通システム形成における基本型と言ってよく、各要素すべてにこの条件が設定されるとすれば、システムの私的自由度は最高度に実現される。しかしながら、全ての要素をこの形で準備することは難しく、例えば、技術的不可分性が避けられない通路要素において端的に示されるように、個別主体の負担能力に耐えられないといった要素条件の存在を考えておかねばならない。また、所有権は権利としての排他性における強力さであって、必ずしも現実に交通需要の条件を充足するに、十分な条件であるとは限らないということである。

(2) 私的交通システムが求めるところは、結局、個別交通需要対応性において最も優れているという所にある。したがって、この排他性は、交通需要が発生する時点で充足されれば、目的は達成されるというところに焦点を当て、その時点で占有すれば足りるという条件を選択する方法がある。むろん、所有権を取得して行うという方法もあるが、この場合には、一時的、中・長期的使用といった利用方法等、様々な方法で、各要素の実質的な用益確保にのみポイントをしぼっている。

(3) 交通サービス生産要素の内、ある種の要素、例えば前述した通路要素、特に陸上交通機関のように物理的、経済的に見て個別主体の能力を遥かに超えた状態にある場合など、それらは共通需要の対象として社会的基礎施設という公共性の下で、非競合性、非排除性という特性に求める方法が考えられる。これは、全ての需要者に共通の用益供給を行うという公共性の条件下に、個別需要対応性をある程度のレベルで達成するという選択肢になっている。実を言えば、この条件は生産要素という部分にのみ限られる

わけではなく、一連の交通過程の中で、ある部分の交通需要はその条件における類似・近似性から、それらを集合的に対処することの方が望ましいという場合も少なくない。それが社会的に見て相当量を占めるような場合には、社会的共通需要と位置付けて、交通サービス供給それ自体を公共性の立場から行うという選択が採られることは、そう珍しいことではない。

何れにしても、交通需要の発生時点で需要の個別性に可及的に対処できる自由度が実現できれば、「排他的支配」が期待している本来の目的は、事実上、クリアされることになる。

第4は、「私的管理下」の問題である。これは、私的交通システムにおける正に核心を成す要件である。ここに私的管理性とは、交通需要の個別性に対応する可能性の度合いを評価するシステムの自由度を指している。上記の排他的支配も、この私的管理性を確実にするための前提条件の一つに他ならない。私的交通は、交通システムの需要条件対応性を可及的に高めることを求めている。この関係は、交通需要者自身が主体的に選択できる程度において現実化する課題に他ならないが、それは自身で全てを準備しなければならないというわけではない。ここに私的管理あるいは私的管理性というものが、かなり幅のある弾力的な存在としてあることが理解される。実際のところ、こうした需要者の要求を、市場メカニズムを通じて実現するということは当然に考えられ得ることであり、現に多くの場面でそうした関係が展開されている。更には、それが社会的に認知される範囲において、ソーシャル・インフラストラクチュア、シビル・ミニマムといった公共性の領域で対処しようとする社会政策的なレベルでのアプローチも加わってくる。要は、交通需要が発生する時点で、排他的支配が強固に確立して私的管理性が確保されれば、どのような方法に依ろうとも差し支えないのである。

重要なことは、私的交通システムが、自己合目的に自らの交通需要を充足するシステムとして最も原初的な基本型であり、価値実現手段の自己内部化という意味において最も完成度の高いシステムであるということである。したがって、ど

のような基軸に基づく交通システムであろうとも、この基本型への指向には例外がなく、その軸線からの乖離は、交通サービス評価の低下を招くことになる。

　第5には、「自らの交通需要」についてである。これは、単に、自身ならびに自己所有の交通対象に関わる交通需要といった、対象を限定した需要を指しているわけではない。交通需要者の主体的な意思・目的を達成するために移動を必要とする交通対象を通じて発生する交通需要の全てが、その対象になり得る可能性を持っている。要は、排他的支配になる交通手段をもって私的管理下に生産された交通サービスが、当該交通需要者以外の需要者の意思・目的達成のために供給されるのでなければ、基本的枠組みは成立している。他の需要者の需要充足に供せられれば、私的交通システムの枠を超えることになる。ここでの判別基準は、「当の交通需要が、需要者の主体的意思ならびに責任の下に組織された交通システムの中で充足される自己完結型の基本形態が実現しているか否か」に掛かっている[3]。このことは、交通システムを考える場合に、まず、最初に考慮して掛からねばならない指標である。

第3節　私的交通システムと交通システム形成の諸基軸

　交通システム形成に関わる基軸が、私的交通システムに基礎を置くことは、既に明らかなところである。これを基礎にして、交通システムは、様々な展開をしていくことになる。交通システムがこの私的システムを基礎として展開していくということは、如上のような幾つかの条件を充足しつつ、更に、より有効なシステムを構築していくための要件が加わっていくことになる。それは、ある場合には、私的システムの条件を何らかの形で減殺させることになることも当然にあり得ることで、新たな有効性との比較関係の中で選択が行われることになる。その評価、選択に当たっては、以下のような点が考慮されなければならない。

(1) 私的交通システムの持つ基本特性が損なわれることなく、交通サービスの生産・供給が行われ得る要件が充たされているか。特に、個別交通需要対応性条件の充足性は、この場合の最も中心的な要件になっている。

(2) 交通過程は、いかなる場合であっても、必ず始発と端末においては個別的に対処しなければならず、ここにおいてどのような場合であっても何らかの形で私的交通システムの介在が不可欠になっている。それは、他の基軸に基づく交通システムといえども、私的交通システムを排除しては成り立たないことを意味している。このことは、交通システム形成において、自己完結性が他律的に規制される程度の許容範囲について、判断が求められていることになる。

(3) 交通システムは、即時財である交通サービスの生産・供給が、交通需要と一体化される中で有効化する社会システムである。そのことは、交通システムへの資源投資における意思決定に、多様な判断基準が入り込んでくることを意味している。殊に、交通距離・時間・量の増大と共に、一連の価値実現に関わる交通過程投資が拡大していき、ここに投下資源の非効率化の問題が急速に現れてくることになる。この問題は、交通システム形成にあたって、それがどのような立場から評価されるべきかの難しい課題を提出することになる。

(4) 一般に、交通システムへの投資は、それ自体としては資源有効化への中間投資としての位置付けになっている。それが積極的に行われない限り、資源利用における活性化は促進し難い。そこに交通投資の起点がある以上、評価の基準に資源利用基準が大きく前面に出て来ることはやむを得ない。そして、それは、利用資源の効果的な価値実現に整合的に接合していくことが不可欠である。更に、それが先行投資という不確実性を伴った投資を前提としているという点で、形成交通システムに幾つかの類型が現れてくることになる[4]。

(5) それら諸類型の展開は、私的交通システムを原初的な起点としながらも、

第2章　私的交通システムの概念形成

その領域では対処し切れない社会的な諸要請に対応する交通システムの構築が求められてきたからである。包括的に見れば一連の資源利用ネットワークの中にあるとはいえ、個々の需要の場では、それぞれの特性に応じた交通システムが期待されるのは当然ことと言わねばならない。この特性が地域・時代の様相に強く規定されて、その社会の交通システム全体を大きく方向付けることになることも少なくない。殊に、社会発展の初動期における交通システム形成の成り立ちが、その後の展開を長期に渡って大きく規定していくことは、よく知られているところである。

かような諸点を考慮しながら、交通システム形成の基軸を類型化していくと、既に若干触れてきたように、

第1の基軸として現れる私的システムから発して、

第2の基軸としては、社会全体の共通課題に対処する公共性に依拠したシステム基軸、すなわち公共性基準、

第3には、資源利用における社会的総効用への意識を強く志向した経済システムの選択、市場メカニズムを基軸においた交通システムの形成、

更に、第4には、地球環境対応性を基軸に置いた、新たな交通システムの総合的な接近が求められていることである。これは、資源利用の問題を中心に置きながら人間社会全体のサステナビリティを保障する条件を盛り込んだシステム基軸である。

第5は、これらの諸基軸の組み合わせ、および他の要素を加味した複基軸型の交通システム、そして、

第6には、現実のフィールドとなる個別地域社会の特性を反映させる地域社会基軸が、加わってくる。

これらの基軸は、現実の場では、様々な形で同時進行的な動きを示しつつ社会全体の有機的なネットワークを構築、展開する実体的基盤として機能していくことになる[5]。

第4節　私的交通システムの社会的有機化

　人間社会において交通システムを形成していく過程は、正に人間社会の成長、発展の過程を実体的に表現していく姿である。前節で示したように交通システムを形成していく過程では、様々な基軸、諸要素を組み込んで、地域・地域間社会に交通のネットワークを形成しながら社会の持続的発展を希求していくことになる。この過程で交通システム形成基軸の有機化は、まず、私的交通システムから始まる交通過程を、いかに他の交通システムと整合的にネットワーク化するかということに掛っている。

　この場合、まず考慮されなければならないことは、他の基軸に基づくシステムは、私的システムに比較して、より多様な交通需要に応じるため、需要条件への充足性を平均化させざるを得ないということも受け入れながら、私的システムの持つ限界性を克服していくという展開が少なくないことである。この個別性と平均化の間に生ずる乖離を可及的に少なくするためには、改めて交通の本質を見極めた上で、システム間の調整が弾力的に行えるようなネットワーク形成が必要になってくる。

　第1に、私的交通システムは、個々の人間が何らかの形で自己の環境と関係を実現していく上での基礎条件であり、その能力の限界が生存・生活の範囲を原初的に規定しているということである。当然、社会関係の実現は、まず、そうした個々人の私的システムの交通能力の範囲で接触することによって始まっている。そして、その成長は、かような個別関係の連鎖が、より効果的な交通能力の発達に促されて今日に至っていることは改めて指摘するまでもない。

　第2に、人間社会の発展が、交通システムの発達に条件付けられていることは、それを保障する、人、物、情報の移動の自由度がいかに高いレベルで実現されているかに掛っている。この移動の自由、すなわち交通の自由度の高度化は、それが、物理的現象であるという事実から、まずは技術的条件の発達が強調されることになる。しかしながら、それが当該社会に交通システムとして

第2章　私的交通システムの概念形成

ネットワーク化されるためには、経済的、社会的・制度的諸条件、等々からのインセンティブがなければならない。歴史上、そうした関係が大きく開花するのは、産業革命を契機とする技術革新の時代、そして、今日の人間社会は、それが持続的に展開する正にその渦中にあると言ってよい。それは、明らかに膨大な資源、人、情報の移動によって実現されており、稠密な交通ネットワークの中に、端末に位置する私的交通システムの社会的システム化が不可欠になっている。

　第3に、全ての交通対象は異なる位置に存在しているという絶対的条件下にあり、この制約が交通対象それぞれの持つ固有の価値を規定していること、そして、個別性とは、正にここに起因しているということを考えておかねばならない。交通学が、この交通対象における位置の個別性に焦点を当て、その変換が価値変化の本質であることを理論形成の基礎に置いていることは、たびたび、触れてきた通りである。そのことからも、交通システムがこの個別性を有為化するための手段として位置付けられていること、ここに交通の本質を見出しつつ、殊に、私的交通システムがその役割を端的に表したシステムであることに、意識を傾注しているということである。

　言い換えれば、システムがこの交通における本質から乖離することは、交通システムとしては有為性を低下させることに繋がること、このことを常に意識していなければならないということである。このことは、他の基軸に基づく交通システムを考える場合に、特に留意しなければならないことで、それらが別個の独立したシステムとして存在しているわけではないということである。交通における個別交通需要への対応性はシステム形成における基本的要請であり、他の諸基軸の導入は、私的システムの限界を補うだけでなく、それらの基軸が持つ、より広い領域での機能を付加価値化する役割に焦点が合わされているのである。

　第4に、私的交通システムが社会的有機性を高めるためには、その限界に接する臨界面に、新たな機能の加わった基軸によるシステムが加わってこなけれ

ばならない。それは、個別間に生ずる格差への対処、個別性の中で相互にある程度の類似性の存在に着目、更には、より積極的に共通性領域へと発展させ付加価値を機能化させることにより、交通空間発展を図る基軸を導入すること、需要の多様性に幅広く対処する能力を持ったシステム形成への誘引、そして新たな交通システムの形成、開発領域への先行投資、等々にまで拡がる。

第5に、交通過程は、結局、個別需要から個別需要を端末需要とする一連の連鎖需要から成り立っており、この個別性において、交通システムの基本型は私的システムにあることを改めて理解しておかねばならない。その意味で、他のシステム基軸は、それを補完、発展させるための付加的位置付けにあること。交通とは、どのような場合であっても、この関係を理解していないと価値実現の能力を十分に発揮することは出来ず、不使用能力の発生を高め、資源非効率の上昇を招くことになりかねない。殊に、不確実性を大きく高めることになる先行投資性の大きいものにあっては、このことを十二分に考慮していく必要がある。

交通関係は、私的システムのネットワーク化を効果的に成長、発展させることが、人間社会の持続的発展を支持する鍵になっていることを、改めて確認しておく必要があるのである。

第5節　社会の持続的発展と私的交通システム

人間社会の成長、発展が、価値実現手段である交通システムの発達に支えられてきたことは、歴史的事実がそれを証明している。この関係は、より分析を深めていけば、交通過程こそが、生活、生存、社会活動が現実の姿として現れる場であることが解ってくる。しかも、それは、まず、個別交通需要に対応した私的交通システムの領域で始まるということ、これである。ここに、成長、発展の起点があるということの認識は、こうした問題を論ずる場合の基礎であ

第2章　私的交通システムの概念形成

ると言わねばならない。

　例えば、今日、環境問題、殊に地球環境への認識が急速に高まる中、人間社会のサステナビリティ、持続的発展への条件を探る議論が盛んに行われるようになってきているが、その中心が、まず、資源利用の問題に置かれていることは周知の通りである。環境問題が地球科学のレベルで考察されなければならないという状況は、人間社会のシステムが環境負荷的に仕組まれ、展開していることを強く示唆している。そして、それが、具体的には交通過程の場において現象する課題であることを考えれば、そこに焦点を当てた検討が重視されるべきことは当然である。ここにおいて重要なことは、個別主体が求める価値実現に関わる資源利用の在り方に、問題の起点があるということである。

　人間社会の発展を持続的に実現するということは、端的に言えば、人間の欲求の実現能力を可及的に成長させていく能力を開発していくということに掛っている。むろん、そうした欲求を抑制する処方箋を描くという自己抑制型の選択も提案されるが、それは、多くの場合、二次的選択として位置付けられ、まずは成長型の選択が採られるのが普通である。その意味で、こうしたアプローチ選択の順位を考慮しつつ、サステナビリティの問題を扱う場合、現実の価値実現過程、すなわち交通過程の分析から始められなければならないということになる。しかも、それが最も日常的に現実の問題として現れてくるのが、端末交通過程を担う私的交通システムの場であるということである。その意味で、この問題へのアプローチは、まず、この私的システムの中から問題の基礎を析出していくことが必要になる。

　交通は、交通主体と交通対象の相互関係を有機化するための現実的行為そのものである。そこに資源利用の環境対応性を効果的に組み込むことが出来れば、個別主体それ自身の環境対応能力を日常的に高めることによって、極めて有効な単位システム形成への展望が開かれることになる。既にたびたび触れてきたように、交通過程は、交通対象の持つ価値、最も一般的には、その有用性（効用）を個別交通主体すなわち交通需要者の求めに応じ、可及的に効率・効果的

に実現することが要請されている。そこに、環境対応性を付加することによって個別主体のサステナビリティを高めることにより、結果的に当該社会のサステナビリティを実現する基礎を構築するという処方箋が描かれる。

　このことは、まず第1に、一連の価値実現過程の実体である交通過程の資源利用の在り方に、メスが入れられなければならない。ここでの資源利用が、交通対象化資源と交通システム化資源の二種に分かれて展開していくことは既に触れてきた通りである。それが効率的であるためには、交通システム化資源比率の抑制が、更に効果的であるためには、交通対象化資源の有効化率向上が基本指標になってくる。この関係は、実現価値量に対する交通システム化資源量の相対的最小化を求めている。

　第2に、しかし、それは、連続する交通過程全体の中での評価でなければならず、部分過程での評価は、他の諸条件に比較して、この指標が必ずしも優先されるわけではないことである。例えば、競争が激化する市場活動の場では、まず、資本の回収、そして収益度の向上という順位選択の傾向が強くなることから、こうした指標は、総合評価の中での判断基準ということになりがちである。サプライチェーン・マネジメントが経営上の戦略的課題として重視され、更には、より進んで需給両側面、生産・流通・消費、資源調達から、再利用率の向上、廃棄率の抑制、等々、経済活動全体を通じた資源マネジメントの必要性が強調されるようになってきたのも、そうした意識の表れと言ってよい[6]。

　第3に、問題は、今日に至る人間社会の展開が、より自由度の高い資源利用システムの導入と、資源開発領域の拡大を梃子に、量・種類の増大を通じ持続的な成長を実現するという手法に依拠してきたことである。この手法の選択は、交通距離の飛躍的な増大と、交通システム化資源投入量の幾何級数的拡大をもたらすこととなった。そして、経済のグローバル化という言葉に象徴されるように、経済成長への全般的要請が、市場メカニズムの鋭利性と資本主義的ダイナミズムに主導されて、まさしくボーダレスなグローバル資源流通を強力に加速させている。

第 2 章　私的交通システムの概念形成

　資源展開におけるこの様相は、産業革命の発祥以来、科学・技術の発達に支持されて、人間社会の成長を大きく展望させるものとして受け入れられてきた姿であると言ってよい。しかし、今や地球環境という人間社会を大きく超えた地球科学のレベルで、資源利用の在り方に警鐘を鳴らす現象が現れ始めたのである。温暖化問題に端的に示される地球環境負荷要因に、人間社会の生活因子が大きく関わっていることが明らかになってきた。それは、人間主体的な資源利用の手法が地球科学的循環システムから乖離して、生存環境劣化を促進する方向に働いていることを意味している。ここにおいて特に問題になるのは、交通過程の長大化が資源非効率の上昇を大きくもたらしていることである。

　第 4 に、こうした状況は、人間社会のサステナビリティに対し様々な意味でこれまでの在り方に警鐘を鳴らし、新たな社会関係を構築するためのパラダイムを必要としていることを示している。それは、その核になる個別主体の生活、行動様態に源流を見出すというアプローチが、不可欠であることを再確認しておかなければならない。このことは、一連の価値実現過程において需要発生頻度の高い段階での交通過程、そこにおける資源効率・有効化への取り組みが、第一の鍵であることを強く示唆している。それは、まさしく私的システムの上において展開される諸活動に、主たる結果が現れることになる。新たな社会関係のパラダイムも、ここにおいて現実的なパフォーマンスが現れなければ十分な意味を成さない。

　かように、社会のサステナビリティの問題は、個別主体に直結する日常社会活動の意識に大きく規定されているという事実、そして、そこにおける変化に、社会全体のパラダイム変化の現実的姿が投影されているということを理解していかなければならない。私的交通システムの役割とは、そうした社会領域の資源展開を担った最も直截的な位置付けにあるということである。

注

（1） 生田保夫『〔改訂版〕交通学の視点』流通経済大学出版会、2004年、第4章第1節。同「私的交通の意味」、流通経済大学『流通経済大学論集』〔50〕Vol.14, No.1, 1979.7、pp.48〜72。
（2） 生田保夫「交通サービスの性質—私的交通研究への布石—」、流通経済大学『流通経済大学論集』〔56〕Vol.15, No.3, 1981.2、pp.1〜25。
（3） 生田保夫『〔改訂版〕交通学の視点』流通経済大学出版会、2004年、p.94。
（4） Berechman, Joseph, *The Evaluation of Transportation Investment Projects*, Routledge NY, 2009, chap.9.
（5） 増井健一『交通経済学』東洋経済新報社、昭和48年、pp.51〜52。
（6） Sarkis, Joseph ed., *Greening Supply Chain*, Springer-Verlag London Ltd., 2006, chap.4, 6, 8. Crandall, Richard E., William R. Crandall and Charlie C. Chen, *Principles of Supply Chain Management*, CRC Press, Boca Raton, 2010, chap.2, 10.

第3章
私的交通システムの展開

　交通が価値実現の実体過程を担う存在として、多種多様な交通需要をいかに充足するかということについては、当然、さまざまな交通システムの存在が想定される。しかし、重要なことは、交通サービスが即時財であるという事実に鑑みて、その制約が可能な限り交通過程の制約とならないようなシステムの選択が望まれていることである。しかもそこに、個別交通需要対応性が強く要請されていることを考えれば、交通システム、殊にそのネットワーク形成にあたって、それが一定の方向性を示唆するものになっていることは、容易に推察される。交通システムは、どのような場合であっても必ずこの個別性の中で始まり、終結しているという事実を直視すれば、まず、ここに焦点を合わせた議論から始められなければならない。私的交通システムとは、正に、このことに於いて基本的な役割を果たす存在としてある。

第1節　私的交通システムの位置付け

　交通システムが交通需要者から強く要請されている、個別交通需要対応性が全ての交通需要に共通しているということは、一連の交通過程に携わるためには、必ずこの役割に任ずる交通システムが存在していなければならないことを

意味している。私的交通システムのレゾーン・デートルの第一は、ここにある。交通過程全体に占める量的比率の如何に拘らず、交通過程の端末においては個別需要対応性を専らにする私的交通システムの役割に拠らなければならない。その意味で、交通システム形成における原初的な要件がここにあることは、交通問題を考察する場合の基本的認識として持っていなければならない。交通における初期的な性質、要素、課題は、ここに集約された形で存在しているということである。言い換えれば、私的交通システムに対する明確な分析、検討なくしては、交通問題への正鵠を得た理解、処方箋を得ることは出来ないということを示している。

　第1に、交通は、交通需要者の価値判断に基づいて交通対象の位置変換という物理的行為を通じ、価値実現を図ることに本質があることから、「交通対象の位置」というものに価値の源を見極めて、それを効果的に実現することに強い意志がある。当然、その行為がいかに高い自由度をもって行い得るかが、まず、最初の要求となっている。価値実現の能力を基礎的に規定していくのは、この条件に拠る。そして、それを最も効果的に実現することを求めたのが、私的交通システムであることは言うまでもない。このシステムの中では、交通サービス生産要素の排他的使用を第一の基礎要件として、私的管理性を最大限に実現することを目指して組織化され、個別需要条件を可及的に充足することに焦点が合わされている。

　第2に、この要請は、基本的には一連の交通過程全体に求められていることではあるが、私的交通システムとして位置付けられるシステムの段階でさえ、相当のレベル差の発生が避けられないことである。更に、私的システムの限界から生ずる他の基軸によるシステムの導入、参入が回避できなくなるにつれ、そこからの乖離は増大することが危惧される。問題は、他の基軸によるシステムといえども、この要請、すなわち私的交通システム性への要請は基本的には変わるものではなく、程度の差こそあれ可及的に対応する工夫が求められていることである。この事実は、交通というものが、本来、交通需要者が求める価

第3章　私的交通システムの展開

値実現の意思に規定された基本的に個別的な行為の表われであるという理解に立っていなければならないことを意味している。その条件から乖離を拡げながらも、他の基軸システムに依存せざるを得ない交通システムを選択するということは、私的交通システムの限界を補完すると共に、私的システムでは実現し難い領域の付加価値実現が想定、期待される機能、役割があるからである。

　第3に、こうした他の基軸に基づく交通システムが、人間社会の成長、発展と共に比重を増してくるのは、交通需要、交通距離・頻度・空間、等々の拡大ばかりでなく、そうした動きの中で、新たな特性を持った構成要素が形成、参入してくるからである。それらは、基本単位である個々の人間自身において、更には、それらが集合、組織化されながら現れる様々な種類の個別主体、そして、それら相互の諸関係、これらは新たな需要条件を持って交通過程に参入して来る。言い換えれば、こうした社会構造の多様・複雑化は、当然、それまでとは異なる交通需要を生み出し、それに対応した交通システムの構築が求められてくることになる。その一つの現れは、社会全体で共通する需要の成長である。

　もともと、その対象である交通サービスは物理的には極めて単純な移動という行為でしかないから、それによって実現される価値の差異に関わりなく、交通過程のある部分では物理的に類似化することが少なくない。それらが集合度を高め、量・質の定常化を高めれば、社会的共通需要としての交通需要が現われて来ることになる。この領域の需要、すなわち公共性を基準とした需要に焦点を当てた交通システムの形成が求められてくる。実際、近代社会成長の過程でこの領域の交通システムの果たしてきた役割は大きい。そして、社会のサステナビリティを確立していく上で、その領域の重要性は、増大しこそすれ低下することはない。

　第4には、しかし、社会的条件に主導されるシステムを基軸とした交通システムも、一連の交通過程の中にあって交通需要との接点が、依然として私的システムを主体とした関係にあることは変わりがない。このことは、交通問題を

考える場合、避けて通れない基礎条件としてあることを見逃してはならない。交通という極めて実体的な行為は、日常、常にその本質が現実に検証され続けているということである。更に言えば、どのような交通過程であっても、それは個別交通需要の流れとしてあり、最もマクロ的な社会的共通需要といえども、それらの集合からなっているということを見落としてはならない。

　当然のことながら、こうした交通需要を対象とする公共性を基軸にした交通システムも、個別交通需要の諸条件にいかに対応するかの準備がなされていなければならない。こうした点への配慮が後退すると、当の交通システムの使用条件が悪化して、社会的共通需要への充足能力を低下させていくことになる。公共交通システムにあって陥り易い供給過多、需給バランスの不整合がもたらす経営の悪化、こうした問題に対処する過程で損なわれがちな側面である。

　第5には、こうしたことから、交通システムには、個別需要と社会的共通需要という二極需要の間に位置する需要層を対象とした種々の形態が現れてくることになる。その典型的な一例が、市場メカニズムを基軸としたシステムである。交通サービスの需給関係に、これまで開発してきた市場機能を有効に活用して経営の効率化を図ると共に、利益追求というインセンティブに誘導されて、より積極的に需要の開発、交通サービスの生産・供給の多様化を指向する傾向を強く持っている。価値観が多様化し、交通需要の多目的化、交通距離・領域の拡大、等々が著しい今日の社会情勢にあって、需要の多様・多極化に応ずるシステムは、自由度が高く、かつ参入意欲を強力に刺激する基軸に拠るものでなければならない。ここでは、もはや交通における本質的課題である絶対的必需性といった要求だけでは足りず、活性化への強い誘引を内包した基軸であることが必要になっている。そうした要請に対し、今日、最も効果的に対応し得る能力を持った基軸は、市場メカニズムをおいては他に無い。その意味で、市場メカニズムが交通システム形成の第三の基軸として急速にその地位を高めつつあるのは、当然のことと言わねばならない。

　問題は、そうした基軸といえども、依然として私的システムとの関係に強く

規定されていることである。それは、交通過程という一連の連続的流れが、そこに関係している交通システム全てに相互規制関係が生ずることを不可避としているからである。しかも、どのような交通過程を経ようとも、それは、個別交通需要によって成立する価値実現過程の生み出す多様な現象の姿に他ならないからである。

　以上のように、交通過程において占める私的交通システムの位置付けは、あらゆる交通関係が個別交通需要に端を発した展開に他ならないということから、交通システムの根幹を成す存在としてあるということである。これまでもたびたび指摘してきているように、それは、まさしく交通システムの最も原初的、基本的な形態であり、同時に多種多様な形で行われている交通全てが、実は、この私的システムと接合することから成り立っているということを、常に意識しておく必要があるのである。この基本条件は、他の基軸による交通システムにしても同様に基礎的な要件として求められており、この条件の連続的な内包によって交通過程全体の有機的連続性が確保されることになる。言い換えれば、全ての基軸において、私的交通システム性が、何らかの形で連続的に維持されていることが、交通過程全体の自由度を確保するための基礎条件になっているということである。その意味で、私的交通システムとは、交通過程のサステナビリティ、持続的発展を支える第一次的基軸として位置付けられる存在であると言わなければならない。

第2節　私的交通システムと他の基軸システムとの関係

　既に明らかなように、全ての交通が私的システムから始まっているという基本条件に鑑みて、その限界を補い、更に一層の付加価値の実現を期待された他の諸基軸との接合関係をいま少し詳細に検討しておく必要がある。

　個別主体、すなわち個々の交通需要者にとって、交通は、それを通じて実現

される交通対象の価値を自己実現させる手段として、その意義を見出している。交通問題の核心がここにある以上、この個別性を低下させては交通過程の発展はない。この関係が交通システム評価の絶対的基準であり、他の指標はそれを補強する二次指標としてあるということである。この位置関係を損なうと、交通システムは、直ちにその機能を劣化させる方向に傾く。あらゆる意味において、個別主体の意思は自己完結能力の向上にあって、社会の発展もこの要請に帰着するものでなければならない。そして、まさしく交通システムの在り方は、これをいかに効果的に実現するかにあると言ってよい。こうした視点から交通システムの総合的な展開を考える時、現実の社会における交通問題の役割と方向性が、改めて明確になってくる。それは、交通が人間にとっての生存の現実そのものであるという姿を浮かび上がらせて来るということ、このことである。

まず、第1には、先にも触れたように、交通過程において中心を成す基軸が私的システムであり、私的システム性であるということは疑問の余地はなく、正に基礎的基軸とも言うべき位置付けにある。その意味で全ての交通システムは、この軸線上に回帰する原則の中にあると言ってよい。重要なことは、一連の交通過程は、この私的交通システムの基軸の上に、他の諸基軸が補完・付加的に接合していくという構図の中で、持続的な成長と本来の役割が達成されるということである。この関係の中で交通システムは、次の二点が確認されていくことになる[1]。

その一つは、これによって交通体系の方向性が一元化されることにより、システム全体に伸縮、有機的な機能を確保し易くなることである。異なる基軸に基づく交通システムが、固有の特性をもって個々独立に行動するような体系であっては、全体としての効果的な有機性は保ち得ない。交通の能力というのは、この有機性の中に実現される移動の自由度によって決まってくることを理解しておかねばならない。

いま一つは、こうした理解を通じて他の基軸によって形成される交通システムの管理、運営に明確な指標を与えることにより、そうしたシステムが持つ固

第3章　私的交通システムの展開

有の特性に過度に傾斜することを抑制する能力を内部化することである。私的システムが多くの点で限界性を持っていることに対する打開策として、そうした他の基軸をシステム形成のために導入するということが、人間社会の持続的発展の未来を展望する上で避けて通れない選択であることは明らかである。しかし、それらは、例えば、需要の集合性に、利益獲得の手段に、あるいはその他種々の指標にインセンティブを見出しているとしても、交通需要の基本的な要請から乖離することは、そのシステムのサステナビリティを低下させ、維持できなくなることを意味しているということになる。

　第2に、私的交通システムにとって、他の基軸による交通システムとの関係が、交通過程をより有効な価値実現過程としてネットワーク化する上で効果的な選択であるためには、それらの基軸システムが常に従属的でなければならないという訳ではない。それは、個別交通需要充足性を高めるという視点に立って評価されるべき課題であって、個々の基軸の位置関係を固定的に捉えるべきではないということである。交通過程は、その目的が個別交通需要者の要求を可及的に充足することにあるとはいえ、それを達成するためには、交通システムそれぞれの特性を最大限に生かしながら、しかも他の基軸の特性を効果的に利用する柔軟な対応性が求められているからである。

　これまでもたびたび触れてきたように、私的交通システムはその能力において限界に直面し易く、それは多岐にわたるばかりでなく不規則的であることが少なくない。このことは、求められている特性がより集約化されている他の基軸において開発された諸手法、諸技術を効果的に導入、対応する弾力的な姿勢が必要なことを意味している。しかも、そうした関係が、持続的、安定的に展開していくことが重要であり、そのための制度的な保障システムが整備されていくことも必要になる。例えば、交通は特に技術的、物理的条件に左右される度合いが高く、この面での限界にぶつかることが多い。そのため、個別の能力では対処し切れない限界を克服するために、どうしてもこうした対応が欠かせないということになる。その意味では、他の基軸による交通システムの形成は、

私的システムとの間に、そうした効果的な関係が相乗することが期待されているとも言える。しかし、そうした基軸がそれ自身の最も特徴的な機能に強く傾斜して、交通システム間相互の有機性を逸脱、乖離の幅が臨界領域を超えると、自ずから有用性を劣化させていくことは依然として変わりない。ただ、こうした臨界領域自身が、かなりの流動性をもって変化するため、多くの場合、相互依存の相対的な評価の中で推移するというのが、現実の姿であることも留意しておく必要がある。

　第3に、交通過程における評価の軸が、私的交通システムに由来する諸特性にあることは明らかなところであるが、そうした評価が幅をもって行われていくということは、実際の場では、他の基軸システムに主導される場面が少なくないということを示唆してもいる。それは、交通が形成基軸の如何に関わらず、交通サービスという極めて単純な行為の消費を通じて行われているという事実から、部分、部分では相互類似性が高くなることはごく普通に起こることで、そうした関係を通じて基軸間の融合、有機化の中に、新たな進展の機会が生み出されることが少なくないからである。実際、私的システムの限界は、そうした関係の中から打開されながら、交通システム全体の発展がもたらされてきたことは、交通史のよく示すところである。基軸間の臨界付近では、そうしたことが交通過程の柔軟な発展に極めて効果的に作用することが多いのである。

　交通の基本特性は、なにも私的システムの中だけで完結しているわけではなく、交通過程に関わる何れのシステムにあっても、そうした特性を、より効果的に活性させることが求められていることに変わりはない。その合目的性の中で、システム個々の特性を引き出す様々な工夫、諸手法が他基軸のシステム改善を促すという相互支援性こそが、正に交通システムの成長には不可欠なのである。

　こうした関係は、本来は、第一次的には私的システムに帰する諸特性でありながら、そのシステムの中では十分に整理された形では認識されないでいるものが少なくない。「私的」という条件下で日常化されている大部分の交通活動

第3章 私的交通システムの展開

の中では、情報認識されることなく済まされてしまうという現象である。それが、他の基軸システムからは、交通における連続性、有機性を実現するためには、どうしても具体的に整理された形で認識できる客観性持った情報が不可欠であるという要請があるということ、この状況が却って私的システムの本質を明確にさせることになる。殊に、技術的な側面では明示的な数値を求められることが多く、しかも、情報の客観性、理論的整合性、安定性、継続性、等々、求められる条件は多く、こうした要求がシステムの実体性を明らかにし、交通システムの総合的な成長に大きく寄与していくことは間違いない。

　技術的条件が人類史に大きな変革をもたらす契機となった産業革命は、今日に至るもなお、その流れは根底において変わることなく、むしろ、それを大きく発展させた形で進行していると言ってよい。それが、かくも持続的に続いているということは、技術という共通の利器が科学理論に支えられて客観的普遍性が保証されてきたという、方法論上の選択が決定的に大きい。科学と技術、そこに資源利用の高度化、循環性が高まってきた時、この持続的発展への展望が大きく切り開かれてきたと言えよう。それは、言うまでもなく時代の思潮に支えられた経済社会の飛躍的な成長、そして、それを決定的に支えることとなってきた市場メカニズムの発達こそは、正に今日に至る人間社会の姿を象徴していると言ってよい。そこにおける市場の展開は、まず、地理的拡がりの中に成長の枝脈を伸ばす二次元的な拡大に特徴を見出す。そして、それを支えてきたのが他ならぬ交通システムの急速な発達であった。

　それは明らかに、産業革命が覚醒させた科学・技術の発展に支えられた最も顕著な資源利用の革新的選択であると言ってよい。地球上における資源分布が極めて偏在的であるという事実は、市場展開の基礎に、まず、交通投資への積極的投資が行われなければならないという迂回投資の必要性に気付かせることになった。それこそが、あらゆる意味で価値実現の手段であるということにおいて、産業革命と市場メカニズムが有機的に結合し、今日に至る持続的発展の基礎を確立することとなったのである。それが、国民経済、資本主義という

時代のパラダイムに大きく促されてきたことは、周知の通りである[2]。

　この関係の中で重要なことは、交通投資こそが先行されるべき戦略投資として強く認識されていることである。それは、私的システムとは異なる新たなインセンティブに主導されたシステムとして、社会的基礎施設という認識を底流に、長期的展望に立った極めて大規模な投資が、まず、前面に出て来ることになる。いわゆる「公共性」の領域で論じられる課題として現れてきたことは、周知の通りである。むろん、私的システムとは異なるインセンティブとはいえ、交通過程全体の中で占める位置付けに変わりはなく、その意味で私的システムとの接合における整合化は、当然のこととして理解されていなければならない。

　第4に、私的システムにしろ、公共性に視点を置いたシステムにしろ、それらは共に交通需要の側面から引き出されてきた基軸に他ならない。そのことは、交通システム形成における本質的な役割に強力に主導された基軸として、基本的には、第一次的基軸に位置付けられることは当然のことと言わねばならない。しかし、一方で、交通投資が交通対象の価値実現の手段として位置付けられた投資対象であるということを理解すれば、それをいかに効率的、効果的に実現するかの課題が突き付けられることにもなる。マクロ的には、資源利用における経済性の問題として、個別には交通における経営課題として浮かび上がってくる問題である。一般的に言って、資源非効率の傾向にあるこの分野の投資は、どうしても個別事業経営の不安定を招きやすい。社会的基礎投資，社会資本といった認識の下に何らかの保護的政策が採られている場合は別として、規制緩和下に激しい競争下に置かれると、その脆弱性を露わにすることが少なくない。

　かように、もともとそうした特徴を持つ投資対象であることが、その必要性に隠れて、結果として資源・経営の非効率、改善の遅滞を助長してきたとも言える。いわゆる「市場の失敗」し易い分野の例として、保護・規制の対象にされてきた歴史も長く、こうした側面、すなわち供給側面からの接近が閑却されてきたことは否めない。言い換えれば、市場の拡大の中に急成長を続けてきた歴史の中で、不可欠な基礎手段として積極的に先行投資することが優先されて

第3章 私的交通システムの展開

きたのである。そこでは、経済的側面を遥かに超えて政治的、社会政策的側面など、多様な要請に応ずる投資としての役割を任じてきたと言ってよい。この過程で供給側面、殊に供給条件に関わる費用の問題は、背後に押しやられて二次的な扱いを受ける存在になってきたということである。当然のことながら、こうした状況は問題の先送り、蓄積という負の遺産を残すことになる。それは私的システムの場合であれば、不完全ながらも何らかの形で自己負担という完結性を持っている。しかし、これが公共領域になると、対象と負担者が共に分散して、需給バランスが崩れたまま推移しがちになるのである。

何れにしても、こうした供給側面からの接近は、交通システム形成に新たな指標導入の必要性を示していることは間違いない。その一つは、今日の社会で最も一般化している市場メカニズム導入の工夫、積極化である。この際に重要なことは、単に規制緩和、他の市場と同様な競争下に自助努力に直ちに委ねるといった安易な手法、政策転換では、交通システム形成の第3の基軸として確立させることは、難しい分野であることを確認しておかねばならない。

いま一つの選択は、今日、盛んに論じられている環境問題に基点を置いた選択である。それが資源利用の問題に最大の課題があることに鑑みて、価値実現に関わる資源量の効率化、なかんずく交通対象を通じて得られる単位当たり価値実現に投下される交通システム化資源量の最小化という基準に焦点を合わせたシステムの形成である。この場合における困難さは、例えば、市場にあっては取引対象の評価を価格という形で比較可能な数値化を行っているというように、何らかの方法が工夫されなければならないことである。これは、交通システム形成に関わる交通サービス生産要素の分析課題の一つである。しかし、少なくとも、資源利用における交通システム化資源比率の抑制が不可欠であるという意味で、明確な視点を与えていることは間違いない。

かような諸点を考慮していくと、交通システムの形成を改めて私的交通システムに基点を置き、効果的な価値実現システムの形成を目指した、総合的なシステム構築の必要性が浮き彫りにされてくる。交通需要の個別性、それに対応

する能力の向上、ここに交通システム形成におけるポイントがあることを、十分に理解しておかなければならない。

第3節　私的交通システムの形成

　私的交通システムは、交通システムの原初的、基礎的システムとして、その形成はあらゆる種類の交通システム形成の基本型を成すと言ってよい。言うまでもなく交通システムは、通路、運搬具、動力、結節機能要素、エネルギー、情報、労働力の7種類の交通サービス生産要素の組み合わせから成っている。重要なことは、これら7つの生産要素の構成が私的交通システムとして、その目的に沿う個別交通需要対応性にいかに整合するかに掛っているということである。

　既に述べてきたように、私的交通システムの定義が示すように、その基軸が整合機能する条件の第一は、交通手段、すなわち7生産要素の排他的支配が成立していることである。それは、システム、制度、その他、諸条件において、種々の方法が選択されるが、要は、物理的、技術的に占有されて、個別交通需要者の意思に対応する十分な私的管理性が確保されれば達成される。したがって、この条件の充足にどのような工夫が行い得るかが、需要者にとっての関心事になる。

　第1には、交通サービス生産要素の「排他的支配」の実現である。

　私的交通システムは、交通需要者個別の価値実現要求に対して、最も効果的にその要求を実現するシステムとして期待されている。それが、私的管理性、すなわち需要者個別の意思を可及的に高い自由度をもって達成し得る充足性が、この交通サービス生産要素の「排他的支配」の実現に掛っているということである。そして、この条件の充足には、更に次の点が考慮されていかなければならない。

(1) この「排他的支配」の条件は、交通需要が発生した時点で成立していることが不可欠であること。それは、交通サービスが即時財であることに原因している。このことは、その条件が成立するのであれば、他の時間帯においては、柔軟な選択下にあるということでもある。

(2) この「柔軟な選択」の条件とは、「排他的支配」実現の方法に、需要者個別の自由度に委ねられた幅があるということを意味している。そして、この幅は、他の基軸によるシステムの中で実現できる余地も、含まれているということである。交通は、場所的移動という極めて単純な物理的行為であるが故に、基軸間の臨界領域における類似性、代替関係が生じ易い。更に進んで言えば、他の基軸の中で私的交通システム性を追求することの方が、効果的である場合も当然に想定され得る。

(3) これらの選択は、交通サービス生産要素それぞれの特性と需要条件個々の違いの中で、相対的に評価されていく性質のものであることを理解しておかねばならない。

以上のような諸条件を考慮に入れながら「排他的支配」を実現することが、私的交通システム成立の前提であること、殊に、(1)の条件を十二分に認識しておくことが重要である。

第2は、「私的管理」性の確立の問題である。

私的交通システムの成立要件をソフト・ウェアの側面から評価すれば、それは、この私的管理性をいかに持続的に、かつ高いレベルで維持し続け得るかに掛っている。その基礎となる交通サービス生産要素の交通需要発生時点における排他的支配も、それを保証する前提として期待されている条件に他ならない。私的管理性とは、他の意思の介入を可及的に回避することによって、効果的に達成し得るシステムの自由度を保証する性能だからである。それは、まさしく、交通主体、すなわち交通需要者の価値実現能力における自己完結性を、いかに高め得るかという課題への鍵になっている。

言うまでもなく、私的交通システムは、システム形成の中心を個別交通需要

者に収斂させている。したがって、それ独自では、他の意思に基づく交通システムとの間に何らかの乖離が生じているのが普通である。それは、このシステムの持つ個別交通需要対応性という利便性が、同時に自身の能力の限界を生み出す原因にもなっていることを意味している。そして、この問題に対し何らかの処方箋が提示されない限り、自身の、社会における持続的発展への展望は描き難い。

　元来、この私的管理性は、社会の構成単位、個別主体に焦点を当てて、その意思と意思実現の自由度をシステム整理し表現した概念に他ならない、それが、現実の場では、場（位置）と時間という空間条件の連続的変化の中で自由度条件が変化することにより、連続的に拡大し続けるという展開を生み出すことになる。この一連の関係が、私的システム形成の諸要件をより発展的に、他の基軸に基づく交通システムにも求めていくことになる。言い換えれば、他の基軸による交通システムは、交通過程の発生史的基礎を成す個別交通需要に強く傾斜した私的交通システムでは達成し得ない限界を、他のメリットを付加、あるいは軸に置いたシステムの中で克服していこうとする新たな選択と言ってよい。

　その場合、重要なことは、「付加、あるいは軸を置いた」基軸が、交通システムの基本型である私的交通システムの諸条件から乖離していくにつれ、交通本来の機能を急速に劣化させていくということである。それは、交通サービスが即時財であり移動行為という極めて単純な存在であることから、他の財に比して遥かに明瞭、迅速に現れてくる。他の基軸の交通システムといえども、その中軸は、依然として個別交通需要対応性に資する私的システム性にあるということを閑却してはならない。

　第3には、「自らの交通需要」の範囲について。

　私的交通システムが成立する要件のいま一つ、すなわち、「自らの交通需要」とは、他の意思が介入していない交通需要を指していることは言うまでもない。ここに「他の意思」とは、当該交通需要者以外の介入意思ということになる。この条件が充たされていれば、交通対象の帰属が何れにあるかは問わな

いということ、したがって、それが他の所有に帰するとしても、その場所的移動への交通需要者の意思、それがもたらす交通需要であれば、当該交通需要者にとって自らの交通需要として位置付けられているということになる。このことは、交通過程において私的交通システムが担っている範囲が極めて広範囲に渡っているということ、更に言えば、もともと、人類史上、その大半は私的交通システムに依って行われてきたのであり、他のシステムは、それを発展的に補完するシステムとして近代社会を大きく特徴づけてきたということに他ならない。当然のことながら、そうしたシステムに問題が発生した場合、検証の基となる基軸が私的システムにあるということは、常に念頭に置いておかなければならないのである[3]。

第4節　私的交通システムの社会的拡大への限界克服

　私的交通システムは、価値実現システムとして最も効果的なシステムであることは、多言を要しない。しかし、個別交通需要に特化された交通システムであることから、他方で、それが自身の能力の限界の原因になっていることを考えなければならない。
　まず、第1には、交通の実体性に鑑みて、物理的、技術的条件において最も直截的な形で限界に直面する。たびたび触れてきたように、交通システムは7つの交通サービス生産要素から成り立っており、それが、交通需要発生の時点で需要条件に見合った形で準備されていることが必要である。問題は、交通需要の発生という事象が極めて不確定、不確実性が高く、交通システム形成への投資は、この不確実性を見越した先行投資としてあることである。しかも、価値実現は、この交通システムの能力に絶対的に規定されていることを考えれば、投資が相当の余裕幅をもって行われることが、強く想定される投資対象ということになる。そして、結果的に見れば、不使用能力の発生をみて過大投資とマ

イナス評価されることになりかねない。

　しかし、交通投資が未来への先行投資である以上、こうした不確実性の存在を様々な手法で可及的に最小化する努力をするとしても、それをゼロにすることは出来ない。さらに今日の社会関係がグローバルに拡がる中、交通過程は距離と時間の増大、複雑化が加わって、不確実性は拡大する一方である。言うならば、今日の社会は、この不確実性増大の中に新たな可能性を見出そうとしている時代状況にあると言える。そうした状況は、高度に発達した情報化を強く求め、正に情報化社会と呼ばれる時代を到来させることとなった。不確実性の増大と情報化、この二つのキーワードは広大な仮想現実（virtual reality）の社会という未来展望を膨らませつつあり、人間社会はそれをいかに現実化するかという課題に直面することとなった。言うならば、このパラダイムの巨大な変換期に直面して、新たな人間社会の構築が求められているということでもある[4]。

　しかし、この新たな時代に向けての様々な展望、可能性から、持続的発展あるいはある状況での持続性を実現するための選択という現実の課題に対しては、決して十分な情報が提供されているわけではない。言うならば、情報化社会と言われる今日の状況は、未だ、直近・近未来の不確実性への処方箋を描くレベル段階のものでしかない。そのため、こうした情報選択の軸は、依然として個別の自由選択に委ねられているという極めて初歩的な方法に拠っている。自由な参入・退出、競争下に意思決定を行いつつ取引を行う市場メカニズムのグローバル化などは、正にそうした今日的状況を端的に表した社会現象に他ならない。

　そこでは、市民社会的基礎である個人・個別主体の権利と責任に因果関係を凝縮させているところに著しい特徴があり、選択の個別化により、不確実性の結果が個別に拡散して巨大な格差集積社会を現出しかねない状況を生みつつあることは、周知の通りである。人間社会全体の総体としては成長しているとしても、そこでは構成の原単位、個別人間の存在が抽象化され過ぎてしまいかね

第3章 私的交通システムの展開

ない。問題は、社会全体と個別人間との間に膨大な選択段階があり、それが更にネットワークを構成してダイナミックに展開しているというこの現実を捨象した論理は、常に大きなギャップをもって負荷を拡大させることである。まさしく、人類の歴史は、端的にそれを証明していると言ってよい[5]。

ここにおいて改めて回帰すべきは、個々の人間にとって価値実現過程、すなわち交通過程が連続する価値判断の過程としてあり、それがより的確に行われ続けるためには、情報レベルの限界を知り、更には、それをいかに克服していくかの課題に対処していかなければならないという論理認識である。そして、その関係は、交通過程が拡大すればするほど確率を低下させていくということ、それは、正に私的交通システムに求められている「私的管理」性の急速な低下が引き起こす、価値実現の劣化過程そのものに他ならない。

このことは、極めて重要な関係を示唆している。それは、交通主体、すなわち交通需要者と交通過程の間の時間的、距離的関係が増大し過ぎると急速に非効率が増大していくということ、資源利用の観点からは、こうした状況は、出来るだけ回避されることが望ましいという範式が導き出されて来ることである。今日のように、経済がグローバル化する時代にあっては、資源利用における最も重要なテスト基準になりつつあることは間違いない。殊に、地球環境が危惧される状況の中で、この指標はその重要性を急速に高めてきていると言えよう。

第2に、私的交通システムがその限界を克服して価値実現能力を高めていくには、かように幾つかの問題があることを認識しながら、マイナス条件を可及的に回避する工夫を加えつつ進めていくことが必要になる。その選択は、他の諸基軸によるシステムと、それらを組み込みつつ自己以外の私的システムも加えて、弾力的なネットワーク化の中で行われていく。

(1) 当該社会に共通の課題として対処する基軸、公共性基準によるシステム
(2) 市場メカニズムを有効に組み込んだシステム
(3) ネットワークの経済を効果的に組み込む方法

これらの諸システムに、私的交通システムの限界を越えて価値実現過程の伸

59

長を展望する時、当然のことながら、基軸それぞれの持つ固有の特性との整合化をいかに有機的に実現していくかの課題に直面する。重要なことは、何れの場合にも、私的システム特有の私的管理性の高さは、他のシステム特性の中で抑制、相対化されつつも、他面では異なった形での付加価値化を目指し、多元性の中により有効なシステムの実現を指向していることである。

　個別主体の社会性の高まり、生活・活動空間の拡がり、そして価値実現機会の成長に伴って、交通過程は急速に拡大していき、私的交通システムの能力を超えた領域に対応した交通システムへの要求が一般化していく。こうした社会的要請は、(1)の「交通の公共性」意識を急速に高めていくことになる。

　市民社会意識の昂揚、産業革命、市場経済の成長、国民国家・国民経済の発展、等々、近代史を特徴づける諸現象は、あらゆる意味で交通空間の拡大を促すものであり、その基礎条件として交通手段が社会的共通需要の対象として強く意識されるようになってきた。社会的基礎施設、社会資本、ソーシャル・ミニマム、等々、それらは、まさしく市民社会における基礎的基本的人権である交通権を社会全体の中で保障していくための基盤整備に他ならない。「公共性」とは、こうした意識を包括的に表現規定した概念であり、社会の成長、発展の過程で必ず現れてくる共通の認識と言ってよい。交通システムの発展過程において私的システムの限界に対し、まず始めに登場してくる最も一般的な基軸概念である。

　第(2)の市場メカニズムは、今日の社会に適合的な諸特徴をもって、最も一般的な経済システムとして、財・サービスの流通、資源利用におけるグローバル化を大きく主導していることは周知の通りである。それが大きく受け入れられているのは、分業の経済を基礎に適正な競争条件下で、資源の有効利用に効果的な役割を果たし得るという機能が、まず、期待されているところにある。この社会的有効性を第一のレゾーン・デートルとして、市民社会における個人の権利意識の実効化に効果的な仕組みをシンクロナイズさせることによって、強力な浸透力を示してきたのである。利益追求の自由度の実現、多様な財・サー

第 3 章 私的交通システムの展開

ビスの流通、こうした要求を最も効果的に充足し得る柔軟なシステムとして、価値観が多様化する今日の社会に広く受け入れられている。それは、正に人間の持つ多様な可能性を利己心に訴えてダイナミックに展開する、巨大な生活空間を形成しつつあると言ってよい。そして、この成長、発展が、空間条件の基礎を成す交通システムの発達に依拠していることは論を俟たない。

　市場は、生活空間の大半が二次元的、地理的な広がりの中に展開している以上、交通条件に強く規制された存在であることは言うまでもない。一方、交通システム自身の問題として、私的システムの限界を克服する基軸としての市場メカニズムの位置付けは、より相対的である。絶対的必需条件として、交通システムは、私的システムによって基礎条件を保障し、その限界を超えた領域においては、まず、公共性基準により社会的共通需要に対処する次善的な選択を行うというケースが多い。先進経済地域の歴史は、そのことをよく例示しており、特に経済成長の初期段階において顕著なことは、よく知られているところである。交通システム形成に市場メカニズムが効果的に働く条件が、十分には育っていないのが一般的だからである。市場メカニズムが交通システム形成に適合的になるためには、幾つかの条件が整ってこなければならないのである[6]。

　いわゆる「市場の失敗」条件ばかりでなく、基本的に市場へ参入するインセンティブが欠けていれば、成長が見込めないのは当然である。特に供給側面での誘引形成の醸成が重要であり、こうしたマイナス条件を補償する社会的な意思、工夫が施されていかなければならない。その端的な条件は、利益機会の大きさ、容易さ、参入・退出障壁の可及的低さ、社会的位置付け、等々であろう。それらは他の市場との比較において相対的な存在であり、単に利益条件において優位であったとしても、参入条件における規制の度合い、投資の規模、技術的条件、利益実現速度など、多くの意思決定要件がある。

　第(3)のネットワークの経済への仕組みは、私的交通システム相互間の結び付きも加えて、如上の諸交通システムと、その何れをも組み込んで様々な選択があり得る。交通システムは、場所的移動という極めてシンプルな交通サービス

の生産・供給を行う存在であり、システム間の結合、代替性の可能性が小さくない。その意味でネットワーク化は、交通システムの効率・効果的な展開に極めて有効な手法であることは間違いない。特に。そこに成立するネットワークの経済に着目する時、単に技術的・物理的な効果ばかりでなく、それを通じて資源利用における有効化への期待が大きく展望されるところに重要性がある。実際、交通における連続性の問題は、価値実現過程の基礎能力を規定する当然の課題として受け入れられてきた。しかし、それは、まず、物理的・技術的課題としての側面が先行して、連結の経済性という側面への認識は必ずしも十分でなかったことがある。

　交通過程が移動を通じて実現される価値実現過程であるという本質から、どうしても移動の部分に焦点が集中し、システム間の結合という結節機能部分への配慮が、二次的になる傾向が否定できない。重要なことは、このシステム間インターフェイスの向上は、システムの機能向上に極めて効果的に働く可能性を拡めるということである。実際、人間社会は、このメリットの中に成長してきたと言ってよく、都市の成立は、その端的な例に他ならない。何れにしても、個別交通システムを結合させることによって得られる種々のメリットの実現は、多くの場合において交通能力を大きく高めることに結び付いていくことを理解しておく必要がある。

　第3の処方箋は、情報化のメリットの中に交通システムの多様な可能性を明示していくことである。交通需要者にとって、私的交通システムの限界をいかに克服していくかは、単に他の基軸への依存を高めるというに留めるべきものではない。それは、上記のネットワークの経済に求められたシステムの多元性の内部化と共に、それをより効果的に実現していく支援条件は、個別システムおよびシステム相互間の機能性をより高めていくことに求められている。その最も有効な方法の一つが、情報環境の高度化である。

　情報は、資源利用における適合性を先験的に認識するための手段として、人間社会の発展に決定的な役割を果たしてきた。そして、殊更に情報化の重要性

が強調されているのは、情報の持つ本質的な役割が今日の社会状況に著しく寄与的であるからである。それは、社会空間の拡大の中で、不確実性が急速に増大しているということ、ここにある。情報は、この不確実性に対して先験能力を高めるための唯一の手段として、今日の社会を最も特徴づける存在となっている。その意味で「情報化社会」という表現は、まさしくそうした社会状況を象徴的に表していると言ってよい。

　一般に、不確実性は、距離、時間、複雑性の増大と共に拡大する。社会の成長、発展は、正にそうして状況が端的に現れてきた歴史である。まして、グローバルな規模で展開する今日という時代にあって、こうした状況は、昂進こそすれ低下することはない[7]。言い換えれば、情報化の進行こそが、こうした広域社会実現の可能性を大きく切り開きつつあるとも言える。かように情報化社会とは、情報が社会の方向性を大きく主導していく時代の様相を端的に表している社会として、交通過程が、情報化の伸展と共にいかに効果的に広がりを見せているかを立証しつつあると言えよう。このことは、交通システムにおける情報の高度化が、交通過程における不確実性に基づく機能の非効率化を、効果的に制御する能力を高めることを強く示唆している。

第5節　ネットワークの経済と私的交通システム

　個別主体にとって、交通の可能範囲が自身の現実的能力を規定する。それを基礎条件として様々な社会システムが形成され、そこにより高い効果、効率性を求めて種々のメカニズムが導入されていく。この一連の展開は、市民社会を象徴する自由な利益追求への意識が、鋭利な市場メカニズムの機能を梃子に大きく資本主義社会の時代を浮上させることとなった。市場メカニズムをいかに効率的に機能させ、効用の最大化を目指して資源利用の活性化を図ることが社会の要請に強く応えるものとして、それを軸に社会関係の広域化が、強力に推

し進められる状況を現出させてきた。この過程でいかに経済性を高めるかが、最重要の課題として提出され、そのメリットを求めて様々な手法、選択が行われてきた。分業の経済に始まり、量産化、多角化、規模、系列化、広域・国際化、情報化、等々が、経済性を求めて、社会の諸分野において競争的に導入、促進されてきたことは周知の通りである。

そうした経済性追求が持続的かつ有機的に展開していくためには、それらが効果的に結合、接合していくシステムの存在が欠かせない。そして、そのシステムは、新たな経済性を創出する役割をも担っていくことが重要な意味を持っている。ネットワークの経済、あるいは連結の経済と呼ばれるものである。これは、経済性追求を個別主体の自律管理下に実現することの限界を、個別主体間相互の関係の中で新たな経済性を追求しようとする選択である[8]。

第1に、ここでの位置付けは、各個別主体それぞれが独立、対等の関係の中で、比較的安定かつ持続的な結び付きをもって、連鎖性の中に経済性を実現していこうとするところにある。市場関係に比べより安定的であり、系列のように階層的関係でないところに同盟・協力性に比重が置かれた位置付けにあると言えよう。そこに時間的、空間的条件を通じたメリットを加えて経済性実現の広がりを柔軟に求めていく展望が描かれる。まさしく、ネットワークの優れるところは、自身が直接参入することなく、他の諸メリットをソフトな形で経済性を追求する手立てとして内部化することができるという点にある。

異なる役割を担う個別主体が、比較的自由な結合の下に相互補完性のメリットを追求しようとする、この容易性は、激しく変動する社会にあっては、経済性へのアプローチに重要な意味を与えている。問題は、ネットワークが各参加メンバーの求めるところに、直ちに適合的に応答され得るかの保証性である。特に、ネットワーク空間が拡大するにつれて、時間、距離の増大による空間的乖離は、参加個別主体間の接合不全を起こしかねなく、そうした事態の発生をできる限り回避する対策が、施されていかなければならない。その意味でネットワークが有効に作動するための前提として、交通条件の整備が不可欠になっ

ている。

　第2に、ネットワーク形成の基礎的前提として求められる交通条件の整備は、当然のことながら当該ネットワークに求められレベルに応じて差がある。しかし、まず、求められる共通の条件が、当事者間の意思疎通を達成するための情報交通システムの存在である。ネットワークが経済性追求に有効なシステムとして認識されるようになったのは、明らかに情報化の進展が生み出した経済効果と言ってよく、それが様々な領域に直接、間接に連鎖、派生して相乗的な効果をもたらし、経済性の広域化を促しているところにある。この情報・情報化主導型の経済効果は、事前検証性を著しく促進させ、不確実性のもたらす非効率に最も効果的かつ経済的に対処する方法として急速に社会化し、情報化社会と呼称される時代を創り出して来たことは周知の通りである。

　ネットワークは、情報交通システムの中で仮設されて先験的に情報検証のフィルターを透過することにより、不確実性がもたらす不経済を極力先行回避し、参加者が、他に比して比較優位の経済性を実現するテリトリー差別化を意図したシステムと言ってよい。その意味で、この中で機動する交通システムが、より私的性の高いシステムに傾斜するのは当然のことである。情報化社会にあっては、何らかの形で情報ネットワークの中に新たな社会関係、利益機会の可能性を期待している。そこでは情報の量・質の優位が鍵になっており、情報ネットワークは情報化社会のクラスターとして、新たな段階への重層的展開が眺望される。ネットワークの経済は、個別主体の組織限界を一定の自律性を維持しながら、外部との間で比較的安定的かつ弾力的な補完的協力関係をもって、経済性追求に新たな機会を与える情報化社会の顕著な特徴であると言えよう。

　第3に、ネットワークの経済は、情報・情報化の進展に大きく傾斜したメリットに主導されていることは間違いない。しかし、それによって仮想された価値の実現過程が伴わなければ、現実的な意味をなさない。そこには、何らかの形で人、物の移動を通じて価値実現を行う交通過程が、保証されていなければならない。情報は、それ自体では実体化され得ず、それによって個別主体の

要請に可及的に応ずる価値実現の先験的検証手段としてあるに過ぎない。したがって、ネットワークは、その経済性を効果的に実体化させるための交通システムが組織、準備されていなければならない。成員個別が独立性を保ちながら弾力的な同盟性を維持しつつ、ネットワーク全体の集団的自律性を実現して、他に比して、より優位な経済性を実現するための組織として、交通システムもまた、当該ネットワーク独自性を実現できるレベルでの自律性を持ったシステムでなければならない。

　こうした条件を備えた交通システムとは、成員個別の私的交通システムを端末として、それらがネットワークのルールに従って、相互に協力的に運用されるシステム化が行われていなければならない。むろん、個別私的交通システムは、ネットワーク内のみで使用されている訳ではないから、成員の参加条件に応じたシステム化のレベルにあることは言うまでもない。更に、そうした個別成員の私的交通システムの協力関係だけでは達成し得ない交通過程については、当然、他の基軸に基づくシステムの弾力的な内部化を図らねばならない。この場合、ネットワークのルールが、こうしたシステムにどのような形でコミットしてくるかは多様である。ここにネットワークの同盟性にも相当の幅があり、当然のことながら、参入・退出も含めて個別主体の社会参加諸段階におけると同様に、様々な課題が隣接してあることを考慮に入れておかねばならない。こうした問題に効果的に対処していくためには、交通システム、交通過程は事前検証性を高めるための情報化が進んでいかなければならず、ネットワークの経済もそこに評価の要があることは改めて指摘するまでもない[9]。

　人間社会の成長、発展のダイナミズムは個人、個別主体の能力限界の克服を他者との間に求めて、補完協力関係から、分業の経済を内部化、発展させ、持続的成長への足掛かりを工夫して今日に至る歴史を積み重ねてきた。そこには何らかの形で一定のネットワーク性が働いており、その連鎖、重層化が社会関係の有機性を高め、利益機会の共有を促してきたことは間違いない。それが、今日、改めてネットワークの経済として強調されるようになったのは、社会の

第 3 章　私的交通システムの展開

複雑・広域化と共に高度に伸展する情報化の中で、ネットワークの情報検証性の高度化、それを実効化する交通システムの発達、これらが新たな優位性を認識させる環境を醸成させてきたからである。

注

(1)　増井健一・佐竹義昌『交通経済論』有斐閣、昭和44年、p.4。
(2)　伊達康博『IT社会における情報社会論』学文社、2010年、第 8 〜 9 章。
(3)　生田保夫『〔改訂版〕交通学の視点』流通経済大学出版会、2004年、pp.90〜94。
(4)　公文俊平『情報文明論』NTT出版、1994年、第10章第 1、2 節。
(5)　今井賢一『情報ネットワーク社会』岩浪書店、1984年、第 2 章。今井賢一・金子郁容『ネットワーク組織論』岩波書店、1988年、第 1、3 章。
(6)　小澤次郎『アメリカ鉄道業の展開』ミネルヴァ書房、1992年、第 2 〜 3 章。同『アメリカ鉄道業の生成』ミネルヴァ書房、1991年。T・C・バーカー、C・I・サヴィジ著、大久保哲夫 訳『英国鉄道経済史』泉文堂、昭和53年。
(7)　正村俊之『グローバリゼーション』有斐閣、2009年、第 5、6 章。
(8)　石井晴夫『交通ネットワークの公共政策』〔第 2 版〕中央経済社、1993年、第 1 章第 1、2 節。
(9)　生田保夫『前掲書』、第 4 章第 6 節。

第4章
私的交通システムの費用問題

　交通における費用の問題は、交通サービスの質評価における評価因子の一つとして取り上げられている。それは，交通サービスの生産・消費に関わる全ての種類の犠牲量、すなわち負の評価因子として位置付けられおり、例えば「費用対効果（便益）」という関係式は、その立場を端的に表している。交通において、「費用」に対する意識は、以下に示されるように二重の関係の中で評価展開されていることに、まず、注意を向けていかなければならない。

第1節　交通における費用問題の位置付け

　交通において費用の問題が、基本的に二重性を持っているということは、この問題の難しさを示唆している。

I　資源利用における意識
　それは、まず第1に、交通サービスの役割自身に由来する問題である。人間社会における資源展開という巨視的な視点からする場合、それを交通学的な立場から整理すると、資源が交通対象化資源と交通システム化資源の二つの流れに分かれて展開しているということに発する。そして、後者は、前者の価値実

第4章 私的交通システムの費用問題

現のための手段としての位置付けになっているということである。このことは、交通システムへの資源投入が、交通対象の価値実現の現実的担い手でありながら、単位実現価値量に対する投入量を最小化したいという意思が、底流としてあるということを意味している。例えば、交通需要を派生需要として位置付けて理論立てしようとする考え方も、基本はそこにあると言ってよい。ただ、その系譜の中で交通の役割が二次化され、軽小化する傾向が出て来るとすれば、交通の本質に悖ることになりかねないことを注意しておかねばならない。しかし、価値実現の手段として、交通システム化資源の位置付けは、中間財としての立場にあることは間違いなく、このことが、交通システム化資源の費用的意識を惹起させる原因になっている。

　ここでの問題は、交通過程が全ての価値実現過程に入り込んでいて、そこに投入された資源の量測定が容易でないこと、特に、交通対象化資源がそれ自体では有用化されないことである。そこに焦点を当てれば、両資源が分業的な役割を担って、それが結合しない限り、共に中間財としての位置付けに留まる存在であると理解するのが正しい。言い換えれば、交通システム化資源は価値実現の手段としての立場であるが、それは、まさしく人類の生存行為そのものを支持する手段としてあり、その意味では、人間自身の機能が、その位置付けにあるということでもある。が、そのことを再確認しつつも、やはり目標・目的、結果に意識が集中するのは、選択の順序付けとしてはごく一般的であり、交通の日常性からして、そうした一般性の中で位置付けが傾向付けられていくのはやむを得ない。当然のことながら、その結果として、交通システムへの投入資源は、価値実現の「手段」、すなわち「負の指標」＝費用としての意識が強くなる。

　重要なことは、こうした意識傾向があるとしても、交通投資が価値実現能力の向上実現に決定的な役割を果たしていることは間違いなく、一方で膨大な先行投資の対象となってきたという事実を考えなければならない。それは、価値実現の全てが、交通対象の物理的変換、すなわち位置変化という行為から成っ

ているという事実に着目すれば、当然の流れであると言える。実際、今日に至る人間社会の発展とは、正に、そのための技術、手法の開発の中で実現されてきたことは明らかである。そして、それが、近代社会を大きく変貌させる産業革命の発祥を契機としてきたことは論を俟たない。

こうした認識の下に交通の意味を考察すれば、交通とは、生存行為そのものであるという本質論に到達する。その意味で交通システムへの資源投入が価値実現にとって、一種の費用意識の中に位置付けられるという考え方を導き出す一方、結局、それが人間社会のサステナビリティへの投資に他ならないという、別の視点を知ることにもなる。この交通システムへの資源投入における評価の二元性は、交通問題の難しさを象徴するものとも言える。

しかし、どのような場合であっても、人間の生物としての能力を超えて生存性を向上させるためには、どうしても価値実現能力の向上手段としての交通投資が不可欠であり、それへの意識の強弱が、持続的発展への可能性の如何を規定すると言っても過言でない。言い換えれば、この資源利用という極めて巨視的な視野からする交通投資への費用意識的評価は、成長への基礎投資という観点から、抑制指標としては二次的にならざるを得ない。少なくとも人類発展の歴史は、それを証明してきたと言ってよい。特に今日のように、産業・経済の展開がグローバルに拡大する市場メカニズムを通じた激しい競争下に置かれている中、交通システムへの投資は、正に戦略的投資の様相を帯びてきていると言わざるを得ない。ただ、こうした長大な交通過程を通じた市場競争的資源展開は、一方で交通システム化資源投入に対する費用意識再燃のきっかけになろうとしていることも留意しておく必要がある。

特に、地球環境問題への意識の高まりは、資源利用における環境対応性をグローバルな視点からアプローチすることの必要性を強く認識させるようになってきている。それは、当然のことながら交通距離の飛躍的な増大によってもたらされる交通システム化資源投入量の著しい拡大に対する批判意識を導き、環境問題への一つの核になろうとしている。しかも、それが、市場システムに

第4章　私的交通システムの費用問題

よって加速度的に促進されていることに、注意の目が注がれ始めているということである。重要なことは、このシステムの支点が価格メカニズムにあることである。これによって、資源配分の最適化を目指そうとするところに、今日の市場理論の主眼があることは周知の通りである。問題は、それが人間社会に組み込まれる資源の人間社会的最適化という、極めて人間主体的論理にあるということである。これが加速度的に成長するグローバル社会は、この論理の持つ偏向性に顧慮して、改めて地球科学的視野に立った資源循環性を基礎に、論理の再構成をしなければならない段階にあることは明らかである。その課題へのアプローチに、交通学からの接近が極めて有効な方法であるということである。

　それは、交通量・距離が飛躍的に増大する社会関係にあって、そこに投じられる資源量の拡大は、人間社会のサステナビリティに適合的な地球科学的資源循環性を損なう展開を示しかねないということである。中でも、交通システムに投じられる資源の累積的な増大は、価値実現の手段という位置付けに加え、その資源非効率性という特徴が、この問題に大きな負荷的存在としてのし掛かってくる。ある資源の利用が、価格メカニズムに主導されてグローバルに展開する時、そこでは交通過程にかかる資源量も価格メカニズムの中で評価され、実体量が人間社会的に擬制化されかねない。その結果、地球科学的視点が相対化され、歪曲された資源評価の現実に直面することになる。

　これは、人間社会の持続性を展望する時、極めて憂慮さるべき課題であると言わねばならない。地球環境的視点からは、人間社会の在り方が地球科学的条件を絶対的基礎としていることを、再確認する姿勢が求められているのである。その意味で優れて人間社会的システムとしてある今日の市場メカニズムは、改めてこの視点に立って再構築されなければならないという局面にあるということでる。そこでのポイントの一つが、まず、「交通対象化資源／交通システム化資源」比の高度化であることは言うまでもない。重要なことは、この指標の示すところが、それぞれに投入される資源自身を、直接、費用として見る「資源費用」の考え方に基づいていることである[1]。

Ⅱ 生産・供給における費用算定の基礎

　交通過程における費用問題は、まず、交通サービス生産・供給に掛る原価、すなわち直接、間接に投入しなければならない実費である。一般的に費用を考察する場合の意識対象は、ここにあるのが普通である。この意味での交通サービスの費用、すなわち交通費は、一連の交通過程において関係するあらゆる交通サービス生産要素に関わって発生する費用の総計から成る。この場合における費用が、各生産要素の取得、使用、維持、供給、運用管理、等々、さまざまな要件に応じて、個々の特性が費用構造に現れてくることになる[2]。

　まず、第1に問題になるのは、交通サービスが持つ即時財としての特性に関わる問題である。生産と消費が同時進行的に行われるというこの特性は、交通サービスを需要の発生に先立って生産、貯蔵しておく方法が採れないという絶対的制約になっている。この制約は、交通システム形成における技術的、物理的条件において、あらゆる場面でまず考えなければならない課題であり、交通サービスの生産・供給が需要条件に著しく規制される最大の原因になっている。ここでは、費用発生の時間が先行投資期から実際の需要発生時まで、長期に分散する傾向を強くしていることである。これは、個々の需要に伴って発生する費用の算定を著しく難しくすることになる。一般に、こうした費用の算定は、対象が限定され、範囲と時間が可及的に明確にされることが望まれるが、交通過程の連続性と需要発生の不確定、そして、この即時性の問題が、これを大きく困難にしている。

　第2は、費用算定の基準となる交通サービス生産・供給に関わる個別要素費用の問題である。今日、最も一般的に示される数値化された費用が、各要素が市場で取引される際に決められる価格を基礎にしていることは、周知の通りである。それは、需要・供給の強弱、量的関係を軸にして、他の関連諸要素が絡まって決まってくる。この関係下、その軸となる需要・供給関係から導かれる所謂「均衡価格」の導出が、社会的総効用の最大化を目指す資源の最適配分の実現にあることは、一般に経済学の示すところである。

第4章　私的交通システムの費用問題

　重要なことは、この場合、費用の淵源が市場という人間社会の機構システムを通じて導出される数値指標であるということである。しかも、市場の状況に応じて常に変動する相対指標として安定を期待することは出来ない。むしろ、より積極的に市場価格は、当該対象に対する、その時、所、状況における社会的意思を表わす評価指標として、この相対性にこそ現実的な意義を見出していると言った方が適切である。その意味で、市場価格は、もともと、人間社会で有用化される諸資源の展開に人間社会的評価を相対的に数値化した、優れて人間社会的指標に他ならないということである。まさしく、それは、資源評価の客観性からは乖離した、人間社会主観的な存在としてあることを示している。

　このことは、「基準」にとって最も重要な基礎要件である比較指標としての定量・客観性が確保されておらず、費用算定の客観性が流動化してしまう可能性を示唆している。市場メカニズムが基本的に時・所・状況への対応性に重点を置いている以上、その支点としての役割に任ずる価格が、こうした流動性の中に現実的ダイナミズムを期待されているのは当然のこととも言える。このことを基礎において、交通サービス生産・供給に関わる費用を算出・測定することの意味は、短期的条件下に資源選択の最適性を検出し、資源の効率的な利用に資する意義を見出しているからである。

　問題は、これが交通サービスの評価に直ちに反映される訳ではないということである。たびたび指摘しているように、交通サービス生産・供給における先行投資性は、実際に交通需要が発生し価値実現過程が現実化する迄に、相当の時間を考慮しなければならないという不確定の条件下にあること、そして、その間、何らかの形で費用が発生し続けているということである。この費用算定における期間累積性は、交通サービスにおける費用問題を著しく難しくしている。結局、費用数値化が市場価格を基礎としている以上、何らかの手続きによって需・給間の時間差がもたらす不確定条件を包括的に平準化する方法を採らざるを得ない。

　第3に、交通過程において発生する費用の算定が、個別需要対応的に行うこ

とが難しいということは、費用算定に求められている第一の要請、すなわち費用対効果の測定に、望ましいとは言えない恣意性を介在させざるを得ないということを示している。ここで特に重要なのは、費用算定の範囲の問題である。それは、距離と時間を基礎として、そこに交通対象の量・質によって加重されてくる条件の中で明示されていかねばならない。

　価値実現が交通過程の連続性の上に成り立っていることを考えれば、交通需要者の立場からは、その過程でどのような交通システムによって生産・供給された交通サービスであるかは、二次的課題でしかない。交通サービスというのは、移動行為という極めて単純な物理的行為であるが故に、需要条件に合った交通過程が実現されれば足りるのであって、特定の交通システムによる交通サービスの費用如何に重要性があるわけではない。この交通過程の総括性は、費用の特定化に対する意識が必ずしも強いものではないということを示唆している。言い換えれば、個別交通サービスに関わる費用の問題は、生産・供給側面において、より強く意識される課題であるということ、しかも、それは、交通サービスを生産・供給することに強いインセンティブを持って交通過程に参入している場合において、特に意識されてくる課題であるということである。

　この費用算定範囲の問題は、交通における費用が総括的な立場からの重要性を認識しつつも、交通過程の部分、部分における費用に対する意識において不明瞭さが拭い切れないという課題を背負っていることである。このことは、改めて基本的な問題、すなわち交通に関わる費用を算定することの意味、目的が、何処にあるかということを浮かび上がらせてくる。これは、根源的には、前述の資源利用における交通システム化資源の問題に遡る課題になってくることは言うまでもない。しかし、ごく一般的には、費用の算出が、それ自身の問題としてよりも、投入費用によって得られる何らかの効果、便益（効用）といった価値量との比較という相対的評価の指標としての認識が強い。費用を機会費用（opportunity cost）の概念で説明されることの意味は、ここにある。そして、その関係において市場における需給を通じて得られる均衡価格を、費用算定の

第4章　私的交通システムの費用問題

基礎として位置付けることの意味がある。言い換えれば、費用算出の基礎を人間社会の価値意識の中で行おうとする限り、価格を基礎とすることは、今日的指標としての適合性を持っているということになる。一方で、当然、それは、この費用概念の持つ限界を示唆してもいる[3]。

　以上のように、交通に関わる費用の算定にあっては、改めて、それがいかなる基礎に基づいて行われているかの検討が必要になってきている。それは、資源利用が大きく環境問題、殊に地球規模における環境問題の基礎にあるということ、ここにある。したがって、その視点から交通過程の問題に焦点を当てて研究していくべき課題が提出されているということ、このことに費用問題検討に新たな視点の必要性が期待されているということである。

第2節　交通における費用問題と運賃・料金

　交通における費用問題が最も理論的に議論されてきたのは、分業関係をもって資源利用を効率、効果的に実現する市場が、社会システムとして大きく定着する中で、交通サービス取引における対価、価格としての運賃・料金形成の研究からのものである。それは、交通サービスを取引する市場の在り方によって著しく変化する多様な因子が織り交ざって導きだされる評価指標となっている。問題は、そこで取引される対象、交通サービスが生産と消費が同時に行われる即時財であるということ、そして、その需要が一連の交通過程を通じて異種交通システムを通じて供給される交通サービスの連続的需要から成り立っていることである。更には、交通過程を経ずしては価値実現が出来ないという絶対的必需対象であるということ、等々、これらの諸条件に強く規定されていることを考慮していかなければならないことである。むろん、ここでも、私的交通システムにおける費用の問題を考察する上で、運賃・料金論の中で理論性の高い先行研究が行われてきたことを重視している。それらを参照しながら、この問

題にアプローチしていくためには、理論形成の起点別に分類、整理して議論に入っていくことが望ましい。こうした分野における分類としては、需要側面、供給側面、社会的側面の3方向からの接近が最も一般的な方法と言えよう。

　第1の需要側面からの接近について。

　今日の社会にあっては、殆どの財・サービスが、何らかの形で市場を経由する取引を通じて行われており、そこで形成される価格は、時・所・状況における当該財・サービスの評価指標として社会に流通する。それは、需要側面から見れば、その財・サービスを取得する際の障壁として、需要者の意思決定における定量的指標を提供することになる。問題は、その利用が直ちに交通需要者の取得意思決定の指標になるわけではないということである。

　既に明らかなように、交通対象がその有用性を実体化させる過程、すなわち交通過程は、交通市場を通じて取得される交通サービスだけで完成される訳ではない。このことは、交通市場における価格、運賃・料金の障壁性も、他の交通システムを通じて得られる交通サービスに関わる費用との間の交互関係の下に相対化されることを意味している。他のシステムから得られる交通サービスの費用が低廉になれば、運賃・料金がある程度高くとも、その分その障壁度は低くなるという関係にある。取得交通サービスに関わる総費用が可及的に抑制されれば足りること、それに異種交通システム間の供給交通サービス間の代替性が相乗して、相対化は更に高まる。これは、交通市場における均衡価格、運賃・料金形成過程での感応性を弱めかねない。

　需要側面からの今一つの意識は、交通過程を通じて実現される価値量との比較関係からする相対性の問題である。これは、交通過程で発生する費用が交通対象の有用化を実現するための手段としてあるという位置付けから、その高低判断は、実現価値量の如何に掛かっているという評価意識である。ここでは、当然のことながら、交通対象に関わる費用を加えた総費用が前面に出て来て、交通費用の評価は、更に一層相対化の度を深めることになる。この性向は、交通市場を通じて取得する交通サービスに対する価格、運賃・料金に対する意識を

第4章 私的交通システムの費用問題

著しく不鮮明なものにしかねず、市場メカニズムの機能が必ずしも効果的には働かないという側面を示唆している。

　このことは、私的交通システムにおける費用の問題を需要側面から考察する場合の一視点として、極めて示唆的である。私的交通システムにあっては、費用の算定意識は市場における運賃・料金の形成、算出ほど明確な基準の下に行われるわけではなく、多くの場合、遥かに幅のある弾力的な、その場、その場での異なった判断の下に費用評価をしているのが普通であるとさえ言えるからである。更に言えば、費用発生の分散も加えて、個別交通需要発生時における費用算定の意識を緩和させてしまう傾向が強いということ、このことが底流にあるということも理解しておく必要がある。需要者にとっては、私的交通システムの利便性、有効性といったプラス側面の方に遥かに強く傾斜して、費用の問題は包括的な支払能力に委ねるといった、著しく幅のある基準の下に意識化されているという場合が少なくないということである。

　第2は、供給側面からのアプローチである。

　交通市場に参入する交通サービス生産・供給者は、広義には、公共性の高い分野から利益追求に主眼を置いたものまで幅広く想定される。この点は、他の市場に比べ、かなり特徴的になっているということができる。むろん、市場の参入・退出が自由で利益追求への規制が少ない場合に、活性実現の可能性が拡がるという一般的性向も意識している。その上で、市場で形成される運賃・料金は、投入費用が回収され、他の市場に転出する等の退出意思を生じさせない程度の利益が、持続的に確保されることが期待されている。運賃・料金の問題は、この供給側面の特性にいかに整合していくかに中心が置かれていると言ってよい。問題は、交通サービスが即時財であるということから、交通需要の発生条件に強く規制されていること、それに多様な関連諸課題を考察の中に加えていかなければならないことである。そうした意味で、需要側面からの接近に比べ、費用に対する意識は遥かに強い。

　かように、交通市場は、交通の基礎性から公共性、利益追求と幅広い参入条

件下にあって、運賃・料金がそれらの目的に応じた条件を充足していくためには、市場が必ずしも効果的に機能するとは限らないということを考えておく必要がある。特に公共領域に指向した交通システムにあっては、市場に参入しているとはいえ、明らかに著しく規制的になることは避けられず、その傾向は運賃・料金において最も直截的に現れ、時に「市場の失敗」の事例として取り上げられる分野であることを想起しておかねばならない。

　何れにしても、参入者の目的に応じて、費用と実際に提示される運賃・料金との間には、幾つかの異なる対応が考えられることは注意しておく必要がある。 最も一般的には、当該事業の独立採算を前提としている場合であるが、何らかの形で内部補助システムが仕組まれている場合、他の補償システムが存在している場合、等々、それぞれの間にかなりの温度差が生じてくる。殊に、公共性に重点が置かれているような場合にあっては、運賃・料金が必ずしも費用補償に直結しているとは限らないということもあり、負担の臨界面が流動的になる場合が少なくない。

　更には、交通市場の展開が、それを支える交通サービス生産要素市場の成長を不可欠の条件としており、この市場の重層性が運賃・料金形成における流動化を加速することになる。このことは、交通市場と生産要素市場との間に形成されるネットワーク関係の中で著しく広範囲、かつ複雑な相互作用が問題を難しくする。加えて、通路要素の例に見られるように、生産要素が市場外条件の下に供給される場合なども、考慮しておかなければならない。

　交通過程で発生する費用は、かように重層、複合化する生産要素供給システムが有機的にネットワーク化される中で生成され、運賃・料金は、それらを構成勘定として連続的な変化を伴いつつ形成されることになる。そして、このことが個別交通需要に対応した費用算出の難しさの主たる原因になり、運賃・料金形成において総合原価主義といった包括概念の中で次善的な方法を採らざるを得ないということも起きてくる。費用の発生におけるこの動態性は、まさしく交通過程において現実化している。この過程が価値実現の実体過程であるこ

第4章 私的交通システムの費用問題

とを考えれば、改めて費用が価値実現の障壁として、「実現価値量／費用」比、向上のための精度の高い形で指標化することの難しさを物語っている。

運賃・料金形成における供給側面からの接近が、私的交通システムにおける費用算定の方法に一定の組織立った方向性を与えてくれることは、間違いない。ただ、それらは、供給に関わるそれぞれの目的に強く規定された手法として、それ自身が固有の限界として存在していることを理解しておかねばならない。こうした制約があるにしても、依然として費用の問題を考察する場合に、最も明解な論理を提供してくれていることも間違いない。それは、一つの交通システム形成にかかわる共通した基礎前提があるからである。それは、交通過程が価値実現の絶対的条件であり、それが即時財である交通サービスの生産・供給に携わるシステムを通じて行われ、更に、それらが単独の交通システムだけで成り立っている訳ではないということ、このことである。この共通性の下に、それぞれのシステムにおける費用構造間に共通した領域が、大きく存在しているということに意味がある。このことは、費用意識が不鮮明になりがちな私的交通システムの分析に、有効な処方箋を提供するであろうことは間違いない。

第3は、社会的側面からのアプローチである。

周知のように、交通は人間社会の生存・生活の絶対的基礎としてあり、それをどのような形で組織、供給するかは社会形成において最重要の課題としてある。その意味で、運賃・料金形成理論も、この領域を中心にした研究から始まったと言ってよい。公共性、資源利用の適正化、経済成長の主導的役割、所得の再分配、外部性の問題、等々、人間社会における様々なマクロ的課題は、まず、移動の自由、交通権が保障されることによって現実化するからである。

基本的人権、それは人間社会、なかんずく市民社会における生存・生活を保障する個別に備わった権利として前提される。しかし、その中で決定的に重要な基礎は、それらを人間社会に実体化するために、あらゆる意味において移動の自由を保障する権利である、交通権、それは、正に基礎的基本的人権として位置付けられる存在であると言わねばならない。今日の交通問題の基礎には、

このことがあることを、まず、認識しておかねばならないのである。これは、交通における公共性の問題の支柱を成しているが、社会的側面からの議論がここを始点として、運賃・料金形成にも強い規制力を示す。そして、運賃・料金が交通需要にとっての障壁であるという事実から、これを可能な限り抑制することが要請され、費用補償の前提が必ずしも適正に充足されないという問題も生じてくる。実際、公的機関が運営してきた交通事業においてこうした状況に直面して、財政の圧迫、民間委託、民営化といった事態に追い込まれていく例は少なくない。

　こうした社会的要請を運賃・料金に反映させて、なお経営を維持、安定させるためには、どうしても他の補償手段が欠かせないということも視野に入れておかねばならない。この費用補償システムの多元化という選択は、必需度の高い需要対象に対する供給能力の保持という課題に一つの解答を与えるものではあるが、他方で、これが費用意識を弱めて経営努力の低下に結び付きかねないという問題も抱えている。何れにしても、こうした社会性を交通費用の中に考慮して形成された運賃・料金が、私的交通システムの費用算定に何らかの基準を与えることは限られている。私的交通システムは、その点では対極にある存在であって、こうした問題への配慮を回避し得る、交通需要者にとって最も自由度の高いシステムとして位置付けられていると言ってよい。

　以上のように諸側面から、運賃・料金形成に関わって、幾つかの理論が検討されて来ている。それらは、基本的には、需要者の負担能力、生産・供給における費用の補償を総合原価、平均費用という形で適用性を見出すこと、更には限界費用という費用発生の原点に焦点を当て、より精緻な展開をといったことに足場に置いた理論形成と、こうした支点に足場を求めて理論展開が行われてきたと言ってよい。かような運賃・料金形成の諸研究が私的交通システムにおける費用問題に大きな指針を与えてくれることは間違いない[4]。が、一方で、私的交通システムには、それ自身固有の費用認識があり、ある意味では運賃・料金形成の理論構築において先行的な経験的指標を与えている部分がある

ことも考えておく必要がある。そこに、交通における私的交通システムの原初性の意味があると言ってもよい。

第3節　私的交通システムにおける費用問題の展開

　私的交通システムにおける費用の問題は、このシステムの持つ原初性に端を発していることに、まず、注意を向けておかねばならない。それは、運賃・料金形成の理論構築に関わる諸側面の問題が、「私的」という条件の中に凝縮する形で関与しているということに、起点を発すると言ってよい。このことを念頭において、少なくとも次のような諸点に注意を向けて議論を進めていく必要があろう。

I　私的交通システムにおける費用意識

　まず、第一は、私的交通システムにおける費用意識の問題である。この問題が、私的交通システムの形成形態に強く規定されてくることは言うまでもない。先に示した私的交通システムの定義において既に明らかなように、現実のシステム形成条件は、著しく多様であり、この多様性が交通需要に源を発していることは、改めて指摘するまでもない。それは、まさしく私的交通システム形成への原初的要請である個別交通需要対応性への強力な意志の発現に他ならない。このことは、私的交通システムにおける費用問題を考察する場合の基礎前提として、十二分に理解をしておかねばならないところである。

　前節で触れてきたように、運賃・料金の形成における諸側面からのアプローチを整理してみれば、

(1)　交通需要者の交通対象に対する需要意思
(2)　それを取得することに対する意思決定条件となる負担力
(3)　交通サービスを生産・供給するに要する費用

(4)　生産・供給に参入する際の意図

と、この4つがポイントになっている。これらの諸点は、私的交通システムの費用問題を扱う場合にあっても、基本的に当てはまることである。

　第(1)の点について。交通需要者にとって私的交通システムを選択する第一の動機は、自己の意思実現に最も自由度の高い手段としてあることである。交通需要が位置の差に規定されている以上、その個別性に対応するシステムの存在が、不可欠の要件であることは言うまでもない。まさしく個別性において、そのシステムが他の諸条件に優先していること、このことに尽きると言ってよい。ここにおいては、それを回避させる障壁としての費用の位置付けは、最も随意的である。人間の生存、生活にとって、私的交通システムは、他の交通システムが未発達であったり、存在しない場合にあっては当然のこと、端末においては殆ど場合において、不可欠な存在としてあり、最重要の基礎需要対象になっている。その必需性から、障壁としての費用に対する意識は、どうしても二次的にならざるを得ない。

　そうした意識の上限を規定するのが、第(2)の条件、負担力の問題である。どのような需要であろうとも、それに対する要求度をパラメーターとする支払意思は、様々な形で提示される負担能力によって限界を見出す。需要者にとって費用にたいする意識は、まず、これに拠って概念化されると言ってよい。交通需要の実体は、交通対象の移動を通じて何らかの価値実現を図ろうとした時に行われる行為としてある。費用とは、最広義には、その行為に関わるあらゆる意味での犠牲量であり、交通需要は、それを克服することによって現実化する。そこでは、その犠牲量がどのような形で計量化されるかは、二次的な問題でしかない。

　それが第一次的課題として前面に出て来るのは、その交通過程を通じて実現される価値量が、他の諸費用と共に合計費用を上回らなければならないということ、これが定量的に実現されることが不可欠の要件になっている場合である。この条件を現実の場に当てはめる場合には、当該計測対象・範囲が明確に示さ

第4章 私的交通システムの費用問題

れていることが第一の前提である。実際には、この条件の設定に多くの難しい問題が存在している。交通過程が連続性を基本としていることから、この設定には、交通需要の意思が明確に反映されていなければならないという点で、恣意性が避けられないからである。ここでの負担力とは、そうした条件下での支払い能力を指している。私的交通システムの利用者が、こうした諸条件を考察して、どのレベルで費用を意識し交通需要を断念するかは、著しく幅のある意思決定行為となることは、容易に想像されるところである。

一方、交通サービスを生産・供給することに要する費用という、第(3)の点について。私的交通システムは、交通需要者が自身の要求に基づいて自己管理下に需要充足を可能にするところに要点がある。このシステムの自由度に個別交通需要対応性への優先順位がある以上、それに関わる費用の如何については、どうしても二次的になる傾向は避けられない。重要なことは、多くの場合、交通需要充足に対応する交通サービス生産・供給に掛る費用が、実際に充足される需要に直接、均等整合的に配分される訳ではないということである。交通サービスの生産・供給過程は、技術的、物理的に生産要素の特性に強く規制されており、実際に発生する需要量に対応して効率的に量的調整を行うことが決して容易ではない。通常、生産された交通サービスのある部分は、未需要の形で消費されてしまうことになる。市場競争下に費用管理が厳しい交通事業者にあってさえ、こうした部分の削減はなかなかに難しく、ましてや需要優先性の著しく高い私的交通システムにあっては、こうした不使用部分の発生に対する費用分析の意識は希薄になりがちである。

一般に、需要に対処する各生産要素に掛る費用は、物理的関係からある範囲内では、需要量に関係なく定量的に発生する固定部分が必ず存在する。交通サービスが即時財であるということは、この関係が生産・供給個別に、より一層顕著に現れてくる。こうしたことは、私的交通システム利用者にとっては、殆どの場合、考慮外に置かれているのが普通である。もともと、私的システムの選択は、可能な限り需要拘束的な条件を排除して、自由度の実現を最大限に

求めるところに要点がある。したがって、こうした費用の算定等、難しい個別の問題に対しては著しく幅のある判断の下に対処するということになる。例えば、その最も広義の費用意識は、先に示した負担可能な範囲の支出額ということになろうが、この場合の負担力を何れに求めるかによって大きく異なってくることは言うまでもない。最も一般的には、その交通過程を通じて実現される価値量に求める場合と、他の支払能力に充当可能な手段をも負担力の原資に含めて対応する場合と、この二つが、まず最初の判断基準を提供する。

問題は、ある何らかの交通対象の移動を通じて実現される価値量とは、交通需要者にとっていかなる意味、位置付けにあるのかということである。この場合、当該交通対象の交通過程のみに対象限定するのか、それとも、その過程を含んだより包括的な価値実現過程の一部として評価するかによって、著しい違いが生じてくる。そこへ更に、交通過程が幾つかの異種交通システムの連続から成り立っているという問題が加わってくる。そして、これらの位置付け、組合わせが一定しているわけではないということにおいて、評価の基礎が安定的でないということも理解しておかねばならない。

それは、私的交通システムに関わる第(4)の側面に掛ってくる。交通需要者が私的交通システムへの傾斜を強くするのは、私的管理下に自己の交通需要を通じて、可能な限り自由な形で価値実現を図りたいという要求から来ている。ここでの交通サービスの生産・供給とは、そうした関係の中でのシステム使用の行為に他ならない。当然のことながら、費用問題への関心も、当該システムの維持可能な範囲を超えない限り、負担力という極めて幅のある概念形成の中で認識されるというのが現実的になる。言い換えれば、私的交通システムとは、あらゆる意味での自由度実現という最も原初的な欲求への現実的手段としてあるという点に焦点が合わされ、費用への意識は強くも希薄にもなるという、著しく振幅のある存在として位置付けられているということになる。

II　比較指標としての運賃・料金

　既に触れてきたように、私的交通システムにおいて、費用をどのように意識し算定するかの問題について、交通市場での運賃・料金形成における費用の捉え方は、一つの重要な指標として存在していることは間違いない。特に、その交通需要が定常・定型化していたり、量・距離が大きくなって費用がかさむようなレベルの需要であったりすれば、市場における同様の交通サービスの運賃・料金との比較ということが強く意識に上ってくる。その場合、私的交通システムで行う場合の費用に対する焦点は、運賃・料金算定における手法に従って算出した場合の費用が、第一の比較対象になるのが普通である。むろん、ここでも私的交通システム利用者の意識度の違いから、そうした行動にかなりの幅があることは言うまでもない。しかし、こうした意識行動は、少なくとも私的交通システムの効率性向上への意識を高めるという点において、一定の方向性を持っていることは間違いない。

　重要なことは、私的交通システムにおける費用への接近が、運賃・料金算定における場合と異なる傾向があるということである。一般に後者にあっては、市場参入者の参入意図において大多数の場合が利益追求にあることから、一定期間において収益が費用を上回ることを期待したところに、算出の意識が強く傾斜している。一方、前者にあっては、需要発生に応じて生産・供給される交通サービスに関わる費用中、意識化される費用は、需要発生時を起点とした発生順位に強く影響されるということである。

　費用というのは、最も広義には、何らかの財・サービスを取得する場合に発生するあらゆる種類の犠牲量を指し、取得行為に対する障壁として存在している。しかし、それらは全てが同時・同所において発生する訳ではなく、実際の場では、期間、地域、その他の諸条件を何らかの基準に従って包括、平均化して配分する手法を採っているのが普通である。単位あたり財・サービスからは、一般的には、平均費用という形で示されることになる。交通市場における運賃・料金が、この平均費用を軸に設定されていることは、先に触れてきた通り

である。それに対し、私的交通システムにあっては、需要発生直近の発生費用が最初の障壁指標として強く意識され、他の費用への配慮意識は二次的になる傾向が強い。微視的に見れば限界費用というところにまで局限される費用部分であり、実務的には回避可能費用（avoidable cost）が、そしてより広くは、可変費、変動費、直接費といった費用概念領域にまで拡げて解釈、適用される部分がそれに対応していく。まず、この部分が比較指標としての運賃・料金に対比されることになる[5]。

　私的交通システムが関わっている大半の交通需要領域では、こうした費用について定常的に意識化されるのは、交通量に応じて最も比例的な燃料・エネルギー関係費用であり、他は、有料道路料金、通話料、等々がそうした存在になっている。交通需要者にとっては、こうした費用部分が、直近の障壁として需要に対置するが、それとても多くは幅のある判断に委ねられており、更には代替交通システムの運賃・料金に比べれば、費用構成上、かなり低い障壁でしかないというのが大半であろう。そうした他のシステムとの比較は、私的交通システムの利便性を評価の基礎に置いて、負担力等を勘案しながら包括的な費用を中・長期的な視点から行うという中での行為であり、それが新たな選択意思決定への重要な指標ということにもなる。

　何れにしても、交通需要者にとって第一の選択基準は、価値実現の自由度の最大化にあり、費用というのは、それを阻害する指標として二次的に、しかも幅のある意識下に置かれている。私的交通システムにおいては、こうした状況が顕著にシステム運用に現れてくる。ここでの運賃・料金との対比とは、そうした状況下での比較であるということを十分理解しておかなければならない。

注

（1）　生田保夫『〔改訂版〕交通学の視点』流通経済大学出版会、2004年、第9章第4節。
（2）　交通学説史研究会 編著『交通学説史の研究』成山堂書店、昭和57年、第3章。

（3） 前田義信『交通経済要論』〔改訂版〕晃洋書房、1988年、pp.107〜108。伊勢田穆「輸送用役の価格、取引形態、および費用—学説史的方法による断章—」、日本交通学会『交通学研究』1988年研究年報〔32〕、1989年3月、pp.1〜13。山内弘隆・竹内健蔵『交通経済学』有斐閣、2002年、第3章第1節。竹内健蔵『交通経済学入門』有斐閣、2008年、第4章。
（4） 斎藤峻彦『交通市場政策の構造』中央経済社、平成3年、pp.151〜155。
（5） Cowie, Jonathan, *The Economics of Transport, A theoretical and applied perspective*, Routledge, London, 2010, chap.5.

第5章
私的交通システムと市場メカニズム

　交通システム形成の基軸として私的システムは、最も原初的な基軸として交通システムの様々な役割、特性を凝縮した形で存在している。と同時に、それらをより成長、発展させようとするためには、私的システムの範囲だけでは制約があり、他の領域にそのフィールドを求めることが望まれることも少なくない。その最も初期的な展開は、私的交通システム間の協力、ネットワーク化といった動きから始まって、まず、機能的特性を触接の梃子として交通空間の拡大を指向する。そこに生産性の向上、分業の経済といった様々な経済指標に主導されて展開、そして、より広く社会的な基軸に目を向けたマクロ的領域へとフィールドは拡大していく。そうした展開の過程で市場メカニズム、公共性基準が明確な基軸として現れてくる。そして、更には、広大な地球環境が新たな基軸として大きく人間社会のパラダイムを塗り替えようとしているのである。こうした交通空間の広がりと共に、多様な選択肢、利用資源の効率化、有効利用といった側面へとアプローチする中で利益追求により加速されて、市場メカニズムが、今日の人間社会に圧倒的な支持を得ていることは周知の通りである。その意味で、市場メカニズムが交通システムの形成、なかんずく私的交通システムにどのように関わっているかは、重要な検討課題であると言わねばならない。

第5章　私的交通システムと市場メカニズム

第1節　交通における市場メカニズムの位置付け

　今日の人間社会において、市場があらゆる分野において主導的な役割を担っていることは、改めて指摘するまでもない。この市場とは、その発展過程の端緒にあるのは、個々の人間とそれを取り巻く環境との間における異なる特性相互の関わりの中で、持続的な成長、発展を志向して展開する行動としてあることである。そして、こうした人間の行動が有機的に連鎖、拡大していきながら、より多様、効率・効果的な機能編成へと強力に方向付けられて行く過程、ここに本態があると言ってよい。それは、個体としての能力限界の克服を、他の能力に相互依存的に求めて展開する多元的な生命活動の姿そのものに他ならない。市場メカニズムは、ここに共通の論理、実効性を提供することによって、人間社会の成長、発展に大きな可能性の広がりを主導してきたことは間違いない。その意味において、交通過程にどのような形で寄与、接合するのかを検討しておくことは、極めて重要な課題であると言わねばならない。

　市場は、分業の論理がその時代のパラダイムに規定されつつ、社会が求めている対象の規模、多様性、変化の度合い、空間的広がり、等々によって大きく変わる存在としてある。交通過程は、正にその現場であり、市場の様態の如何に関わらず、市場が実体化するためには、交通システムの如何が基礎的条件として絶対規制していることを考えておかなければならない。

I　市場形成と交通過程

　人間社会が、個体の集合、組織化、有機的システム化を通じて急速に拡大してきたこの数世紀、市民社会への社会的思潮、それを実体化する現実への意識、物理的・技術的諸条件の発展、これらが大きく市場成長の基礎を成してきた。殊に、産業革命の発祥は、それまでとは比べものにならない技術革新をもたらし、正に革命的に産業社会発展の口火を切ることとなった。その流れは今日へと続き一層進化した形で、広大な宇宙空間から極微の世界にまで拡がる展開を

示している。そこにおいて、その広がりを有機的に組織化する様々な諸条件、なかんずく交通システムの発達こそは、社会的基礎施設としてあらゆる個別主体のネットワーク化への可能性を保障する役割を担っている。こうした状況の中で、人間社会は、社会的分業を産業・経済成長の梃子として飛躍的に発展してきた。それは、まさしく交通システムの発達を土台として、グローバルに展開する市場経済に象徴される今日の姿であると言わねばならない。

　市場と交通、社会の発展は、「分業の経済」に基礎を置いて、その有機的なネットワーク化が進展する中でグローバルな様相を呈して来ている。それは、紛れもなく交通システムの飛躍的な発達を基礎にしているという点で、両者が強い相互関係にあることは間違いない。特に、交通システムは、人間社会のあらゆる場において最も基礎的な不可欠の手段として、多様な側面に対応した能力が期待されているということ、そして、それが市場メカニズムにどのような形で接合していくかの問題を検討するのが、ここでの課題になる。

　この課題は、大別して二つの側面に分けられる、一つは、市場にとっての交通システムに対する位置付けの問題であり、他は、交通システム形成基軸の一つとしての市場の役割である。

　前者については、市場に限らずあらゆる分野において絶対的な基礎としてあるという意味で、最も重要な社会的基礎施設としてあることに要点がある。ただ、そうした共通性の中にあっても、市場は、他にも増して交通条件に強く影響されて発展してきた歴史を持つことに注目すべきである。それは、市場の拡大が生活空間の二次元性に強く規定されているという事実に因っている。市場の役割は、そうした関係の中で多様な社会的要請に応じながら、資源の有効利用に強く指向しているところに今日的な意義を見出している。その意味において、市場の成長に基礎的に寄与する交通条件の向上は、人間社会の動きを象徴的に表わしたダイナミックな展開であると言ってよい。

　と同時に、市場の社会的役割が現実化する場である交通過程を、市場メカニズムをより効果的に機能させるために方向付けるという側面も注目しておかね

第5章 私的交通システムと市場メカニズム

ばならない。そこにおける需要の多様化こそは、正に交通システムの展開に求められている今日的要請であると言ってよい。経済活動におけるグローバル化は、人・物・情報の地球規模での移動を通じて、資源利用の人間社会的有効性をより高めようとする飽くなき追求の現れであると言ってよい。この状況こそは、まさしく人間社会が市場メカニズムという効率的な手法を梃子に、交通システムの展開を主導して造り上げてきた歴史的発展段階の一つの姿であると言えよう。

それは、一方で市場主導型の社会展開に大きな障壁が現われつつある限界状況の姿でもある。地球環境の問題は、正にそうした状況下で近未来社会に直面することが危惧されている最も大きな、そして更には、市場主導型社会から新たなパラダイム社会への転換が求められようとしている歴史的課題であるということでもある。ここでは、当然のことながら、市場主導型社会における交通システムの在り方について、再検討が必要であることは言うまでもない。

次に、後者について。この場合には、市場メカニズムを交通システム形成基軸の一つとして位置付け、他の基軸に基づくシステムと共に、交通体系全体をより広い要求に対応するシステムとして展開することを期待している。市場メカニズムは、社会的側面からは、資源の有効利用、最適配分といったところに焦点が合わされ、参入者個別についてみれば、供給側面からは、利益機会を最大のインセンティブとして、需要側面からは、より多様な財・サービス供給の場として価値実現の充足度を高める存在として意義付けられる。当然のことながら、こうした諸特性が、交通システム形成の基軸として効果的に作動し得るかが、検討課題になってくる。

まず、最初に触れておかねばならないのは、こうした市場メカニズムが、ある状況下では十分に機能し得ないという、いわゆる「市場の失敗」という問題があることである。よく挙げられるのが、対象が公共財である場合、供給条件における自然独占性の存在、情報の非対称、外部性の存在、といった場合である[1]。こうした条件が他に比して、より強い状態で存在していれば、市場機能が十分

には働かないということになる。実際のところ、交通システムが、こうした条件に関わり易い側面を持っていることは、よく指摘されるところである。そのことが、市場の成長が交通システム発達に大きく依拠しているということにおいて、その重要性が強く認識されていながら、交通システム自身の形成に市場メカニズムの有効性を機能化させることに制約的に働いてきたとも言えるのである。それに、あらゆる意味において人間社会における諸活動にとって、交通手段は絶対的な基礎的要件であり、市場メカニズムが導き出す評価、選択はそれを当然の前提としているという関係があることである。この関係のなかで、交通システムは市場形成の最重要要素として内部構成化されており、そこに市場メカニズムの網を掛けるという意識は、選択肢の一つという二次的な位置付けにならざるを得ない。

II 交通システムの市場メカニズム接合

交通システム形成において市場メカニズムへの接近に障壁があるとはいえ、その有効性を機能化することの意味が否定されている訳ではない。他の基軸では十分に実現できない幾つかの側面、利益機会の広がり、費用意識、生産性、多様な需要への対応、なかんずく資源利用における有効・効率化への接近、等々、期待されるところは少なくない。問題は、こうした諸側面を交通システム形成の中にいかに取り込み、現実化するかという処方の構築である。そのためには、少なくとも次の諸点に明確な見通しを得なければならない。

(1) 先に触れた「市場の失敗」の問題に対する整理、対応、
(2) 交通システム形成への接合対応、
(3) 他の形成基軸に基づく交通システムとの連携、
以上の3点である。

第(1)の点について。これは、まず、交通システム形成における技術的、物理的条件に強く規定されていることを考えなければならない。それは、交通システムによって生産、供給される交通サービスが、即時財であるということにお

第5章　私的交通システムと市場メカニズム

いて端的に特徴づけられている。この場合、交通サービスはそれ自体としては独立の形で客体化することが出来ないため、それを生産・供給する手段、すなわち交通サービス生産要素が、個別交通需要対応的に準備されているというシステム構成が不可欠であるということになる。交通システムに市場メカニズムを機能化させるということは、交通サービス需給実現のための諸構成要素を需要発生時点で整合的に供給、作動させるという条件下で行う必要があるということである。ここでは、交通サービスを対象とする市場すなわち交通市場と共に、交通サービス生産要素を対象とする市場が重層した形で形成されている。しかも後者は、生産要素それぞれの特性に応じた市場条件が現われる複合市場から成っている[2]。

　交通システム形成における「市場の失敗」問題の検証とは、かように重層・複合化した市場、需給関係を対象にして行わなければならない。更に、それは、即時財である交通サービスの需給が現象化する局面で行われなければならないところに、問題の難しさがある。そのことは、ある生産要素が「市場の失敗」条件に触れれば、交通サービス需給に直ちに反映されて、交通市場の不完全化に結び付くという問題が起きる。当然、市場メカニズムの有効性を生かすためには、こうした「失敗」条件を回避、最小化する何らかの工夫が必要になる。

　しかし、交通システムにあっては、個別生産要素の条件がシステム全体に直接作用して、交通サービス生産・供給条件に影響を与えるという関係にあり、「失敗」に結び付くような要素があれば、システム全体としては、それに強く規制されてしまう。例えば、鉄道事業は、そうした条件が顕著に働く端的な例であり、自動車交通にあっても、通路要素である道路が、強くそうした制約下に置かれている。現実の場では、そうした要素部分を公共財、社会的基礎施設といった形で市場外条件下に置くといったような方法で、市場メカニズムを活性させる工夫を行っているが、自動車交通の全体としては、それに強く規制されていることに変わりはない。

　一方、こうした制約条件が小さくなると、交通サービスの即時財としての性

質が需給関係に強く反映されるというこの同じ特性が、市場活性の要件である競争条件を顕著に加速させることになる。更に、即時財の非貯蔵性は、生産・供給を需要発生時点に絶対規制させており、生産性、効率性、収益性といった経営指標マネジメントの実効機会がこの時点に集約されるという、極めて難しい制約下に置かれているということがある。交通サービスを市場流通させるということは、この制約をいかに緩和して市場メカニズムの有効性を機能化させるかに掛かっていると言ってよい。

第(2)は、こうした課題を持つ交通システムをいかにして市場メカニズム有効化に向け機能、接合させて行くかの問題である。市場は、そこで流通する対象の特性によって需給構造が強く影響されることにより、著しく異なる様相を示す。交通システムを市場メカニズムに接合させていく場合にあっても、まず、検討されねばならないのがこの点である。それは、交通サービスと、それを産出するための交通サービス生産要素の二つが挙げられる。

交通システムが交通対象の場所的移動を行う役割に任じている以上、前者、交通サービスが、第一の対象として挙げられるのは当然のことである。交通市場の形成である。先にも触れたように、交通サービスが即時財であるということは、それ自体を客体化させて流通させることが出来ないため、何らかの形で交通サービスの評価が可能なように工夫しなければならない。それは、交通サービスを生産・供給するためのシステムを交通需要者に提示するための代替手段に拠る他はない。概略分類すれば、交通サービス生産要素の全てをシステムに統合して市場に参入することによって、供給交通サービスの代替評価手段を最も直近の媒体で提示する場合（第1型）、生産要素の内の幾つかを、他を別のより簡易な情報媒体によって代替提示する場合（第2型）、生産要素への投資、支出を極力避けて可能な限り情報化の経済に傾斜した形で対処しようとする形態（第3型）、の3類型に分けることができる[3]。

何れにしても、交通サービスを直接明示できないことによって、代替情報に頼らざるを得ないという点で共通した制約下にある。言うならば、交通サービ

第5章　私的交通システムと市場メカニズム

スの流通を直接行うことが出来ないということから、情報の質が著しくウエイトをもって展開する市場であり、また、情報の非対称に陥り易い市場であるということにもなる。

　更に、需要が存在しない限り、生産活動に入ることは費用発生を累積するだけで収益性に全く寄与しないという絶対制約から、需要条件にいかに効果的に対応出来るかの経営システム設計が不可欠であり、著しく需要側面傾斜的な市場展開にならざるを得ないことがある。このことは、「分業の経済」を淵源に進化する市場メカニズムにとって、交通市場形成に不可欠な需給分化の展開に著しく制約的に働いていることを意味している。それは、当然、需要側面にとっても強い規制力となっており、市場中心型のシステムに依存し切ることが出来ず、他の基軸による交通システムの存在を不可欠にしている。殊に交通需要の個別・多様性は、私的交通システムの存在を大きくクローズアップさせる原因になっており、供給側面に対しても生産性、収益性などの経営指標向上を目指して市場を主体的にリードしていくことを難しくしている[4]。

　かように、需給両側面にとって著しく制約的に働く交通サービスを対象とする交通市場が、市場メカニズムのメリットを効果的に機能させるためには、何らかの工夫、補完・支援システムの存在が必要になって来ることを注視しておかなければならない。

　交通システム形成において、市場メカニズムの対象として取り上げられる今一つの存在は、交通サービス生産要素である。それらは、通路、運搬具、動力、結節機能要素、エネルギー、情報、労働力の7種から成る。交通システムは、これら7種の生産要素が、交通需要の発生時点で需要条件整合的にバランスよく準備されている必要がある。そして、それがどのような形で供給、準備されるかは、即時財である交通サービス生産・供給を担う交通システムにおいて、決定的な位置付けにあることは言うまでもない。

　実際、7種の生産要素のどの一つでもが不整備であれば、システム全体がその要素の能力によって性能規定されてしまうことになる。この物理的・技術的

条件が、交通システム形成における最大の課題になっている。しかも、それが需要条件という極めて不確定な条件を充足しなければならないため、不確実性が大きく、それを回避して多様な需要に対応するためには、どうしても相当幅のある処理能力を持つ生産要素の準備が必要となる。これが、交通システム経営にとって望ましくない過大投資、生産性、収益性の不安定をもたらしかねないことは、容易に想像がつくところである。市場に参入する交通事業者にとって、収益性は最重要の評価指標であり、それが不安定であることが事前に判明していれば、当然に市場参入への意欲は減退する。

　このことは、交通市場が効果的に発展するための前提が、交通サービス生産要素供給の如何にあることを強く示唆している。その場合、交通サービス生産要素がそれぞれに異なった特性を持っており、供給条件に差があることが大きな問題になってくる。例えば、整備に多額な投資が長期にわたって必要になる道路、軌道といった通路要素などは、市場メカニズムを効果的に働かせることが難しいし、また他方では、著しく成熟度高い市場展開の中で供給が行われている生産要素も少なくない。こうした要素間供給構造の差は、交通サービス生産、供給における需要対応性にマイナスに働くことは避けられない。市場の「失敗」、不適合が避けられないような生産要素、他の基軸システムに依存せざるを得ないことがはっきりしている場合、また、市場適合的な要素であっても、交通システム形成に整合的な供給構造が、必ずしも整備されているとは言えない市場といったように、様々なレベル状況にあることを考えなければならない。

　換言すれば、交通サービス生産要素供給構造が交通市場支援的に整備されていかない限り、交通市場の成長は期待できないということになる。そして、その多くが市場を通じて行われざるを得ないという状況を考えれば、生産要素市場の交通市場支援性を高めるための処方箋が必要だということになる。しかも、それらの市場は個々それぞれに独立的に成長すれば足りるという訳ではなく、即時財市場である交通市場への特性を十分に配慮した、相互に結合供給性の高いネットワーク型有機性を実現するような市場群でなければならない[5]。

第5章　私的交通システムと市場メカニズム

　既に明らかなように、交通システムにおける市場メカニズム接合の主軸となる交通市場は、取引対象の交通サービス自身の持つ特性から、それを補完、支援するシステムが成熟していないと、十分には機能し得ない特性を持った市場であるということである。そして、交通サービス生産要素との関係において、その供給構造に規定されて市場構造的には、交通市場との間に重層構造を形造る中で、有機的なネットワーク・システムを成長させていくことが必要になっている。

　第(3)に、市場メカニズムを通じた交通システムの形成は、他の基軸システムとの間に代替的、補完的関係を持ちながら、交通体系に新たな基軸に基づく交通領域を提供する。しかし、他の基軸同様、交通システムは独立では機能を十分に発揮することは出来ず、他のシステムとの結び付きがいかに効果的に実現されるかに掛かっていると言ってよい。周知のように、市場メカニズムが社会に大きな位置付けを得ているレゾーン・デートルは、資源流通の活性を促し、需要の要請に応じた多様な供給条件、参入事業者にとっての新たな利益機会の実現、費用意識への積極化、交通システム形成基軸の多様化といった諸点にある。こうした特長がありながら、交通需要の個別性、基礎的必需性は、交通市場における他の基軸交通システムとの代替性に制約を与えている。

　ただ、この際重要なことは、市場メカニズムが交通システムに接合していく過程で、交通サービス生産要素市場の成長が強く期待されているということである。交通サービス生産要素の多くが既に市場メカニズムを通じて供給されているにも拘わらず、それが必ずしも交通市場の成長に効果的に組織化されて来た訳ではないということ、言い換えれば、交通市場の成長はそうした生産要素市場において、交通システム支援性のより高い市場性を促進させることに貢献するということでもある。

　このことは、交通市場における市場メカニズム機能化を契機としているとはいえ、交通システムが持つ共通の性質を洗い出している。問題の焦点は、交通サービスの即時財性、交通需要の個別性、基礎的必需性、交通過程の連続性、

大規模先行投資性、結合需要の問題、不確実性の存在、外部性の問題、等々、市場メカニズム適応への難しい課題をクリア、緩和する処方箋を見出さなければならないことである。これらは、「市場の失敗」に導く性質のものを含みながら、部分的には、あるいはある条件、状況下では、市場活性を可能にするといった幅のある臨界域にあるものが少なくないのである[6]。

　一つの指標は、交通市場の成長を促す前提条件となる、交通サービス生産要素市場の交通システム支援性を高めるという所に視点を合わせた、市場効果を内部化していくという展開である。既にたびたび触れてきたように、交通サービスの需給という直接的な局面では、市場メカニズムの機能化に幾つかの難しい問題があり、典型的には「市場の失敗」に直面するという状況にさえなる。しかし、交通システム形成における包括的な諸関係の中に、一次的、二次的な形で取り込むことによって市場効果を内部化することは十分可能である。交通サービス生産要素段階での市場活性化は、正にそうした点に焦点を合わせた処方箋に他ならない[7]。

　これは、単に交通市場形成に効果的であるばかりでなく、他の形成基軸に基づく交通システムにとっても市場メカニズムのメリットを享受する機会を高めることにも繋がる。交通システムというのは、交通対象の場所的移動を実現するための交通サービスという極めて日常的な行為を生産・供給する手段であり、異なる形成基軸交通システム間の臨界域における類似性、代替性が少なくない。しかも、単独の形成基軸に収斂させることは現実的ではなく、社会のあらゆる交通需要に対処しなければならないという絶対要請があること、したがって、基軸複合的に、かつ、それらが有機的に結合、組織化されていかなければならない。その意味において、市場メカニズムもその一端を担う存在としての位置付けにあることを、理解しておかなければならないのである。

第5章　私的交通システムと市場メカニズム

第2節　交通市場形成と市場効果の展開

　如上のように、市場メカニズムが交通システムに接合していく過程は、複合的な関係の中に交通システム全体に連鎖、展開していく重層性を持っていることが解る。その分析起点が対象の明確化にあることは、既に明らかなところである。そこにおいて、まず、取り上げられのが、交通システム形成の第一次的対象である交通サービスである。それを対象とする市場、すなわち交通市場は、それが成長していく過程で幾つかの課題に直面することが指摘されてきた。それらは、

⑴　対象である交通サービスが即時財であることが原因となって生ずる問題、

⑵　交通サービスの生産・供給に関わって発生する問題、

⑶　需要条件が市場に求めている様々な要請に関連した課題、

と大別すれば、以上のような課題にいかに対処していくかが、市場メカニズムの有効性を交通システムに付加価値化していくための鍵になっている[8]。

　第1に、即時財条件の問題は、交通サービスの基本的な特性として、これを回避出来ない以上、それを前提とした交通システムの形成如何に掛っている。そして、このことが、形成基軸の一元化を難しくしている原因の一つであることも注視しておく必要がある。今日の人間社会において、市場メカニズムが優れた社会機構として評価されるのは、資源の稀少性を競争選択を通じて有効利用化し、個別の価値判断に基づく経済活動を社会的厚生の最大化に結び付けようとするシステマティックなダイナミズムにある。それが交通市場形成に適応的であるためには、いわゆる「市場の失敗」に代表される市場化不全の問題をクリアしなければならないこと、加えて、交通条件があらゆる意味で人間社会の基礎需要として不可欠の必需性にあること、このことを考えていかなければならない。

　先に触れてきたように、交通市場形成において、「市場の失敗」の諸条件が生じ易いこと、時には、その典型的な事例として挙げられる存在になってきた。

そして、その原因の多くが、交通サービスの即時財としての性質に由来していることである。「分業の経済」を源とする市場メカニズムが効果的に作動するためには、まず、この条件がクリアされていかなければならない。が、即時財条件が、これに強く制約的になっているのである。

　それは、市場メカニズムの要である価格メカニズムついて、需給それぞれの側面が、自律的に意思決定することを妨げていることが大きい。資源配分の最適化という一つの目安に対して、価格はそれに不適合な参入者を排除する指標として、市場の社会的役割を実現する担い手となっている。交通市場が社会に経済システムとしてのレゾーン・デートルを確立するためには、自身の中にその適応性を育て上げることは無論のこと、更には、その限界を補完、支援するシステムの存在が必要であることも考慮しなければならない。しかも、それは、単に交通市場の成長に寄与するという範囲に留まらず、他の基軸交通システムにとっても、何らかの形で直接、間接に市場効果が期待されるものであることが望まれる。

　第2に、そうした状況の中で、生産・供給に関わる問題は、交通市場形成の過程において、多くの課題が突き付けられていることが分かる。それは、まず、交通システム形成に市場メカニズムをどのレベルにおいて導入するかについて、社会的合意がなされているかという問題から始まる。交通が生存・生活の基礎である以上、何らかの形で交通手段の存在が保障されていることが不可欠である。市場メカニズムが価格メカニズムに拠って資源の最適配分を目指すという機能を交通市場形成に強力に求めるとすれば、それに因って排除される交通需要は、他の交通システムに依って充足されなければならない。交通市場の持つこの限界を認識した上で、市場メカニズムを可及的に活性化させるためには、生産・供給側面の対応と共に需要範囲の選択も重要になってくるのである。

　需要側面の問題は後に触れるとして、市場活性を促進するためには、参入事業者の競争力を維持、向上するための生産・供給構造の実現に焦点が合わされなければならない。

第5章　私的交通システムと市場メカニズム

それは、
- a．他の基軸による交通システムとの間の任務分担が、事前に調整されている状況にあるか、
- b．生産・供給側面において基本的に「市場の失敗」をもたらす様な条件を回避するために、他の何らかの方法によって補完、支援する手立てが講じられているか、
- c．原則として、規制緩和の政策下に、参入・退出は市場参入者の自由な意思決定に委ねられ、自己の経営判断に基づいて競争に対処する場合、

と言った諸条件下に、相当異なる市場展開が行われていくことになる。

　実際のところ、生活、生存の基礎条件である交通過程は、何らかの形で連続的に行われるシステムとして存在していなければならない。したがって、他の目的が優先されて排除原則が働くような基軸は、それだけでは、人間社会の交通システムとしては、ある部分の役割を担う存在としての位置付けに限定されざるを得ない。市場メカニズムがそうした基軸としての特性がある以上、他の基軸による交通システムとの有機的な連携の中に、機能の有効性を可及的に実現するという展開になっていく。その制約下に新たな交通システム領域を形成していくことが期待されている一方で、他基軸の交通システムとの臨界域においては、相当に代替的、競争的関係が現出するのは当然で、そこに市場メカニズムが交通体系全体の活性化に貢献する意義の一つがあるとも言える。

　交通過程は絶対的な必需条件として、需要主導性が基本的性向としてある。そのことは、交通システム形成に関わる資源条件、特に、その有効利用という点で、供給側面の重要な指標である費用に対する意識を相対的に弱くさせる傾向に導く。交通投資における資源非効率の問題は、交通過程が長大化し交通需要が増大する中で最も重要な課題となってきており、資源の限界性、更には地球環境の問題として大きくクローズアップされて来ていることは周知のところである。その意味からも、交通システム形成における費用意識の向上は不可欠の課題であり、市場メカニズムに期待されるところの今日的要請であるとも言える。

市場に参入する事業者にとって、その動因が利益追求への自由な参加が容認されていることである。しかし、それは同時に激しい競争に晒されることでもあり、参入を持続させるためには、その競争に堪えるための様々な努力が求められる。市場での競争に対抗する手段として最も一般的な方法は、競争に堪え得る財・サービスの供給と、価格競争力に集約される。しかし、交通市場における対象である交通サービスは、位置の移動という極めて単純な用益行為でしかないことと、即時財の特性から需要条件に強く規制されて供給側面主体的に差別化を図ることが、必ずしも容易ではないということがある。特に同業種交通市場にあっては、このことが顕著に表れて、価格競争すなわち運賃・料金競争に陥り易い性向を持っている。交通市場におけるこうした特徴は、交通事業経営にとって、原価引き下げ競争という極めて難しい問題に晒され続けることになり、市場参入への意欲を削ぎかねない障壁になる。更に、そこに交通需要における個別性と不確実性の問題が重なってくる。

　第3の点、需要が交通市場に求める様々な要請、これこそが即時財市場、交通市場にとって最も難しい課題であると言ってよい。それは、交通需要が生存・生活にとって不可欠の必需性を持っていること、個別交通需要対応性への強い要求、需要発生の不確実性、生産・供給は需要発生の時間と場所に絶対規制されていること、交通過程の連続性を実現するために異種交通システムとの間の有機的な接合関係を不可欠としていること、等々、著しく多面的な課題に対処しなければならない。しかも、それらの多くが、単に交通市場だけの問題として処置し得るものではないということが、交通過程の市場メカニズム有効化に大きな制約となっているのである。このことは、一連の交通過程の中に市場メカニズムの効果を実体化させる場としては、交通市場は、それが顕著に現象化する一部分であるというに過ぎなく、より広く全過程の中で有効化するというアプローチが必要なことを示唆している。

　かように、市場メカニズム有効化に幾つかの制約がある以上、その中核となる交通市場形成にしても、それ自身の持つ限界を認識しつつ、一方で成長への

第5章　私的交通システムと市場メカニズム

鍵となる処方選択の工夫が必要になっている。重要なことは、市場の活性が需給両側面の参入者にとって、利益の自由な追求が現実的な持続性をもって維持されていることに掛かっていることである。このインセンティブが、特に生産・供給側面、交通事業者にとって他の市場参入機会に比して低ければ、交通市場の活性は十分には期待できない。こうしたことを考慮すれば、むしろ交通市場は、交通過程全体に市場メカニズムのメリットを有効化するための主導性に、期待されているところが大きいと言うべきかも知れない。需要側面からは、他の基軸による交通システムでは積極的には対処しにくく、しかも市場において収益性を喚起するような交通サービスの生産・供給が守備範囲になる。それを支援する交通サービス生産要素供給システムの育成が鍵になっていることは、既にたびたび指摘してきた通りである。そして、この動きの中に交通過程への市場メカニズム有効化が、最も効果的に展開する流れがあると言ってよい[9]。

　重要なことは、交通市場支援性の高い交通サービス生産要素供給システムの成長は、その中心が市場流通下にあって、他の基軸による交通システムへの市場メカニズム有効化の波及性を期待出来ることである。言うならば、この市場の重層的展開は、交通過程の必需性と資源利用効率化を、市場メカニズムを通じて効果的に実現する動因を、大きく促進する可能性を方向付けていると言えるからである。そして、ここにおいても、システム形成が常に需要主導性を色濃く持っていることを注視しておかねばならない。

　以上のように、交通市場の形成は、その限界を意識しつつ交通過程全体を包括的に視野に入れることによって、市場メカニズムの有効性をより効果的に実現することが出来るという認識の下で、その核としての位置付けにあることを理解しておく必要がある。この関係が広範かつ最も効果的に作用していくのが、私的交通システムにおいてであることは言うまでもない。

第3節　私的交通システムにおける
　　　市場メカニズムの機能化

　交通における市場メカニズムの機能化が、交通市場という局面においてその姿を顕著に表わすとはいえ、より広く交通過程全体を通じた機能化に視野を拡げた考察が必要なことは間違いない。既に明らかなように、交通市場自体、それが独立で成長することが難しい領域として、何らかの形で調整、支援システムが必要なことは前述の通りである。調整型には、政策介入による一定程度の保護・補助、規制を行うことで次善的な市場効果を求めていく選択、少なくとも市場の成長のある段階までは、こうした政策を行うことが望まれるという選択がある。支援型としては、規制緩和度に応じて相当に幅のある選択肢が、方向性としては市場効果を最大限に生かそうとする限り、交通過程全体の中で有効化を図るという視点に向かわざるを得ない。そこでは、交通市場と交通サービス生産要素市場の重層化が、端的な姿として現れてくる。

Ⅰ　交通における市場の重層性

　交通における市場化が重層構造をもって展開するという指摘は、多様な需要に対応する交通過程が、市場メカニズムというシステム基軸に収斂させてしまうことの難しさを示している。しかし、資源利用における交通システム化資源の非効率を改善する手段として、今日の社会に、最も一般的に受け入れられているシステムには違いない。交通市場の形成は、そうした視点から市場効果を狙ったものではあるが、市場での対象となる交通サービスの性質と共に、需要の特性が市場の自由な展開を著しく制約していることに難しさがある。これを可能な限りに工夫、改善して、その効果を機能化させようとした時、交通市場自体での限界を交通過程全体の中で克服していくという処方箋が見出される。そこに交通過程における市場メカニズムの重層的展開が展望されることになる。それは、既に明らかなように交通サービス生産要素における市場化の促進、な

第5章 私的交通システムと市場メカニズム

かんずく交通市場支援性の高い市場であることが期待される。市場に参入する交通事業者にとって、同業市場における交通サービス自身に競争力を持続させることが難しく、結局、価格競争すなわち運賃・料金競争に陥り易いという特性は、激しい原価引き下げ競争を強いられることになりかねない。

　交通事業は、即時財事業として、需要者が存在しない場所、時間での事前的生産を行うことが意味を成さないことから、どうしても生産性、収益性の向上、安定化が難しい。言い換えれば、交通需要の発生を待ち続けることが、先行的業務として避けられないという課題を負わされており、交通事業経営における著しい資源非効率、低資本回転性を引き起こす原因になっている。それは、市場のメリットを高めるための基礎条件である競争性が増せば増すほど、経営を圧迫することになり、交通市場への参入インセンティブを著しく阻害する。これを組織的に回避するためには、交通サービス生産・供給に関わる生産要素投資段階における効率性の追求に、焦点を合わせることが重要になってくる。言い換えれば、交通市場における競争力は、生産要素市場の成長、より望ましくは交通市場支援性をいかに高めるかに掛かっていると言ってよい。

　問題は、各要素市場が必ずしも交通市場支援型の市場性向を持っている訳ではなく、むしろ他の需要層を主たる収益源として経営展開している場合が少なくないことである。例えば、自動車産業にしても、その焦点が自家用乗用車顧客に合わされており、交通市場参入を目指す事業者の要請に応ずるところに合わされている訳ではない。こうした所では、交通事業者自身が要素市場にインセンティブを与える何らかの行動を行う積極性が求められる。一つの事例は、交通事業者自身が必要とする生産要素市場に進出して、交通市場支援性を高めるような供給構造を育成するといった行動が挙げられる。同時に、こうした展開は、資本展開を拡げることによって「範囲の経済性」を指向していることにもなる。更に、こうした行動は、他の基軸による交通システムへの市場効果波及を促すことにもなり、交通過程全体への市場メリット浸透に著しく貢献する。そして、それは先にも触れたように、交通システムの中で最も資源非効率的に

なりがちな私的交通システムの領域においても、効果的であることを理解しなければならない[10]。

Ⅱ　私的交通システムへの市場メカニズム効果

　私的交通システムは交通システムの最も原初的な形態であり、交通主体すなわち交通需要者にとって、生活・生存の基礎として不可欠の存在としてある。この条件下、全ての交通過程は、少なくともその端末においては、何らかの形でこの私的交通システムに拠らざるを得ない。交通は価値実現の絶対的基礎条件として、システムの自由度が最大限に求められており、私的交通システムは、それに最も適合的なシステムとしての回帰軸と言ってよい。問題は、この基礎性、必需性、利便性が、交通サービス生産・供給における資源非効率、費用意識における消極性をもたらす理由ともなり、しかも、システム自身の中で自律的に改善していくことが難しいことである。交通過程への市場メカニズム機能化は、このことに一定の方向性を与えてくれることは間違いない。特に交通サービス生産要素領域における交通市場支援性の向上は、同時に、交通過程全体の市場効果を醸成するということにおいて寄与的であると言わねばならない。

　交通市場、私的交通システム、何れにせよ、交通サービスを生産・供給するシステムである以上、程度の差こそあれ即時財の持つ特性から資源非効率性、低生産性傾向, 需給関係の不安定、等々は共通の課題としてある。総じて、交通システムに対する意識は、交通対象の移動を通じた価値実現の物理的な基礎手段としての意識に収斂して、それを構築するための費用、工程などへの意識は二次的になりがちになる。例えば、交通需要が交通対象に対する需要に比して派生需要といった形で表現される場合など、正に、そうした印象が現実化する。そうした意識の問題は別にして、社会活動が活発化し活動範囲が広域化すると共に、資源利用における交通システム化資源比率が飛躍的に上昇して、非効率性、費用問題への意識は高まらざるを得なくなる。資源移動がグローバルに行われる時代にあっては、このことは人間社会の将来展望に大きく関わって

第5章 私的交通システムと市場メカニズム

くる。近未来、最大の課題として横たわっている地球環境の問題は、正に、この資源利用の在り方にあることは論を俟たない。

　市場メカニズムは、そうした問題に新たな課題を持ちながらも、今日的な状況の中では、交通システムと交通過程に費用意識を醸成させるための最も身近な手法と言ってよい。私的交通システムにおいて、この市場メカニズムが私的交通システムに接合していく過程は、交通市場、交通サービス生産要素市場、この二つの流れの中で実現されていく。

　前者、交通市場を通じて実現される形態としては、例えば、特定の交通需要者に一定期間専属化する契約運送などは、その典型的な例である。この場合、事業者側からは需要の安定化を図る目的で、また、需要者側からは、専門業者のノウハウを通じて多種・多様、効率的かつ高いレベルの交通サービスを継続的に利用できる可能性が拡がることでメリットがある。実は、個別交通需要対応性向上への付加価値化は、あらゆる意味で私的交通システムの基本的要請に適った方向性だということである。これは、交通事業経営における基本的在り方の一つとして認識しておくべきことで、その方向性の中での、交通市場を介した私的交通システム形成の向上、可能性の拡大は、市場メカニズムの効果を重層的に生かすことに繋がっていく。私的交通システムとは、様々な形で具体化されるシステム形態であり、交通市場を経由して行われることも決して少なくないのである。

　後者、交通サービス生産要素供給における市場性の向上は、即時財の基本特性として、各生産要素の供給条件が直ちに交通サービス生産・供給関係に反映され、私的交通システムへの効果は決して小さくないということが挙げられる。それ自体としては市場型需給関係を構成している訳ではないが、各生産要素需給の場では、交通市場支援性によって生産要素の技術的向上、原価の低減化を促進することが期待される以上、私的交通システムにおいても効果的あることは言うまでもない。それを通じて市場メカニズムの有為性が内部化されるからである。

もともと、資源非効率的な性格を持つ交通システムにあって、需給の分離が未発達な私的交通システムにあっては、分業の経済のメリットを効果的に実現できないままにあり、他の基軸に比して非効率の度合いは一層高まる傾向が強い。競争によって刺激を得ることにより効率化が促進される市場は、人間社会に投入される資源の自律的メカニズムとして、今日の社会関係の中で最も一般的に受け入れられている社会機構であり、その効果が十分に機能し得ないような分野における機能化促進は重要な課題である。そして、そうした状況が交通システム化資源の分野において一般性を持ち、かつ私的交通システムにおいて、より顕著である以上、この領域における資源効率化促進への何らかの処方箋が求められているのは、今日的要請と言える。市場機能の内部化は、そうした処方箋への有力な解答の一つであることは間違いない。

注

（1）　奥野正寛・篠原総一・金本良嗣 編『交通政策の経済学』日本経済新聞社、1989年、pp.98～108。杉山武彦 監修『交通市場と社会資本の経済学』有斐閣、2010年、pp.4～8。
（2）　生田保夫『〔改訂版〕交通学の視点』流通経済大学出版会、2004年、pp.114, 124。
（3）　生田保夫『前掲書』、pp.115～117。
（4）　斎藤峻彦『交通経済の理論と政策』ぺんぎん出版、昭和53年、pp.113～115。
（5）　生田保夫「交通市場の分解」、流通経済大学『創立三十周年記念論文集』経済学部篇、流通経済大学出版会、1996年、pp.78～92。生田保夫『前掲書』、pp.119～120, 124。
（6）　斎藤峻彦『交通市場政策の構造』中央経済社、平成3年、pp.43～47, 214～217。
（7）　生田保夫『前掲書』、pp.117～120。
（8）　Cowie, Jonathan, *The Economics of Transport, A theoretical and applied perspective*, Routledge, London, 2010, chap.3.
（9）　斎藤峻彦『前掲書』、pp.48～50。
（10）　大久保哲夫・松尾光芳 監修『現代の交通―環境・福祉・市場―』税務経理協会、平成12年、第15章。

第6章
公共交通システムと私的交通システム

　生存・生活の基礎要件としてある交通の問題を、人間社会における最も重要な共通の課題として認識し、議論してきた歴史は長い。とは言え、「社会共通の」という概念への認識は、各時代のパラダイムに規定されて一様ではなく、様々な接近方法が採られてきたというのが実際のところである。今日、一般に膾炙されている「公共性」の概念も、また、その例外ではない。しかし、交通があらゆる場面においての基礎として、共通の必須要件であるという認識に異議はなく、それを今日的な社会視点からの捉え方として「公共性」問題は、新たな意義付けが期待されている接近領域とも言える。

第1節　公共性課題への接近と交通

　「公共性」が示すところは、何らかの形で社会的共通性を基礎にしており、共通の規範の下にそこで生計を営む全ての成員に関わる諸関係を、当該社会的合目的性をもって抽象化した概念としてあることである。交通における公共性の問題とは、その実現の基礎的担い手としての役割、位置付けがいかにあるべきかに焦点を合わせた議論に他ならない。重要なことは、ここにおける公共性の問題は、特定の交通システムに関わる限定された課題としてある訳ではなく、

社会全体の中で、交通がどのような位置付けあるかを理解し、それに対し交通過程がどのような形でシステム化されるべきかに、何らかの処方箋を提示することに要点がある[1]。

周知のように、交通過程は、常に連続性の中で社会に生存・生活の基盤を与えており、それに携わる交通システムは、それがいかなる基軸に拠るものであるにせよ、一定の社会的担い手としての責務を負っていることを認識しておかなければならない。それは、今日の社会が市民社会として、全ての権利が個人に帰するという関係の中に、交通権という基礎的基本的人権を前提とした社会関係にあるということである。その意味で、今日的社会において公共性概念の下に包摂される事象は極めて広範囲にわたり、しかも、その全てにおいて、交通過程が基礎を成しているということに注視しなければならない。

I 公共性基準の問題

公共性は、その社会に属する成員全てが、あるいは、その多くが関わる共通の課題、対象に対して、当該社会が何らかの形で現実的な行為、効果を示すことが期待されている概念である。

それらは、第1に、時代のパラダイム、体制を反映して、それが安全、安定的に秩序ある成長、発展を展望し得る有機的な社会構造を実体化する共通の意志を基準として、提示されなければならないこと、

第2には、市民社会における各成員の権利の実現と社会的責務の分担を明らかにして、それを有機的に組織化するシステムの形成、

第3には、産業、経済の側面から持続的成長を維持するための産業構造と資源の有効利用を促進するための経済システムの形成、

第4には、それが持つ欠陥を補完し、グローバルな資源構造に適応した再生産循環体系の構築に寄与すること、

こうした枠組みの中で方向付けられて行く性質のものである[2]。

そして、これは、ある特定の理論の下に截然とした帰結として示されると

いったものではなく、幅のある実体概念領域として理解していくことが必要である。重要なことは、公共性は、個別成員の権利と責務を社会全体という巨視的な視点から包括的に性格付けるものではあるが、それは、個別成員の行動範囲を特定の領域に強く制限することを本旨としている訳ではない。その意味で「公共性」領域というのは、多元、多様な論理の集積された社会規範として成立しており、それを通じて一定の公共性基準が提示されてくる。それは、例えば、ソーシャル・ミニマムとかナショナル・ミニマムといった形で、あるいは経済学の分野で「市場の失敗」、公共財の問題など公共経済学の領域での展開から、より一般的に資源の有効利用、最適配分の問題なども、広くは公共性問題と無縁ではない。

　交通において、公共性基準如何の問題とは、生存・生活の最も基礎的な条件として社会というマクロ的な側面から接近することにより、時代の体制、パラダイム下における、その特性を現実の場に明らかにさせることでもある。そして、今日の交通における公共性基準は、市民社会における基本的人権に根ざした概念として、それをいかに効果的に実現し得る社会的基礎条件を構築するかに、焦点が合わされた存在としてある。それは、全ての人権がそれを実効化する上で、絶対的要件として「移動の自由」が不可欠であること、まさしく、それを支える基礎的基本的人権としての交通権が、まず、保障されていなければならないという結論に導かれる。交通における公共性基準とは、この交通権を実効、実体化させるための基準に他ならない。

Ⅱ　公共性課題の担い手と分担

　こうした公共性課題を実効あるものにしていくための担い手、分担は、それぞれの分野において一様ではない。もともと、公共性という概念は、ある特定の組織，機関の役割を規定している訳ではなく、広く社会の成員全てが何らかの形で直接、間接に関与することが考慮された概念である。特に交通の領域にあっては、交通過程の連続性という不可欠の条件が、交通システム形成におけ

る基本要件として求められており、特定のシステムだけで交通需要の個別性に対応することは出来ない。このことは、交通における公共性問題対応への分担、担い手の境界領域を流動化させる原因にもなっていく。

　先にも触れてきたように、公共性概念の基本的認識は、社会全体が共通に関わることに一次的基礎を置いている。交通は、あらゆる意味で社会共通の最も基礎的な要件である一方、それは、交通需要の個別性において、共通性の領域だけでは完結し得ない性質のものであるため、簡易な一義的処理で済ますことができない。交通における公共性は、その意味で幅のある理解がなされる対象であり、当該社会成員の選択意思に委ねられるところが大きい。こうした諸点を留意しながら整理すれば、以下のように整理されよう。

　第1には、最も一般的な認識として公的機関が挙げられる。今日の社会における公的機関の役割が成立経緯においてここに置かれている以上、当然のことではあるが、実際の場では、そうした分野の中心的な役割を担うという位置付けになっている。その主たる分野は、

(1) 公共財及びそれに準ずる財・サービスの供給、
(2) 本来は、市場を通じて供給されることが望ましいような財・サービスであっても、成長の未成熟な段階にあって私的投資の積極的な参入が期待し得ず、しかも社会的に必要度の高い分野である場合、
(3) 私的資本の自由な活動に委ねることが、必ずしも好ましくないような分野、
(4) 規制、調整、保護・補助、秩序・安全保障、福祉といった社会的諸条件を構築するに必要な諸行政活動、

といった分野が主たる対象になる[3]。

　第2は、民間の事業体として設立されているが、経営の一部または主たる部分を公益的な領域に焦点を合わせて社会貢献に参加する形態のもの。規制産業・業種と言われるものがその中心になるが、それ以外であっても、こうした意志を事業の一端に位置付けている場合もあり得る。資本的には、私的資本、公的資本の部分参入、公・私対等の第三セクター型のもの、等々、多様な形態

第6章 公共交通システムと私的交通システム

があり得る。

　第3は、個人、私企業といった個別の利得に意識軸を置いている個別主体である。公共性に関わる課題からは対照的な存在のようでありながら、この問題の起点はここに発しており、それへの関わり方は、単に公共の一成員としての利益享受者という立場だけではない。市民社会の主権者としての立場は、同時に、そうした地位を社会的に意義付ける意味からも、こうした課題との関与を免れ得ない。特に、交通過程の問題は、その連続した過程を通じて社会の成員として組織有機化されている以上、ある場合には、公共性課題への一端を担わなければならないという立場でもある。公共性への関与とは、微視的に言えば自己以外の他者との関係に、まず、その起源を発しているからである。

　かように、公共性課題への分担は、課題のレベルにおいて幾つかの異なる担い手の形態で行われていくことになるが、その中心が、第1の公的機関になることは言うまでもない。が、その場合にあっても、交通システムそれぞれの社会的機能に応じて国政のレベル、地方自治の領域、等々で、役割を異にする分担組織となることは、避けられない。特に、交通の分野では、社会の発展段階に応じて、それぞれの段階で大きくパラダイム転換を伴うような状況下では、その基礎を成す交通体系の方向性を主導する役割を担わなければならないことは言うまでもない。そして、そうしたことは程度の差はあれ、他の担い手にあっても、同様の動きの中で役割分担の一員としてあることに変わりはない。交通過程が社会成立の基礎条件として、そこにおける全ての成員は、この条件下に有機的に結合し、社会の成長、発展を通じて実現される果実を享受する一員として存在し得るという関係にあるからである。

第2節　交通権の問題とその実現

I　交通権の位置付け―基礎的基本的人権―

　市民社会において基本的人権は、それを支える社会的規範として、いかに実効性あるものとしていくかが現実の課題となってくる。重要なことは、これらの権利も一律同レベルのものではなく、そこには自ずから優先順位があるということである。それは、まず何をおいても現実の社会に、こうした諸権利を実体化するために不可欠な共通の基礎条件を実現するための権利、ここに第一の順位が置かれる。交通権とは、まさしくその順位に位置付けられる存在に他ならない。

　交通権とは、言うまでもなく「移動の自由」を保障する権利であり、他の諸権利に現実的実効性を与えるためには、まず、第一に保障されなければならないという意味で基礎的基本的人権とも称されるべき位置付けにある。しかし、交通の問題を改めて制度という側面から見た時、この権利が社会的に普遍の権利として認められるようになったのは、それ程古くを遡る必要のないことを知らされる。移動の自由、すなわち「交通の自由」が権利として認められるには、個人が社会の中核として認められる市民社会の成立を待たなければならなかったのである。このことは、交通権が生存権を実体的により広い範囲で保障する存在として、近代市民社会の現実的状況を明らかにする歴史的意義を持っていることを示している[4]。

　交通というのは、社会の内実を具体的に表していく過程であって、権利構造の実体的な特性が反映されてくる。その意味で権利条件としての交通権が、どのような形態、水準で認められているかは、重要な社会指標であると言わねばならない。交通権が、「人間社会の各発展段階において歴史的に規定される価値実現過程の自由度を実体的に規律する基礎的社会規範」としてある所以である[5]。

　交通における公共性の問題は、この交通権が当該社会において共通の課題と

第6章 公共交通システムと私的交通システム

して、いかに認識され実体化されているかを端的に表わす課題に他ならない。交通権が人権として個別個人に帰する権利であるにしても、それを実体化させていくためには、技術的・物理的、経済的、制度的諸側面において交通における連続性を実現させる条件が、社会的に保障されていなければならない。個別私的な範囲では、自ずから充足能力に限界があるからである。ここに一連の交通過程において、私的システムと公共性基準とが、交通権の実効化というプロセスを通じて相互補償関係を実現していくことになる。

II 交通権の実現

　交通権は、原初的には人の自由な移動ということに発していることは言うまでもない。しかし、人の移動ということの意味を分析していくと、それが、何らかの目的実現への行動としてあるということに行きつく。それが、「物」の移動、「情報」の移動へと展開して、人間社会の成長、発展をもたらしてきた歴史を辿り今日に至っている。その意味で交通権は、あらゆる領域における人、物、情報の場所的移動に共通の基礎的権利として理解されなければならない。

　生存・生活の基礎条件として移動の自由を保障する交通権は、これを現実の場で実効化するためには、法制度、諸慣行・慣習、種々の社会的諸制度を規範として、持続的発展が期待されるような社会環境実現を目指さなければならない。重要なことは、こうした状況への過程では、交通権への認識、実効化に段階差が出て来ることを考えておかねばならない。それは、権利としての「移動の自由」から、それを土台にして実際に「移動できることの自由」を実現する現実の場における諸段階まで、幅のある様相を呈する。

　権利は、その抽象性を克服し現実の社会において実効性あるものとするためには、まず、当該社会の成員が、そのことを共通認識することから始めねばならない。交通権にあっては、人が生得の能力として移動能力を備えていることから、そのことへの認識共有化は原初的意思と言って差し支えない。それは、最も現実的な利害に直結する権利として、まさしく社会の自由度を測る指標と

しての意味を持っているのである。

　移動の自由が「移動できることの自由」として、社会の持続的発展に有効な形で実体化していくためには、幾つかの過程を経なければならない。その第一次的形態が、まず、私的交通の領域に始まることは言うまでもない。権利、殊に基本的人権とは、個人の意思を実現することの自由を可及的に容認し、社会形成の規範として位置付けられた存在である。交通権がそれらの中の基礎的権利としてある以上、私的交通に関わるあらゆる交通システムにおいて、それが十二分に保障されるような交通システム構築が求められている社会が展望されているということになる。しかし、私的という概念の下に産生する需要は、何らかの形で個別性に特徴づけられている。特に交通需要にあっては、それが截然としており、交通システムは、この個別交通需要対応性への意識を常に持っていなければならない。そのことが、交通権の「移動できることの自由」実現における欠くことの出来ない課題としてあることである[6]。

　交通における公共性がこの交通権に依拠していることは、この問題への接近が、個別交通主体の交通需要を起点にしたものであることを改めて確認しておく必要がある。そして、その上に社会共通の要請となる領域において、現実の課題として選択されてくるということになる。交通権が「移動できることの自由」の水準において保障されるということも、そうした公共性基準のフィルターを経て現実化する。例えば、ソーシャル・ミニマムな交通条件を保障する社会的基礎システムの整備といった政策提案も、そうした基準選択に拠る。そこでは、更に、私的システム、市場メカニズムの基軸領域では対処し切れない技術的、経済的条件が加わってくる場合が少なくない。そして、そうした状況が、公的機関を軸としたシステムが、社会を大きく主導する役割を担うことを立証してもいる。そのことから、ある時代、時期には交通問題が、公共性課題の中心となって公共性基準を軸にした交通体系論が主流を占めることにもなる。

　しかし、一連の交通過程は、ふつう複数の交通システムを通じて行われており、日常、その主たる部分は、個別私的性の高い交通が中心になっている。重

第6章　公共交通システムと私的交通システム

要なことは、交通における公共性の問題も、基礎的基本的人権である交通権を社会共通の課題というマクロ的側面からアプローチして、より広範な領域にわたる要請に応えようとするものである。その意味で、公共性基準は、原初的システムである私的交通システムにおける個別性と、有機的に接合する条件を基礎にしたものでなければならない。

Ⅲ　交通権実現の分担

　交通権は、単に各人の権利としての領域に留まっている限り、交通過程の現実の場では、効果的に有効化されるとは限らない。むろん、それは第一次的には、個々人の自由な意思に起源すべきものであることは言うまでもないが、現実の交通過程にあって必要とされる諸条件を充足するためには、個々人の能力は限定的である。人間社会の成長、発展の歴史は、この限界克服の努力を足場にして実現されてきたと言ってよい。このことは、交通権の実現とは、市民社会という歴史的段階にあって、個々人の権利実現を基調とした人間社会再構築への現実的な基礎作業に他ならないことを意味している。基本的人権を基礎にした市民社会への再構築、そして、それを現実のものとするための基礎として、交通権の実現が位置付けられているということは、その社会において形成される交通システム全てが、何らかの形でこの作業過程に関わっていくということになる。

　それが個々人の権利としてある以上、第一の担い手が、個々人自らにあることは言うまでもない。市民社会にあってはあらゆるものが、まず、ここに発し、交通にあっては、私的交通システムが核となって社会全体の交通体系を構成する。それが極めて個別的であることにおいて、社会の現実的自由度が反映される場であることは間違いない。しかし、その個別性は、同時に自由度の限界を規定しており、それを克服するためのシステム選択が必要になる。ここで提案される基軸が、市民社会に不可欠な社会共通の課題に対処する処方箋としての公共性の概念である。交通という不可欠の必需対象に対する意識は明確であり、

この選択への意思は極めて直截的である。その実施に当たっては、先に示したような基準の下に政策設計がなされることになるが、交通にあっては、いかなる場合にあっても私的システムとの接合整合性を欠いてはならないということである。

　公共部門は、共通の社会的課題というマクロ集合的であることにおいて、単なる私的システムの相似的拡大系ではない。その集合性の中に新たな特性、能力が産生されて独自の役割を担うことが期待されてもいる。ただ、交通部門は、交通サービスという極めて簡明な行為を生産・供給する部門として、他に比して私的システムとの近似性は小さくない。このことは、両者の間にかなりの幅で臨界領域が存在していることを意味しており、社会の成長・発展段階、産業・経済構造、住民の意識、等々によって、現実の場における選択は一様ではない。特に地域自治の意識が高まるにつれ、公共性の問題は、負担力の問題も含めて地域社会の中に交通システムの基幹的ネットワーク構築を担うことにおいて、その選択は著しく地域性を帯びることにもなりかねない。公共性の問題は、その時代の特性を大きく集約して社会に反映されるからである。むろん、今日の地域社会は、常に地域間社会関係なくしては成立し得ないから、交通システムの地域間整合性を前提としたシステムを基本とするが、地域内に限られたシステムにあっては、こうした傾向の現われることも視野に入れておかねばならない。

　私的システム、公共性基準、この両者の間に様々なシステムが参入する可能性が開かれている。その端的な例が、市場メカニズムに基づく交通システムの形成ということになる。交通権の実現は、こうした種々のシステムを連鎖させて交通の連続性を実現しつつ、社会の有機的な持続性を可能にすることに意義を見出している。このことは、それぞれのシステム基軸に特徴的な性質を示しつつも、交通過程に組み込まれていくことによって、その重要度に違いがあるわけではないことを明示している。交通権の実現において、交通における個別性と連続性の問題とは、基軸共通の課題であることを確認しておく必要がある

のである[7]。

第3節　社会的基礎施設としての交通システム

　現代における交通システムは、それがどのような基軸に基づくものであれ、人間社会における成員として活動する手段としてある以上、連続するネットワークの中に参入、有機化されることによって効果的に機能する存在としてある。そして、それは生存・生活の基礎として不可欠の第一次的要件であり、まさしく社会的基礎施設として、全てに先行して準備されなければならない手段、システムとして位置付けられている。この極めて明白な事実の上に交通システムがあるということは、それが社会の展開方向を基礎的に規定していくこと、したがって、その構築は、社会の未来図を設計する先行的役割を担っているということ、ここにあると言ってよい。このことは、改めて交通システムが社会共通の最も基礎的な課題としてあるということに注目して、基軸の如何を問わず、それらの有機的なネットワーク化の社会的重要性を強く認識しておく必要があることを示している[8]。

I　交通システムの社会化

　言うまでもなく、社会的基礎施設は社会的間接投資、社会資本といった表現の中で、そうしたものへの認識は小さくない。重要なことは、それがある特定の機関、組織に傾斜、限定されたものではないということ、交通に関連している場合には、このことが特に強調される。それは、人間社会成立の基礎要件が交通システムにあって、社会の共同体的側面が最も日常的に現れる場であるからである。しかも、それは個別私的性を原初的性質として持っており、交通過程がこの特性を排除しては成立し得ないことを前提としながら、私的システムの限界を共同体的集合性の中に新たな可能性を目指そうとしている処に、公共

性のレゾーン・デートルがある。

　そして、この課題に対して、それを効果的に実現していくためには、何らかの形で主導的役割を担う核が必要であり、多くの場合、それは公的機関の役割として始動するのが一般的になっている。いわゆる「政府の役割」として認識されている領域を中心とした課題として位置付けられていることは、周知の通りである。交通における諸課題において、この公的機関の役割が期待されているのは、市民社会が最も直接的に現実の姿を現す場として、第一次的に整備されなければならない施設として要請されているからである。その際に基準となる公共性基準は、交通部門の領域において最も包括性をもって現実化する。

　その視点から、交通における公共性の実現は、

(1) 現実の交通過程に直結した弾力的なシステムとして、幅広い対応性が求められていること、

(2) その担い手は特定の機関、組織にのみ委ねられものではなく、種々の交通システムを通じて社会の中軸として、内部化されていくものでなければならないこと、

(3) その分担は、システム間相互に重層的に内部化されていくものであって、多様な可能性を許容するものでなければならないこと、とは言え、

(4) その社会の秩序ある持続性を安定的に実現していくためには、一定の基礎条件を維持、主導する中核的なシステムの存在が欠かせないこと、公的機関あるいはそれに準じた組織、機関の存在理由がここにある。

　そして、重要なことは、

(5) 交通における公共性の問題が、交通権の実現を社会的側面から包括的にアプローチして共通の課題に焦点を合わせ、社会的基礎施設としての意義付けを象徴的に捉えようとしている課題であるということである。

　かように、交通にあっては、一連の交通過程が異なる交通システムを有機的に接合させ、連続性を実現することによって行われているという事実から、交通需要の側面からは、何れのシステムも等位にある存在として、位置付けられ

ているということを注視しなければならない。そして、交通権が基礎的基本的人権としてあり、その実現を社会という巨視的な側面から、公共性基準の下に交通の自由を可及的に実現していこうとする基軸アプローチは、時代のパラダイム、様相に規定されて、多分に相対的な社会性を持っていることを留意しておく必要がある。その意味で、他の基軸による交通システムとの相互補完関係が、依然として欠かせない状況にあるというのが、現実の交通体系の姿であるということ、このことを改めて指摘しておかねばならない。

Ⅱ　公共交通システムの展開

　この交通における公共性の問題は、交通過程全体にわたる問題であるとはいえ、それを効果的に主導していくためには何らかの中核的な存在が必要になる。最も一般的には、公的機関あるいはそれに準ずる組織が、その役割を担うことが期待されている。実際、市民社会の時代にあって多くの国、地域において、こうした機関、組織が「公共の利益（public interests）」の実現を主導する役割を担って、今日に至る歴史を刻んできたことは周知の通りである。殊に社会を大きく実体的に主導する交通システムの形成は、物理的、経済的、制度的、等々,諸事にわたり私的システムの領域を超えて長期、大規模な投資を必要とする。そして、その基軸ネットワークの構築は、社会の展開方向を大きく規定する基礎であるということにおいて共通の認識があり、最も総合的な基本的課題として提示されてきたところである。市民社会が国民国家、国民経済を主たる権利の枠組みとして成長、発展する過程で、それを有機的に機能させる手段としての交通システムに対する意識は、権利の普遍性に対する意識と並行してソーシャル・ミニマム、ナショナル・ミニマムとしての交通システムの必要性を強く浮かび上がらせてきた[9]。

　交通過程は、位置の相違に価値実現の現実的相違があるということに原点があり、個別交通需要対応性に原初性を持つことは、はっきりしている。とは言え、価値実現の機会をより大きく展開していく場では、私的交通システムの限

界を超えた交通空間を自己の交通過程に内部化する手段を得ることは難しい。ここに、こうした領域への広がりを求める社会的要請に応える交通システムの存在理由が大きく前面に出て来ると共に、公的機関あるいはそれに準ずる組織の役割が明瞭になってくる。公共交通機関（common carrier、public carrier）と呼ばれる交通システムへの社会的要請が、これである。

　公共交通システムとは、社会的共通の必需という点で、最も一般的には、不特定多数の交通需要者に一定の条件の下に交通サービスを供給する交通システムの形態を指している。「不特定多数」と「一定の条件」の所に common、public の意味が表象されている。そこに更に、安全保障、社会政策、福祉政策等の諸条件を加味することによって、社会的基礎施設としての交通システムの姿が明確になってくる。重要なことは、こうした条件が整えられていれば、経営主体が公的な機関であるか、民間の企業であるか、あるいは他の第三の形態によるものかは、二次的条件でしかないということである。ただ、こうしたものが主導的に行われていくためには、政府、地方自治体といった公的機関が中心になって行われること、あるいは、少なくともそういった機関による指導、調整が行われる規制事業として行われることが必要になるということがある。特に、社会の発展段階の初期にあっては、公的機関の主導力に期待されるところが大きい。市場メカニズム、私的システムが活性化し国民経済レベルで起動するには、そうした社会的基礎施設としての交通システムの存在が前提だからである。

　公共交通システムの展開とは、まず、あらゆる意味での総合的な社会的基礎施設として、社会全体の骨格を成す基盤であることが期待されている。それは、まさしく基本的人権を現実社会において実効化させる第一の前提としての役割が求められているということ、これである。その意味で市民社会を主導する責務を担った組織、機関が、まず第一に企画、実施しなければならない公共政策課題であるということになる。

第4節　私的交通システムと交通における公共性の問題

　交通における公共性の問題が、市民社会における権利、基本的人権の保障に関連して、交通権が、第一に充足されなければならない基礎的基本的人権としてあるという認識に根ざしていることは、既に明らかなところである。そして、それは、社会というマクロ的な空間の中に交通システムの有機的なネットワークを構築する過程で、その実現の担い手が個別私的な領域を超えて、共通の課題に集合的に対処しようとする役割の存在が、強く意識されるようになってきた。このこと「公共の利益」という概念が、最も日常的に意識される場面の一つが、交通過程にあることは言うまでもない。それによって地域社会の構造が著しく変容する経験は、交通システムの社会的主導性を端的に表現する顕著な例証として、歴史に深く刻み込まれてきたところである。まさしく公共の利益は、ここにおいて、交通権が社会的基礎施設として姿を表わし実体化することによって現実化している。

I　公共性基準と私的交通システム

　公共性の視点から交通問題にアプローチするということは、それを社会共通の集合的課題として捉え、基礎的基本的人権である交通権の実現を、社会的基礎施設としての交通システム形成に焦点を合わせて行こうとする方向性に他ならない。その意味において、公共交通システムは、その方向性を最も合目的々に役割を担ったシステムであることは間違いない。しかし、交通における連続性、個別性、必需性、等々の極めて日常的な課題が、集合的な視点から構築されるシステムでは完結され得ないことは明らかである。そこでは、より包括的に交通過程全体に入り込んだ概念として、その役割を中核的に担う組織、機関の重要性が強調されてくる。こうした関係は、社会の発展段階初期の時期にあっては特に顕著に現れて、そうした組織、機関の役割が相当の期間持続的に期待され、その状況下で交通の理論展開も強く公共性に傾斜して展開されもする。

しかし、社会の諸活動、なかんずく経済活動の活性化は価値観の多様化と結び付いて、交通需要は著しく個別性を前面に表わしてくる。そのこと自体、正に交通権が他の諸権利と結合して現実の社会に姿を現わして来たことの証左に他ならない。言い換えれば、社会的基礎施設としての交通システムは、社会の成長、発展と共に個別交通需要の拡がりの中に内部化、潜流して、共通性、集合性といった外形からの接近方法では、捉え切れない様相を呈してくることになる。が、依然として、交通が生活、生存の基礎であることに変わりなく、それは、社会的基礎性、交通権の実体化の新たな展開に他ならないことを注視しなければならない。
　この交通過程の個別・分岐化は、交通システムの形態に強い規制力を持って展開していく。それは、まず、物理的、技術的側面から現れて、一連のシステム・ソフトウエア、社会全体の交通体系に関わる諸制度の改変、更には、より発展して社会の在り方を大きく変える新たなパラダイムの選択へと導いていくことも、歴史は証明している。交通体系の変化は、それ程に社会的影響力を持つ変化であること、そして、それは、交通過程のフロンティア、個別交通需要の場で最も先行的に現れてくることに注目しなければならない。そこでは、もはや集合的な仕組みで行われる交通システムでは対応が難しく、特に、経営的側面から持続性を維持できず撤退せざるを得ないという事態に直面することが多い。こうした交通需要に対しては、その多くが、交通システムの原初的形態である私的交通システムに拠って行われていくことになる。
　「社会」とは、人間相互の諸関係を包括的に捉えて、一種の有機体的な生命現象を営む存在として把握される。それを構成する人間・個別主体がその中で有機的な繋がりをもって、サステナブルな社会生活を実現していくためには、まず、物理的な繋がりを実現する交通システムの存在が欠かせない。その意味では、社会とは、著しく物理的な条件に基底された存在としてあることを理解しておかなければならない。交通過程は、そのことが様々な交通システムの連鎖体系を通じて行われていくという現実の場としてあること、したがって、公

第6章　公共交通システムと私的交通システム

共性が求める課題も、当然にこの過程全体の中で連携しながら達成されていくことになる。

このことは、公共交通システムは無論のことながら、他の交通システムにあっても、公共性基準に関する役割を様々な形で分担していることを意味している。それは、公共性課題の細分化という認識ではなく、交通過程全体が生存権確立の前提として、それを保障するシステムとの相互性を考えていかねばならない。その意味で、私的交通システムと言えども、交通における公共性の問題から独立ではあり得ないということである。

Ⅱ　私的交通システムの公共システムへの機能化

私的交通システムが、公共性課題に接合していく過程は一様ではない。それは、私的交通システムが特定の交通主体、需要者の交通需要充足を第一の条件としている以上、この役割への分担は、一定の条件と限界を認識した上での機能化でなければならない。

第1に、私的交通システムの基本特性が、個別交通需要対応性を起点として、需要側面からの交通の自由度を可及的に追求する基軸に則った交通システムであり、また、あらゆる意味で交通システムの原初的形態でもあるということでもある。通常の条件下、私的交通システムが、公共交通システムへの機能化を図る上では、まず、この特性が極力損なわれないように配慮されねばならない。私的交通システムは、全ての交通システムの発生源であり、このシステムの中に交通問題の課題の全てが集約されている。そのことは、公共交通システム形成の原点もここにあり、公共性課題に特化した公共交通システムとの有機的な接合に対立的反応を示す性質のものではないことを意味している[10]。

この条件下に、まず、自己の交通需要以外の他の交通需要に対し、公共性基準に準じて交通サービスを供給するという一般的かつ自由度の高い形で参与する形態が提示される。これを制度的に位置付けて組織化することによって、より広範な形で社会的役割を担うことの意義は決して小さくない。

第2は、私的交通システム以外に、他に交通手段が存在していない場合の役割についてである。この状況下、その役割は極めて直接的な形で公共性の問題に対処していくことになり、ある場合には、一定の義務的性格をさえ帯びてくることも考えられる。それは、個人の自発的な意思に基づいて行われる場合、制度的な規定に基づいて社会的責務として位置付けられている場合と、幾つかの異なるレベルで対処することが期待され、求められるといった様に、様々なケースの検討が必要な課題としてある。特に、制度的に義務化されるようなシステムの場合、何らかの形で私的交通システムの自由度を抑制するという問題を含んでいる。私権が重視される社会では、一般的に公・私を分ける分業化の中にシステム形成の展開を指向する傾向が強いことを考えれば、こうした仕組みを制度化して社会化することは、かなり難しい問題を持っている。

　こうしたものの多くは、まず、相互の自発的な善意に基づく行為として行われることが期待され、また、実際にもそうしたことが日常化している例は少なくない。地域社会において近隣住民の間でよく見られるケースである。とは言え、そうした関係が時として不慮の事故の発生などを通じて、難しい関係を引き起こすこともあり得るといったことも考慮しておかねばならない。交通における公共性の問題は、それが生活、生存の絶対的な基礎である以上、こうした支脈にまで通ずるネットワークの課題として捉えていかなければならない。

　第3には、何らかの特殊な状況下における、私的交通システムの公共性課題への組織化という場合が挙げられる。通常の条件下では生じない社会関係、安全保障、事件・事故、災害の発生といった場合、平時における社会的諸関係が維持され難い状況が発生する。そうした場合にあっては、義務、強制権の伴う収容、徴用といった形で、あるいは、より弾力的な協力関係の中で参加を求めるといったものも含めて、幅広い形で私的交通システムの公益化を実現する幾つかの段階をもって組織化を実現する。こうしたケースでは、事前のルール作りと十分な周知がなされていなければならない。

　そして、第4には、こうした課題に対しては、それを継続的に対処する機関、

第6章 公共交通システムと私的交通システム

組織、システムが準備されていなければならない。それは、平時、日常的な社会関係においても個別には様々な問題が内在しており、単に、個々人の善意に基づく自由な意思と行動に委ねておけば足りるという訳にはいかない。多くの齟齬、トラブルがそうした日常の関係から生じていることは周知の通りで、交通関係のようにあらゆる場合の基礎としてあり、様々な条件が連続的に発生してくる中では、何れこうした問題に遭遇することは避けられない。私的システムを社会的な関係に経常的に組み込もうとする場合は無論のこと、不定期、一時的な場合であるにしても、事前の取り決め、ルール作りを疎かにしてはならない。これが、市民社会における基礎的基本的人権である交通権の社会化の必須条件である。

このことは、交通の第一次的要請が個別交通需要対応性にあって、私的交通システムとは、正に、この要請に応えるシステムとして発していることを再確認することでもある。他の基軸による交通システムは、人間社会の成長、発展の過程でその限界を補完すると共に、新たな社会関係の中に私的交通システムの機能をより進化させて、有機性を更に高度化させる社会空間の実現が、期待されているということでもある。しかし、そこに於いても、私的交通システムの基本的要請、個別交通需要対応性に逆行するものであってはならない。交通問題とは、あらゆる意味において、そのことを起点とし、そこに帰着するものであることを忘れてはならない。

注

(1) 斎藤峻彦『交通経済の理論と政策』ぺんぎん出版、昭和53年、pp.134〜137。
　　前田義信『交通経済要論』〔改訂版〕晃洋書房、1988年、pp.42〜47。
(2) 生田保夫『〔改訂版〕交通学の視点』流通経済大学出版会、2004年、第7章第1節。
(3) 清水義汎 編『交通政策と公共性』日本評論社、1992年、pp.9〜12。藤井彌太郎・中条潮 編『現代交通政策』東京大学出版会、1992年、第4章。
(4) 交通権学会 編『交通権』日本経済評論社、1986年、第2章。松尾光芳「交通権への接近」、清水義汎 編著『交通の現代的課題』白桃書房、昭和63年、第2章。大

久保哲夫・松尾光芳 監修『現代の交通 ―環境・福祉・市場―』税務経理協会、昭和12年、第5章。
（5） 生田保夫『前掲書』、pp.202〜203。
（6） 日比野正己「交通権憲章と交通権学会の課題」、交通権学会『交通権』第17号、2000年3月25日、pp.5〜13。交通権学会『交通権憲章―21世紀への豊かな交通への提言―』日本経済評論社、1999年、第1、2部。戸崎 肇『現代と交通権利』学文社、2002年、pp.127〜135。
（7） 生田保夫『前掲書』、pp.199〜202, 207〜209。
（8） Berechman, Joseph, *The Evaluation of Transportation Investment Project*, Routledge, NY, 2009, chap.4, 9, 13.
（9） 細田繁男「交通におけるナショナル・ミニマム問題」、運輸調査局『運輸と経済』第31巻第11号、1971年11月、pp.6〜13。斎藤峻彦『前掲書』、pp.142〜148。運輸調査局「特集・交通基本法の今後の展望―ナショナルミニマムと交通―」、『運輸と経済』〔758〕第70巻第8号、2010年8月。
（10） 斎藤峻彦『交通市場政策の構造』中央経済社、平成3年、pp.80〜84。

第7章

地域社会における交通システムの方向性
―私的交通システムと地域社会―

　人間社会は、人類の生活機能の特性から、その活動の殆どが陸上のある範囲の地理的空間の中で営まれている。地域とは、正に、そうした人間社会の諸活動が実際に行われる場に焦点を当て、それがどのような特性、論理性をもって展開しているのかを明らかにし、社会の在り方を検証しようとする現実のフィールドに他ならない。そこに於いて、様々な人間活動が交通過程を通じて相互に連鎖しながら、特有な行動空間を形成していく。それは、まさしく交通現象が地域という空間場における人間社会そのものとして、時間の経過という歴史軸と共にダイナミックに展開する有機的構造を現象させている。その意味において、交通過程に発生する諸現象は、地域という場において、その現実的役割を立証していくことになる。かように、人間社会は地域社会という場において、個別主体の諸行動が個々の特性を表わして固有の展開を示しながら、包括的には、それぞれ特徴のある社会を形成していくことになる。そして、それを大きく基底していくのが、交通過程にあるということがここでの論点になる。

第1節　社会形成と地域選択

　地域は、生活・生存の現実の場として地理的広がりの中に歴史性をもって固有の特性を示しつつ、地域社会という人間の行動が、様々に展開する有機的空間として現象する。人間社会を地域という側面から考察しようとする場合、まず、地理的な条件に規定されて場所（位置）と時間という二つの基礎的因子によって、絶対的な制約を受けていることを考えなければならない。この2因子に基礎的に規定されているということは、地域という空間的広がりを社会の中に効果的に組み込むための装置、システムを必要とする。地域社会が、交通システムの形成如何に著しく左右される理由の根源はそこにある。と言うことは、地域とは交通過程の現象場として、交通システム構築における様々な問題が現われることで、そこに地域固有のネットワーク形成の必要性が明らかにされてくるということでもある。

I　地域社会形成と分析の視点
　地域が人間社会の現象場として実体化するためには、幾つかの条件が準備されなければならない。
　第1に、地域社会の形成過程を歴史的に検証する時、それは、まさしく生存、生活を実現し、それを実体化するための条件である移動空間として捉えることが重要になる。この移動空間である地域は、交通条件を起点としていることを、まず、理解しておかねばならない。文明史上、その発祥の地における立地の選択は、正に、そのことを端的に物語っている。その歴史は、今日に至る人間社会発展の要件という意味で、交通条件が立地選択の最重要、基礎的な条件として、それをどのような評価の下に行うかは、その後の社会形成にとって大きな岐路になることは間違いない。地域が人間社会に有機的に接合していく鍵が、ここにあることを強く認識しておかねばならない。
　第2に、地域社会の形成は、それを動機づける様々な諸条件があって、それ

第 7 章　地域社会における交通システムの方向性

を明らかにしていくことが、まず、分析の中心的課題になる。最も基礎的な立地選択の要件である交通条件にしても、それは、現実の生活、行動を動機づける価値実現への強いインセンティブがなければならない。正に、そこにこそ地域社会の特性が強く反映されてくるのであり、それ故にこそ、当該社会固有の歴史性が表れてくることになる。そうした因子は、都市とそれ以外の地域との格差といった問題を端的な例として、地域社会の形成における多様な現象を生み出していく。特に、経済活動が基軸となって競争的に牽引する社会環境下にあっては、資源の総合的集積に因るメリット実現が不可欠であり、そのシナジーが地域社会の成長力を多角的に高めていくことは言うまでもない。地域社会の都市化が成長、発展のシンボルとして共通認識を得ているのも、そうした現実に因っていることは、改めて指摘するまでもないところである[1]。

　第 3 に、こうした状況は、地域の空間的広がりを求めて、単に当該地域の地理的拡大ばかりでなく、より発展して地域間社会の形成を指向する。地域社会は、それを構成する諸因子において、その集積効果如何によって様々な形で展開する。成長、発展はそうした展開の中で、当の社会が歴史的過程の中で選択した現在の姿、現象に他ならない。しかし、地域社会が地理的二次元性に強く規定されているという事実は、そうした展開も自ずから限界に直面せざるを得ない。その限界は、地域の広域化、域外地域社会との接触を通じた新たな社会関係、地域間社会の形成を通じて克服していくことになる。この接触域、フロンティアこそは、人間社会のサステナブルな展開を引き起こさせる新たな社会空間として、その有機性を注目させる好個のフィールドと言ってよい。そして、今日、正に世界に展開する地域社会は、この地域間性の中にグローバルな社会関係を形成しつつあることを立証している。

　第 4 に、地域は、時間の経過の中に人間社会の諸行動が蓄積されて、単に二次元的な諸因子展開とは異なる固有の性向を示しながら歴史性を培っていく。ここに地域社会は、人間行動の諸現象が、より多次元的な諸特性を示しながら複合的有機体としての様相を現していくことになる。そうした展開の源は、地

域が地理的な条件下に位置の相違という物理的差をもって、そこに構築される人間社会を絶対的に規定しているという制約条件を与えているからに他ならない。いわゆる地域性とは、こうした条件下に諸活動の歴史的蓄積が生み出す色彩と言ってよい。その色彩が、地域間交流を通じて融合することによって、新たな地域社会展開の方向性を示すことになる。

　こうした一連の関係は、原始生命が培養、成長していく過程と何ら変わることのない地球環境下での、人類の生命活動そのものに他ならないともいえる。が、人間社会の在り様は、より多様な動きを示しながら広くグローバルな領域において、各地域に叢生する固有性を連鎖、結合させて、更には融合共有する領域を拡げつつ、新たな生存、生活へのサステナビリティを展望していく時代を迎えているのである。これが、あらゆる意味で交通ネットワークに裏打ちされていなければならないことを、改めて強く認識しておかなければならない。

　第5に、地域は、単に、そこに存在する個別主体が自由な選択に委ねられて、個々独立に行動する空間としてある訳ではない。社会が持続的に成長、発展していくためには、相互に有機的に結合する集合体として展開するための要件が必要になってくる。それは、その地域に集積されている所与のメリットを立地選択にどの程度のレベルで意識されているかということが、まず考慮されなければならない。そこに新たな社会関係が加重されることによって、地域は新たな固有性を帯びてくる。そこでは、選択される主体的な社会意識、すなわちパラダイムの選択が重要な課題になってくる。それは、明らかに当該地域における交通システムの在り方に強い規制力をもって、地域交通という形で社会行動が現実の姿を現してくることになる[2]。

　殊に市民社会の時代にあっては、基礎的基本的人権である交通権が、最も直接的に地域社会形成に強力な方向性を与えることを注目しておかなければならない。交通システムは、物理的・技術的条件に強く規制されると共に、現実の交通がどのような規範に基づいて行われるによって、形成される地域社会は著しく異なる様相を呈することになる。地域社会の形成にとってこの選択は、そ

の社会の歴史性に強く規定されながら社会構造の在り方を方向付けるものとして、最重要の前提課題となっている。そして、交通は最も日常的な基礎条件であるが故に、こうした社会の在り方への選択は、極めて重要な視点を与えることになる。交通権がどのような形で具体化されていくかも、この選択の課題としてあることは、言うまでもない。

II 地域社会形成と機能因子

　地域社会形成は、その地域に対する個別主体の選択意思に起因する。したがって、地域に社会が成立するための機能因子を分類、整理しておく必要がある。それらは、概ね、資源因子、環境因子、社会関係因子、交通因子、費用因子の5因子に分類される[3]。

　(1) 資源因子　ここに資源とは、人類の生存・生活を保障するあらゆる種類の財を指し、日常形態的に分類すれば、人, 物, 情報の3種類に分けて包括理解しているのが普通である。人類の文明史が示すところは、正に、この資源条件の優位性獲得の上に持続的な成長、発展の可能性を見出してきたと言ってよい。原初的には、人間の能力それ自体、すなわち人的資源に始まることになるが、それを超えて成長、発展するためには、他の資源の導入を必要とする。それが最も原始的に広く展開しているのが、自然資源であることは言うまでもない。

　この人的資源と自然資源の結合が、情報の資源化率を向上させることを通じて、人間社会の飛躍的な発達をもたらしてきたことは、改めて指摘するまでもない。かような人、物、情報の資源化意識の上昇は、産業革命の時代を経て今日に至る産業・経済隆盛の時代を切り開くこととなった。まさしく、資源条件こそは、地域社会成立の機能条件を最も端的に動機付けてきた因子に他ならない。その中核を成す自然資源は無論のこと、資源分布一般における偏在性は、立地選択に著しい地理的偏りをもたらしてきた。多くの争闘、激しい市場競争、地域間社会の形成、更にはグローバル社会への広がり、等々、これらに原因する様々な摩擦、展開は、まさしく歴史の明白に示すところである。

(2) 環境因子　「環境」因子は、広義には個別主体を取りまく周囲のあらゆる状況を指す概念として、他の立地因子全体を包含する因子として理解されることも少なくない。その意味での包括性を念頭に置けば、環境因子こそは地域選択における最も重要な因子概念とも言える。そこに一定の制約条件を入れるとすれば、空間的な広がりに求めて、個別環境、地域環境、地球環境、地球外環境の4段階に分けてアプローチすることは、一つの方法である。今日、環境問題が顕著に取り沙汰されているのも、この視点からする地球環境問題に端を発していることは周知の通りである。

　人間社会の持続的な成長・発展への警鐘は無論のこと、ごく基本的な生存条件のレベルにおいてさえ、危惧が叫ばれ始めているという人類共通の課題として、人間社会の活動が資源利用を通じて自然の循環システムに大きく負荷を掛けてきたこと、これが強く原因していることが明らかになってきたのである。「外部性」の問題として軽視されがちな課題が、人間社会のグローバル化という広がりの中で、地球環境という形で内部化されつつあるということに他ならない。こうした極度にマクロ的な課題を含めて、環境因子は、地域社会の長期的なサステナビリティ評価の上で、最も重要な因子として認識されつつあると言えよう。

(3) 社会関係因子　社会関係が地域の機能因子として働くのは、体制、制度、慣習・慣行、文化、等々、様々な形で地域の歴史性に根ざし、多分に経験主義的な側面を持つ地域固有の規制因子として存在する。現実の社会活動において直接、間接に日常的に規制力を示す因子であり、地域社会のダイナミズムを特徴づける因子としてある。都市部のような多岐にわたる因子が集積しているような場合、他方では、景観、産業、政治、軍事、宗教、研究・教育といった要素に強く傾斜したケース、更には、人種、民族といった社会の成員に関わって国際間、地域間に複雑な葛藤を見せる側面でもある。その意味で、この因子は、諸因子が複合的に絡み合って、人間社会の地域性を最も端的に表している総合指標と言うことも出来る。

第7章　地域社会における交通システムの方向性

(4) 交通因子　地域が社会形成の場として活性化するための基礎条件、交通条件こそは、あらゆる意味で地域選定のための第一次的課題と言わなければならない。人間にとって生存、生活とは、正に動くことによって保障される実体活動そのものに他ならないからである。この動く、すなわち移動行為こそは、それを支える交通条件の在り方によって、著しく異なった現実をもたらす。一生命としての人類が、人間社会の形成を通じて固有の文明史を創り出す機会を大きく育んできた基礎に、交通条件の飛躍的な発達があることを改めて思い知らされるものがある。

重要なことは、交通因子は本来的に総合的な基礎因子であり、特定の数値指標の下での評価は、その条件下での限定的な評価でしかないことを留意しておく必要がある。例えば、交通距離、交通時間、交通量、交通費用、等々、最も多く用いられるこれらの指標も、それぞれの「特定」下において有効性を持つという点で限定的であり、交通の持つ総合的な意義を部分的に表示しているに過ぎないことである。交通は「価値実現の実体過程」であるということにおいて、それぞれの価値基準の中で抽象化された遥かに総合的な評価過程にあること、このことを改めて再確認しておく必要がある。

(5) 費用因子　人間社会形成において地域の選択が、まず第一に、メリット選好的に順列されることは簡明な事実ではある。が、それを実体化させるためには、必ず何らかの形での支出、投入が行われなければならない。今日の社会にあっては、投入・産出関係における経済性の追求、効率的な付加価値実現に評価の中心を置き、様々な選択が行われている。その顕著な例である「分業の経済」への認識は、この課題に大きな一歩を与え、それに連なる多種多様な手法の開発が、今日、市場メカニズムという形で大きく開花していることは、周知の通りである。費用を機会費用の概念で捉えることにより投入・産出関係に論理的基礎を与え、日常の活動に費用意識を定着させていることの意味を考えておく必要があるのである。資源をより効果的に利用し、持続的成長・発展を希求する人間社会の指向は、正に、この論理への認識にインセンティブを見出

していると言ってよい。

　問題は、この論理における抽象性を現実の財・サービス、資源の投入に反映させる場合に、どのような評価指標を用いるかに掛っている。それが、最も日常的に広く用いられているのが、市場メカニズムを通じて導き出される価格にあることは、改めて指摘するまでもない。市場における需給の均衡値であるこの価格こそは、財・サービス、資源の評価を人間社会的関係の中で著しく抽象化された指標に他ならない。そこに一つの制約があるとはいえ、そのことを通じ投入・産出関係に比較明示する手段を与えていることにおいて、大きな役割を担っていることは間違いない。何れにしても、費用因子が地域選択の指標として機能する過程は、地域という場の特性がもたらす付加価値産出を、可能な限り効果的に実現するという要求充足への評価基準としてあることである。実際、それが、大きくグローバルな領域に拡がる地域間経済への展開にモチベーションを与えてきたことを、理解しておくことも重要なのである。

第2節　地域社会の形成と交通条件

　人間社会は、諸因子を通じて地域の選択が行われていくことになるが、それが機能化していくためには、移動能力を保障する交通条件の如何が、まず、第一に浮上してくる。交通能力が他の因子の現実化への度合いを規定する基礎因子であり、地域活性ダイナミズムの第一次的条件であることは当然のこととして、それ故にこそ交通条件の選択には、地域社会形成への現実的方向性を展望する基礎設計への意識がなければならない。とは言え、交通手段の能力自身が社会形成の諸段階と共に変化していく過程で、社会形成に新たな規制因子として作用していくことも注視しなければならない。それは、交通システムが物理的、技術的側面に強く傾斜して規制力を示すという事実、交通の連続性、標準化、普遍性など、そして長期・大規模な投資が避けられないこと、等々、基礎

第7章　地域社会における交通システムの方向性

施設としての地域社会形成における影響力は決定的だからである。地域選択における現実的規制力としての交通因子は、そうした位置付けにあることを理解しておく必要がある。

　第2に、前述のように、地域は、社会形成の過程で様々な立地因子の選択と集積が行われ続け、それが時間的経過の中で、正に歴史性に特徴づけられた有機的コンプレックスとして存在しているということである。それが、全て何らかの形で交通過程を経て実現されているというこの事実を考えれば、改めて地域社会における交通因子の重要性が理解される。重要なことは、地域社会における交通システムが、様々な目的、組み合わせの中で多様なシステムとして機能し、更に、それを主導する社会の意識選択が重層し、時代に相応したサステナビリティの実現が期待されているということである[4]。

　このことは、交通システムがどのような基軸に基づくものであるにせよ、その社会の基礎施設として有機的にネットワーク化されていなければならないという、事実の認識が不可欠であることを意味している。実際、日常生活において最も多く用いられるシステムの形態は私的交通システムであり、他の交通システムは、それとの有機的な接合があって初めて有効な交通システムとして機能する。地域選択の基礎因子としてある交通因子の評価視点は、正に、この交通システムにおける有機的な接合性の中に実現される効果的なネットワーク性にあるということ、このことにある。

　第3には、地域社会形成の過程で交通投資の持つ意味は、二つの意味を持っている、一つは、地域社会の交通需要に応ずる交通サービスの生産・供給を行うという基本的な役割にあることは、言うまでもない。それが、地域の社会形成を基礎的に方向付けていくことは、たびたび指摘してきた通りである。しかし、交通システムは価値実現の実体化を目的とする手段としてあるという位置付けからして、その地域に交通需要が発生する条件が低ければ、極めて非効率な投資対象としての存在でしかなくなる。問題は、社会が形成されていくということは、交通需要が持続的に増大していくための経済的動因がなければなら

137

ないということである。それを最も効果的に導出するのが交通投資であることは、多くの地域経済史が例証しているところである。それは、交通投資が地域社会形成の主導的な経済投資として、多様な有効需要を創出するという事実に由来している[5]。

　実際、近代社会の成立は、産業革命を通じて実現されてきた技術革新に負うて生み出されてきた生産・供給手段の持続的な発達が、多方面に応用されることによって実現されてきた。この展開の中で顕著な効果、特に経済成長初期段階での交通投資がもたらしてきた乗数効果は、建設に関連する諸産業の多くがその後の経済成長を支える基幹産業として機能すると共に、地域社会発展に大きく切っ掛けを与えてきたことは、よく知られているところである。この産業連関関係は、地域経済の持続的成長の離陸（take-off）の要として、正に主導的役割を果たしてきた。交通システムの形成によってもたらされる流通条件の向上と地域産業の発達は、地域社会成長の基盤条件であるあることは論を俟たない。その意味において、交通投資は、地域社会形成にとって戦略的投資としての意味を持っていることが理解される[6]。

　第4に、地域社会は、そこに集積される諸因子の相乗効果による成長、発展の持続性が期待されている。物理的・技術的条件に強く規制される交通システムにあっては、先行的には、地域交通サービスの生産・供給能力の向上に努力が払われていくが、自ずから限界に直面して、何れ新たな方策が必要になる。多くの場合、まず、採られる処方箋は空間的な広がりに求めていく方法である。その一つは、2次元的な広がりを求めて郊外から、更には地域間関係へと進めていく方向であり、他は、地域の高度利用化を求めて高層化、地下化といった3次元的空間への展開がある。今日、見られる都市発展の経緯は、正に、この選択の中に集積の利益の有効化を高めてきた歴史にあると言ってよい。国際化、グローバル化が進む時代にあって、拠点都市、中核都市と言われる大都市圏の発達が、そうした形態のほぼ類似した歴史を辿ってきたことは、よく知られているところである。

第7章 地域社会における交通システムの方向性

　問題は、この選択が空間的な広がりの中に成長の持続性を期待しており、内部課題を外部化するという次善的な選択に依存しているところにある。大都市の郊外から周辺広域地域に渡るスプロール現象は、都市地域問題の安易な拡散として指摘されてきたことは周知の通りである。こうした現象は、ひとり個別地域の問題としてあるだけではなく、より広く国際社会における格差問題等となって象徴的に現われてくることでもある。

　地域社会の多くは、その成長過程において自己完結的循環性を自立化することが難しく、域外地域への外部化という形で問題の回避選択をしてきた歴史を残している。殊に、成長戦略における市場メカニズムの機能化は、利益追求の自由度向上という点で最も効果的に有効化されるということにおいて、交通投資が市場拡大の効率的梃子として積極的に行われてきたことは間違いない。その意味で経済の先進地域とは、正に、交通システムへの投資が積極的行われてきた地域であると言って差し支えない。むろん、この外部化は負の側面ばかりでないことは言うまでもない。むしろ多くの場合、集積の利益拡散による波及効果に期待するところが少なくない。それ故にこそ、地域社会の成長には、広域化、地域間関係の拡大という処方箋が積極的に採られてきたのである。

　第5に、こうした問題は、地域社会の形成、成長に対応し得る能力の問題として提出されてくる課題に他ならないということである。何らかの立地因子の存在を契機として選択された地域に、社会が形成されていく過程で、様々な人為的行為が投入されることによって、それぞれに固有の地域社会が成長する。むろん、他の地域における事例を参考、導入するという研究・学習型選択が頻繁に行われることによって、地域間に相似、類似性を持ちつつ、しかし、一方で、地域の諸特性が社会に固有性を与えていくという展開を示していることも注視しなければならない。こうした関係の中で、地域社会の成長限界を地域の拡大、地域間社会の形成という処方箋に依拠して、サステナビリティを実現するという歴史を辿ってきたことになる。交通投資が成長への戦略性をもって行われてきた主たる理由がここにあり、国際化、グローバル化といった動きも、

139

この系譜の中にある展開と言ってよい。その意味では、交通投資は、最も効果・効率的な地域開発力を持つ投資ということになる[7]。

　この選択は、しかし、地域社会の自律的サステナビリティ実現への努力を広域化の中に代替させて、課題の拡散という現象を引き起こし兼ねない。その流れが国際化から更にグローバルな規模にまで展開する時代になって、この手法が、一つの大きな限界に直面することになったとも言える。地球環境の問題である。今日の地域社会は、単に局部的な地理的空間の中だけで完結し得る存在ではあり得ない。この問題は、そのことを端的に明らかにしている。言い換えれば、地域社会のサステナビリティを地域の自律的循環性促進を通じて、より地域完結性の向上を図ることが、必要な段階にあるということに他ならない。こうした新たな時代の社会認識は、地域社会の基礎である交通システムの在り方に対する処方箋の変更を余儀なくさせる[8]。

　交通投資は、単に地域社会成長への簡易な戦略投資という位置付けではなく、自律完結性のより高い循環型地域社会への展望を担ったシステム形成であることが期待されているのである。そこでは、地域社会における交通需要構造をよく見極めた上での、需給均衡性を注意深く考慮したサステナビリティが、システム形成の基本論理にならなければならないはずである。総じて供給側面指向性の強いシステム形成にあって、地域の生産・生計能力の限界を視野に入れ、地域マネジメント、需要制御性を意識した交通システムの構築が求められているのである。

　第6には、既に明らかなように、地域社会は、現在という時点における人間の単なる集合体としてある訳ではないことである。その地域と社会が時間経過と共に織りなす歴史性の中に、有機的コンプレックスとしてのダイナミズムをもって展開している。しかも、それは、あらゆる意味において人・物・情報の移動という交通過程の現象でもあるという事実である。そして、この中に新たな課題に対処する処方箋を組み込むことが、地域社会のサステナビリティを確立する上で、不可欠な要件になっているということである。そこでは、生存・

第7章　地域社会における交通システムの方向性

生活の向上が様々な手法で行われてきており、殊に経済的視点から資源利用の効率化が強く意識されて、市場メカニズムへの意識が大きく開花し社会の広域化を主導してきた。そして、交通投資がそれを効果的に実現する先行投資として鍵になってきたことは、たびたび指摘してきた通りである。

　それを新たな視点からする地域社会構築を方向付ける交通システムの在り方は、交通需要側面からの分析が、より強く意識されたシステム形成に指向されたものでなければならない。そこでは、個別端末需要においては無論のこと、需要対応の中心が私的交通システムにあって、他の交通システムもそれとの有機的整合の上に、効果的な地域交通システムが実現されるということを強く意識していなければならない。地域社会の成長、発展は、そこに集積する諸因子の活性、相乗効果を引き起こすインセンティブに掛かっていること、そして、それを実現する手段として交通システムがあることは、疑う余地がない。その意味において、地域社会の在り方を方向付けるパラダイムの変化は、交通過程の選択に新たな指向性を与える。そこにおいて中心になる個別交通需要対応性に優れた交通システムの、地域社会サステナビリティ向上への有効性を高めることが、まず、求められることになる。この私的交通システム性の中に、地域社会の現実の姿が象徴的に反映されていくことに、地域交通における著しい特徴があるということ、このことを注視していかなければならない。

　そして、地域社会のサステナビリティが、今日的な課題である地球科学的なレベルの問題に有機的な整合関係を構築することの意義は、その課題の中心が資源利用の問題にあることに因る。それが地域社会という場で現実化するという点で、少なくとも次の二つの側面について現実的な処方箋の選択が必要である。一つは、地球科学的に非負荷的な資源循環型社会性であり、いま一つは、資源利用における経済性への再構築、この二点である。前者は、地域に社会が形成されていく過程では、もはや一地域の問題として独立した意識空間としてあるのではなく、グローバルな生存空間における有機的な一部分としてあることを強く意識している。そして、後者は、そうした新たな規範の下に地域社会

の未来を展望する時、地域に集積する諸因子の持つ有効性をより高め、より効率、効果的に利用し、かつ地域完結性を促進する手法の選択が求められていることを意味している。それは、言うまでもなく、地域社会における交通システムへの新たな要請でもある[9]。

第3節　地域社会における私的交通システムの位置付け

　先にも触れたように、地域社会において交通システムは、極めて広範な役割を担っている。それは、その地域に形成される社会の方向性を基礎づける位置付けにあること、したがって、地域社会の成長、発展過程それぞれにおいて特徴的に意識される側面と、地域社会において果たすべき共通の基本的役割が融合した存在としてあること、この認識がなければならない。地域社会の中で果たす私的交通システムの役割も、当然、こうした認識の上に考察されていかねばならない。

I　私的交通システムと地域交通

　人間社会が、一定の広がりを持った地域という場に展開する諸行動であり、それが、人、物、情報の場所的移動を通じて新たに生み出される位置の効用という価値空間の現象場であること、このことは、交通の現実的意味を端的に表している。この関係は、地域社会の成長、発展を基礎づける条件としての交通システムが、不可欠の存在として前提されていることを意味している。そして、それは、人間が生存するという原始的な要請を保障する手段として始まる最も原初的なシステム、私的交通システムに端を発している。人はそれ自体、この私的交通システムの能力を生得の生存手段として有している。その能力の範囲内において生存空間を拡げ、更に人間相互の協力関係によって、それをより広く強力な手段へと組織化することにより、成長、発展へのダイナミズムを構築

第 7 章　地域社会における交通システムの方向性

してきた。そうした歴史が示すところは、交通主体の意思が交通需要という形で実体化する過程で、私的交通システムの能力が、端末交通過程は無論のこと、他の交通システムが存在しない限りは、全交通過程を絶対的に規定するという事実である。このことは、交通体系全体の中に占める私的交通システムの意味というものを、改めて強力に示唆しているということになる。

　価値観の多様化する中で交通需要の個別化は着実に増大しており、これは、地域社会の成長、発展過程における共通の特徴と言ってよい。地域社会という社会活動において最も日常性の高い交通空間にあって、このことは、まず、最初に考察されねばならない課題である。

　地域は、人間の生存性を実体化する場であり、更には、そこで得られる利用可能な諸因子条件を通じてサステナビリティ向上の可能性を展望する接合空間としてもある。位置の選択とその広がりが、その可能性の大きさを規定しており、移動能力すなわち交通手段は、それを現実化する能力として存在している。この交通システムの役割が、まず、私的システムに発して、その延長線上に他の基軸による交通システムが起動する。その意味において、交通システムにあっては比重の差こそあれ、どの様な場合にあっても、この関係は基本的に変わることはない。したがって、その地域にある個別主体がその意思を交通需要として表わす端緒は、自身の能力が私的交通システムの展開として現れる過程にある。

　地域社会とは、正に、その過程が複合的に展開していく中で構築されていく有機的複合体そのものに他ならない。そして、そのダイナミズムは、個別主体それぞれの意思を実体化する原初的能力、私的交通システムにあることは、既に明らかなところである。言い換えれば、私的交通システムによって実体化されていく過程にこそ、個別主体の意思が強力に表現されているということ、これである。地域社会における諸課題の源泉は、この個別主体の意思と、それを実体化する私的交通の過程、この両者の関係に端を発していることを理解しておかねばならない。他の基軸に基づく交通システムの形成は、この延長線上に

あるということ共に、そこでは何らかの形で個別主体それぞれの意思とその私的交通システムが相互に接合、複合化することによって、新たな発展段階としての地域社会を形成していくということになる。

この一連の動きは、改めて地域社会における私的交通システムの存在を大きくクローズアップさせる。重要なことは、地域社会は、それを構成する諸個別主体にとって、それぞれの意思現実化の第一歩を記す場であり、更には相互の結び付きの中に、より密度の高い意思実現空間としてのサステナビリティを展望させる場であることである。これらの諸行動は、多くの場合、極めて個別性が高く、それを実体化するための第一次条件は、そうした特徴に対応するための交通システムの存在がなければならない。地域社会において、私的交通システム性が強く要請される理由がここにある。

II　個別交通需要対応性の実現

地域社会における交通需要個別性の多様化は、地域交通体系展開の方向性を示す鍵になっていることは間違いない。交通需要の個別性が、位置の違いという物理的な条件によって現実の中で強力に規定されているということにより、絶対的制約として存在しているということを想起しておかねばならない。このことは、交通問題における基本的制約であり、そもそも交通需要の発生が、交通対象における位置の差に基づく効用の変化を求める、個別交通主体の意思にあることを考えれば、当然のことと言わねばならない。言い換えれば、地域という極めて現実的な場が与えられた時、そこに展開される交通過程が、この基本的な課題にいかに対処していくかが、社会形成に大きな地域性を与えていくことになる。

地域社会とは、それを構成する個別主体の意思と行動によって形造られる社会空間である以上、その現われ方に特徴づけられるのは当然のことである。これを実体化する交通システムは、結局、地域社会において最も密度の高い交通システムによって、現実の課題が処方されていかなければならない。私的交通

第7章　地域社会における交通システムの方向性

システムとは、正に、その位置付けにある中心的存在に他ならない。

　この個別交通需要への対応性が、私的交通システムに凝縮されている以上、需要者自身がそうしたシステムを専有する度合いを高めようとする意識が、常に存在していることは間違いない。しかし、個別主体の現実における意思は、そうした範囲の交通能力を超えた行動空間を求めている。そのことは、交通需要の個別性如何に関わりなく、何らかの形でその能力を補完、発展させる交通条件の存在を期待せざるを得ない。他の基軸による交通システムへの要請は、ここに源を発している。言い換えれば、そうした新たな基軸による交通システムが、この要請から乖離した存在として在り続けることは出来ないということを予見している。殊に、地域社会という極めて日常性の高い交通空間にあっては、この要請を効果的に実現できる交通システムの形成が不可欠になっている。それが地域交通システムに求められる基本的課題であるということは、そこにある交通手段の保有、管理形態、経営主体、等々の如何に関らず、端末の個別交通需要に有機的に接合、充足する能力の如何が第一の課題としてあるということになる。

　今日の交通システムが、私的システム、公共性基準、市場メカニズムが基軸になり、それらが更に組み合わされて多様な交通ネットワークが形成されていることは、たびたび触れてきた通りである。これらの基軸に基づく交通システムが、地域社会の中で有効なシステムとして機能するためには、個別交通需要の充足にいかに自由度の高いレベルでネットワーク化されるかに掛っている。言い換えれば、交通需要のこの特徴への対応性、すなわち私的交通システム性への傾斜が、他の基軸交通システムの中にいかに組み込めるかに要点がある。ただ、それが公共性基準にあっては、地域交通需要に共通の課題に対処するという要件が、また、市場メカニズムによる交通システムにあっては、供給側面の利害がより強く加味されてくること、したがって、これらの成立条件が、個別交通需要充足の活性にどのように接合していくかが重要な課題になる。

　実際のところ、私的システムにしろ、他の基軸による交通システムにしろ、

交通サービスの生産・供給システムが、長期的には地域交通需要の展開に大きく方向性を与える一方、日常生活の短期的な需給関係の中では、多くの場合、需要傾斜的にならざるを得ない。言い換えれば、需要の個別性が求めるシステムの私的性を、地域交通システム構築にいかに効果的に組み込めるかが、強く要請されているということになる。交通の本質が現実問題として端的な形で表れてくるのが地域交通の特徴であって、こうした問題への対処は一様ではない。

　重要なことは、個別交通需要対応性において、私的交通システムが原初性において最も本源的であることは言うまでもないが、同時に、それは、他の基軸交通システムの持つ特性が、それに支援的に作動するように組織化されていかなければならない。そこに、個別交通需要対応性に著しく特化した私的交通システムの限界を克服する可能性が掛かっているからである。そして、特に、私的交通システムにおける生産・供給に関わる技術的・物理的限界、生産性、効率性、費用管理の問題、等々の経済性への課題は、私的システムを超えた視点を必要とする。加えて、地域は個別主体それぞれが独立に存在している訳ではなく、相互補完的に集積のメリットを実現していく過程で、個別の行動に対し集合の中に規制の有機化が行われていかなければならない。そこに地域社会の固有性が現れてくることは、先にも触れてきた通りであり、同時に、それは交通システムにおいて最も現実的な課題として現われて来る。

Ⅲ　交通システム基軸間の調整

　個別交通需要対応性への要請が顕著に現われる地域交通の場にあって、それが、私的交通システムによって始まることは当然のこととして、その能力の限界に対しては、他の基軸による交通システムの形成が求められる。公共性基準、市場メカニズムであり、更には、基軸複合型のシステムも現実化してくる。

　(1) 公共性基準　何らかの形で集団・統合的に組織化することへの意識は、地域社会形成過程において、発生史的な課題として存在してきたと言ってよい。その選択は、様々な問題を生みながらも、今日に至る人間社会の成長、発展に

第7章　地域社会における交通システムの方向性

寄与してきたことも間違いはない。周知のように、近代市民社会の成立を契機として、公共性への関心は、社会形成の基本的パラダイムとして広く認知されるようになってきた。この基軸が交通システム形成の基軸として地域社会に適用させていくアプローチは、大きく分ければ二つの側面から成る。

　一つは、交通需要が集中する主要交通路を、公共交通システムによって集合的に対処しようとする接近である。私的交通システムでは限界があり、また、それに委ねることでは望ましい対応が行えない領域の交通需要に対処する目的、更には、量産性を軸に規模の経済を指向し、また費用対効果の向上を目指して地域社会への波及効果をも期待する側面がある。地域社会における公共交通機関と言われるものの多くは、こうした役割に焦点が合わされたものと言ってよい。

　今一つは、地域全体の方向性を大きく総合的にデザインして、交通システムの役割をそのインフラストラクチュア、地域社会共通の基礎施設として位置付けていくアプローチである。この場合、交通ネットワークへの手段は、地域社会形成の絶対的基礎として交通システムを公共財としての位置付けに置き、公共性基準に交通の基礎をおいて構築していくという極めて明確な選択をしていく場合、更には、その目的を役割と需給構造に応じて諸基軸を複合分担的に実現していこうとする場合と、そのレベル間で種々の現実的選択が行われていくことになる。

　地域社会における交通システムに対する認識は、自由度の高い社会的共通需要にも対応した社会的基礎施設としての位置付けに焦点が当てられる。ただ、交通需要は、どの様な場合にあっても場所（位置）と時間の両因子を核に何らかの形で違いがあるため、共通性もある程度の幅を持ったものであることを理解しておかなければならない。当然のことながら、定型、画一的な交通サービスの生産・供給では、地域社会の要請には応えられない。

　交通における公共性基準とは、地域社会における交通条件をより高いレベルで需要の共通性に焦点を当てながら、社会共通の基礎的課題として可及的に交通権を保障することにある。この場合、実際の交通需要が共通性の中で集合的

に対処できるケースが想定されがちであるが、それは当該交通需要を構成する一部分であり、交通過程全体は複数の異なる交通サービスの連続的な需給から成り立っていることを考えなければならない。地域社会の構成者である個別主体、すなわち交通需要者にとっては、交通過程で発生する交通需要は全て等価であり、価値実現過程の役割において差はない。その意味で、地域社会において交通の公共性への位置付けは、特定の交通需要を対象にした概念ではないということを確認しておかなければならない。このことは同時に、地域全体の交通システムが、この課題に共に関わっていることの理解が必要なのである。

(2) 市場メカニズム　個別性が顕著に現われ集積する地域社会にあって、基礎施設である交通システムを社会全体というマクロ的視野から補償しようとする意識は、今日の社会思潮からは最も合意を得やすい選択である。その意味で公共性基準は、そうした意識を端的に表した処方概念に他ならない。しかし、一方で、そうした選択は、供給側面に課題を集積させる傾向が強く現われ易い。殊に、それは費用負担の問題に強く収斂して現れることが多いことは、よく知られている。言い換えれば、交通の必需性が交通システム投資、管理における費用意識に先行して優先され、こうした問題への意識が後回しにされるという構図である。交通関係に関わらず公共領域ではよく見られる構図で、負担の責任問題が集団の中で分散、間接化する中で発生しがちな現象であると言ってよい。現実には、そうした任務を社会の付託を受けて中心的に担う公的機関の責任として、例えば象徴的には「政府の失敗」として追及，指摘されることが多いが、背景には未成熟な市民社会の選択があるということも考えておく必要がある。

　この問題に対するに一つの処方としては、負担の問題を改めて個別主体の需要選択における相対判断に委ねるという原点に戻って、資源利用のより効率・効果的な実現を求めることである。市場メカニズムを第3の基軸として地域交通システムに導入することの意味は、正にこの原点に目を向け、地域全体に資源配分の適正化を図ろうとする選択に他ならない。問題は、地域社会形成の絶

第7章　地域社会における交通システムの方向性

対的基礎条件である交通システムは、それ自体がその課題を達成するための手段としてあり、しかも、それへの資源投資における不確実性が避けられない以上、資源非効率回避には自ずから限界があるということである。そうした限界を理解しつつ、市場メカニズムにおける需給均衡への双方向性を交通システムに組み込もうとする意識は、地域交通マネジメントに新たな方向性を与えるものと言える。

　むろん、生存、生活の上で交通の基礎性は絶対的であり、他の分野に比べ市場メカニズムにおける均衡選択が必ずしも効果的に機能するとは限らない。むしろ、ある時期までは、市場メカニズムが最も作動しにくい「市場の失敗」の事例として挙げられてきた。それは、主として技術的、物理的条件に由来して、その背景下に私的選択と公共性基準に管理の主軸が置かれてきたことは周知の通りである。しかし、こうした制約条件に対しては、種々の工夫が提案され、ある条件が整えられれば、市場機能の有効化が可能であるといった所論が展開されるようになってきた[10]。特に技術的、物理的条件の急速な変化の中でシステム形成の多様化が進んできたことが、障壁を低くさせてきた原因になっている。更に、私的交通システムの領域における費用意識の向上が、それに大きく反響していることも見逃してはならない[11]。

　価値観の多様化、社会空間の急速な広がりの中で交通需要の多様化、肥大化は顕著であり、交通システムにおける費用意識は急速に表面化してきた。交通投資の増大は、そのメリットと共に、一方で不確実性の不利益を増大させることにもなり、資源非効率の問題は、改めて費用管理の重要さを喚起させることになったのである。ある交通対象の利用に掛る資源投入量は、距離、時間、不確実性の増大に比例して拡大する。グローバル時代の到来が叫ばれる時代にあって、このことが現実的課題として認識され始めているのである。特に市場競争の激化からは、好むと好まざるとに拘らず喫緊の課題として、企業経営の主役に躍り出て来ていると言ってよい[12]。

　この問題を地域社会を対象に市場メカニズムの適応性を検討していくと、単

に交通サービス供給における交通市場の問題として考察するだけでは、不十分であることに気付かされる。それは、地域における交通需要の中心が、著しく個別性の高い私的交通システム対応性の需要から成り立っているという事実に由来する。そのことは、市場メカニズムが効果的に機能するためには、この個別交通需要充足に対応したアプローチの工夫が不可欠であるということを意味している。

　一般に、市場への参入動機は、そこで流通する財・サービスの取り扱いを通じて出来る限り効率的に利益を獲得する可能性にあり、その条件が減衰すれば急速に市場から離脱していくことになる。実際、地域社会に形成される交通市場は、需要に関わる諸条件、市場の規模、他の交通システムとの分担関係、交通行政、等々の条件に強く規制され、事業経営を持続的に安定させることは必ずしも容易ではない。その条件下に成立する交通市場は自ずから限界があり、この部分における市場メカニズムの効果は限定的である。こうした限界は、別の視点から市場の有効性を地域交通システム全体の中で考察するという、新たな可能性を切り開かせていく。先に触れたように、地域社会の交通需要の個別性に対応する能力の中心が私的システムにある以上、これに寄与する形で市場メカニズムを機能化させる工夫が必要なのである。そこでのポイントは、交通サービス生産要素供給市場の私的交通システム支援型の展開如何に掛かっていると言ってよい。

　交通における市場メカニズムの機能化が、交通サービスと交通サービス生産要素の二対象に分かれて展開していることは、たびたび指摘してきた通りである。そして、交通市場の成長、発展の大きな条件に、生産要素市場の成長があることも触れてきた。正に、ここに市場メカニズムの交通分野への切り口があり、地域社会における交通条件に最も適合的に作動する側面と言えよう。それは、交通サービスが移動行為という極めて単純な行為であり、基本的には交通サービスの生産・供給におけるシステム代替性は小さくなく、それぞれの分野を通じて形成された関連部門の交通システム間共通利用化は、容易に起こり易

いということがある。市場メカニズムの有効化が、交通サービスを対象にする場面より、遥かに広範、効果的に展開し得ることを強く示唆していると言えよう。その意味では「市場の失敗」を起こす領域というのはそれほど広範なものではなく、むしろ、交通サービス生産要素市場が各基軸交通システムの分野にいかに効果的、支援的に接合していくかに鍵があるというべきであろう。

第4節　地域交通マネジメントと交通システムの調整

　地域社会における交通過程は、日常、現実の生活，生計の過程そのものであり、個別交通需要が交通システムの連続的なネットワークの中で充足され、固有の社会空間を形成していく。重要なことは、そこにおける交通システムは、基軸の如何に拘らず、極めて個別性の高い交通需要に対処したシステムであることが、強く求められていることである。この個別交通需要対応性は交通システム形成への基礎的な要請であり、地域社会においてはその特徴がより顕著に現われて、地域交通システムの方向性を強く規定していく。

I　地域交通マネジメントと私的交通システム

　地域社会における交通条件をマネジメントしようとする手法は、地域社会の在り方、方向性に何らかの形で指向性を与えようとする意思の選択に他ならない。このことは、地域社会における多様な意思、価値観を現実の場にどのように反映させるかという、極めて難しい問題を明らかにしていかなければならない課題に直面することを意味している。市民社会成立へのモチベーションが成員個別主体の可及的自由に源を発している以上、地域社会の在り方に規制が介入することへの忌避意識は強い。したがって、地域交通をマネジメントすることの必要性に社会的合意を得るためには、何らかの明確な共通する課題、動機が存在すること、そして、それに対して合意し得る処方箋が提示されている必

要がある。

　一般にマネジメントの手法は、需要側面と供給側面の異なる意思をマネジメント主体者の意思に適合的に調整、企画して、未来展望を得ることに要点がある。しかも、交通は極めて日常的な行為に他ならないから、それらの意思も常に変動する流動性を持っている。現実のマネジメントは、そうした交通における基本的な特性を考慮して、多角的な視野からアプローチする弾力的な対応が求められてくる。そして、市民社会における基礎的基本的人権である交通権が、最も顕著に行使、現実化する場である以上、硬直的な手法の選択は避けなければならない。こうした諸条件を考慮しながらマネジメントを実施していく過程は、まず、供給側面からの接近が中心になって行われてきたことは周知の通りである。

　地域社会に供給投資に余裕があれば、こうした選択は最も受け入れられ易い手立てとして実施される。実際、地域経済振興策の最も一般的な手法として多くの地域で採られてきており、それは、更に地域間社会から国民経済、国際経済社会への展開の基礎モデルになってきた。市場経済の展開がそれを強力に促進してきたことも事実である。何れにしても、今や地域社会の交通問題は、新たな時代の巨視的な課題を取り込んだ対策が求められており、それが、バランスのとれた循環型社会の実現というパラダイム基軸として登壇して来たのである。そして、そこでは、いま一つの側面である交通需要マネジメント（Transportation Demand Management, TDM）の問題が重要性を高めてくることになる[13]。

　このパラダイムを上位の基準として、その傘下に地域社会のサステナビリティを実現していくために、地域交通システムが条件をクリアしていく処方箋は、諸基軸横断的で、かつ需給均衡性を追求する複合的なものでなければならない。その中で私的交通システムは、単に個別交通需要対応性におけるメリットだけではなく、パラダイムへの適合性を追求していかなければならない。そして、この問題の主因が資源利用の在り方に掛かっている以上、私的交通システムは、資源利用の効率・効果的な手立てを通じて、個別交通需要対応性とい

第 7 章　地域社会における交通システムの方向性

う基本的要請を可及的に実現し得ることを目指したものでなければならない。

　地域交通マネジメントが需給両側面から総合的にアプローチされなければならない理由がそこにある。それは、一連の交通過程をマネジメントするということであり、交通需要の発生、すなわち地域社会全体を一つの有機的な生存・生活空間として、地球環境整合的な循環型社会への基礎的なマネジメントを展望するものに他ならないからである[14]。

　交通過程における資源利用問題への接近は、資源展開における二元性に焦点が合わされることは、既に触れてきた通りである。交通対象化資源と交通システム化資源の二元系統であり、私的交通システムにおいても、この課題への対処は、この条件の中で検討していかねばならない。求められる方向性は、この条件下に「交通対象化資源／交通システム化資源」比の最適化であり、全資源の効率・効果性の向上、環境負荷の最小化を通じて循環型社会の実現に貢献するものでなければならない。この場合、私的交通システムの個別交通需要対応性における利便性実現は、単に私的システムのみの方法だけではなく、基軸横断的なシステム形成の中で、より効果的に対処していくことが欠かせない。そのためには、地域社会における交通ネットワークの中に、私的交通システムの求める個別交通需要対応性が、いかに効果的に組織化できるかに掛かってくる。

　その一つの手法として、市場メカニズムを応用的に導入する方法が講じられつつある。この場合の最大の課題は、交通需要が市場メカニズムに望ましい形で対応し得るとは限らないことである。市場メカニズムの資源効率化選択による排除性は、市民社会における基礎的基本的人権である交通権との整合には、限界があることを意味している。ただ、市場メカニズムは交通市場という形だけでなく、むしろ交通サービス生産要素の領域でより効果的に機能させ得るということは既述の通りであり、幅広い視野からの導入アプローチが必要であることを意味している。

Ⅱ　交通システムの調整と地域社会

　私的交通システムに関連して、地域社会における交通システム調整の問題は、社会のパラダイムが直接的に反映される交通過程の問題として、日常的に絡む様々な問題に対処しなければならないという難しい課題に直面する。システム間ネットワークの中に私的交通システムの要請をいかにして社会の中に位置付けるか、この問題は、地域社会の在り方が、より主体的に再構築され、そこにサステナビリティの向上が期待されていくという構図の中にある。そこでの要点は、地域社会諸要素のより効果的な結合を実現することを通じて、「ネットワークの経済」の促進がいかに図られるかに掛かっている。そのことは、多様な要素間の結合が重層的に密度を高めて、社会的資源としての人、物、情報の移動の自由が可及的に実現されていくことの必要性を示唆している。

　まさしく、地域社会とは、交通過程を通じたネットワーク関係の中に「集積の利益」追求にインセンティブを見出し、一定の歴史性を持って固有の生活空間を形造る有機的存在であると言うことが出来る。この過程で一般的傾向として、交通需要は個別性をより一層高めて、交通システムに対しそれへの対応を強く求めていくことになる。地域社会は、狭い一領域の資源利用に留まる訳ではなく、地域間関係が組み込まれた形で考察しなければならないところに難しさがある。こうしたことを含めて、地域社会における交通システムの調整問題に対しては、少なくとも次のような諸点を配慮、検討していかねばならない。

　第1には、地域社会が活動の核となる存在であるということにおいて、個別主体の意思が効果的に実現できる自由度のある交通システムの構築に、焦点が合わされていることである。これは、まさしく個別交通需要対応性にいかに対処していくかの問題に掛かっており、その意味において、交通システムの原初的・基本的形態である私的交通システムにこそ見出され、交通需要の諸特性を有効に実現する有機的な総合性が期待されている。

　第2に、地域社会は、集積とネットワークを鍵として成長、発展を展望している社会集団であること。したがって、その関係が可及的に持続するような処

第7章 地域社会における交通システムの方向性

方箋の選択が、地域社会成員の意思と合意を通じて行われるためのシステムが、組織化されていなければならない。交通システムがその過程にどのように組み込まれていくかが、交通システム調整の評価基準を提供する。

　第3に、そうした関係の中で交通システム基軸間の調整は、その核に私的交通システムがあるという認識に立って、他の基軸がそれとの関係において補完的である場合、また、代替的、競争的にと異なった展開をする場合、そして、それは、どのような基準で許容されるべきかの判断が求められてくる。少なくとも、その基準が、地域社会の持続的発展、サステナビリティに抵触するようなものであってはならない。

　第4に、交通システムは、地域社会のサステナビリティ実現のための共通の基礎条件であり、同時に、それは、その社会における資源利用の第一次的配分条件に関わってくる。交通対象化資源と交通システム化資源間の配分の問題である。この関係の中で、地域資源の効果的な利用をサステナブルに実現していくための処方箋を選択していかなければならない。特に、資源非効率を伴い易い交通システムへの投資、マネジメントは、この問題の難しさを強く示唆している。殊に価値観の多様化が進む今日、交通需要の個別化増大は避けられず、複雑化が進行する中での課題であり、この問題に対する地域社会成員の意思が広く共有され、合意実現への手続きが公正に準備されている必要がある。

　第5に、この問題は、地域社会の方向性を大きく規定する課題であり、交通システムの供給側面からは無論のこと、より社会的な課題として、改めて需要側面からのアプローチにも強く焦点が当てられなければならない。現実に発生する諸活動が、あらゆる意味において個別交通需要として現れてくること、その局面を交通システム調整に反映させていくために、交通需要調整は、地域交通における難しい課題として提示されている。交通需要マネジメントは、その意味において需要の諸特性を考慮して、多様な手法があり得ることを理解しておかねばならない[15]。

　第6に、私的交通システムの位置付けがこの問題の核になっていることは、

たびたび指摘してきた通りであるが、その行動を何らかの方法によって調整の枠組に組み込む場合の基準設定の難しさがある。特に、調整手法、参加の自由度如何の問題は、当該社会の諸活動全てに強い規制力を示し、長期的には、大きく地域社会の様相を規定することになる。ここでも、明白な基準は、個別主体の行動が社会的厚生を悪化させないという枠組みの中で、社会的費用は原因者によって補償され、その範囲内で、私的交通システムの自由度を地域社会全体のネットワークに整合させていくという関係である。他の基軸に基づく交通システムも、この関係の中で、地域社会のサステナビリティ、持続的発展に寄与する有機性を実現する方向性を持って調整されていかねばならない。

注

（1） 金本良嗣『都市経済学』東洋経済新報社、1997年、pp.11〜17。
（2） 今野修平「地域活性化からの交通への期待と課題」、日本交通学会『交通学研究』1990年研究年報〔34〕、1991年3月、pp.15〜25。
（3） 生田保夫『〔改訂版〕交通学の視点』流通経済大学出版会、2004年、pp.217〜220。
（4） 髙橋愛典『地域交通政策の新展開』白桃書房、2006年、第9章。
（5） 奥野正寛・篠原総一・金本良嗣 編『交通政策の経済学』日本経済新聞社、1989年、pp.81〜86。生田保夫『前掲書』、pp.203〜204。
（6） Rostow, W.W., *The Stages of Economic Growth, A Non-Communist Manifesto*, Cambridge University Press, 1960. 木村健康・久保まち子・村上泰亮 共訳『経済成長の諸段階』ダイヤモンド社、昭和37年、第4、5章。今野源八郎『アメリカ道路交通発達論』東京大学出版会、1959年、第二編。生田保夫『アメリカ国民経済の生成と鉄道建設』泉文堂、昭和55年、第8、10章。Hirschman, A.O., *The Strategy of Economic Development*, Yale Univ. Press, 1958. 麻田四朗 訳『経済発展の戦略』厳松堂出版、昭和36年、第6章。Berechman, Joseph, *The Evaluation of Transportation Investment Projects*, Routledge, NY, 2009, chap.13.
（7） 西村 弘「都市経済の変貌と都市交通・都市環境」、日本交通学会『交通学研究』2000年研究年報〔44〕、2001年3月、pp.11〜20。
（8） 太田和博・加藤一誠・小島克巳『交通の産業連関分析』日本評論社、2006年、

第 7 章　地域社会における交通システムの方向性

第 1 部。植田和弘・森田 朗・大西 隆・神野直彦・苅谷剛彦・大沢真理 編『持続可能な地域社会のデザイン』有斐閣、2004年、第 6 章。中村健一「低炭素都市と都市・地域総合交通戦略」、運輸調査局『運輸と経済』第71巻第 3 号〔765〕、2011年 3 月、pp.34～41。
(9)　衛藤卓也「「地域と交通」への政策哲学」、日本交通学会『交通学研究』1990年研究年報〔34〕、1991年 3 月、pp.1～13。中村英夫・林 良嗣・宮本和明 編訳著『都市交通と環境』運輸政策研究機構、2004年、第 1 章。時政勗・藪田雅弘・今泉博国・有吉範敏 編『環境と資源の経済学』勁草書房 2007年、第16章。佐無田光「地球環境保全と都市経済―米国サステイナブル地域の動向」、日本地域開発センター『地域開発』Vol.522, 2008.3、pp.14～19。
(10)　小淵洋一『現代の交通経済学』〈第 2 版〉中央経済社、平成 5 年、pp.150～151。土井正幸・坂下 昇『交通経済学』東洋経済、2002年、pp.139～140。奥野正寛・篠原総一・金本良嗣 編『前掲書』、第 3 、 4 章。
(11)　山内弘隆・竹内健蔵『交通経済学』有斐閣、2002年、第 1 章。竹内健蔵『交通経済学入門』有斐閣、2008年、pp.16～26, 204～207。杉山武彦 監修『交通市場と社会資本の経済学』有斐閣、2010年、pp.4～8, 24～26。
(12)　阿保栄司『ロジスティクスの基礎』税務経理協会、1998年、第 9 章。同『サプライチェーンの時代』同友館、1998年、第 5 章。アンダーセン コンサルティング、ジョン・ガトーナ 編、前田健蔵・田村誠一 訳『サプライチェーン戦略』東洋経済新報社、1999年、第 1 、 2 章。宮下國生『日本経済のロジスティクス革新力』千倉書房、2011年、第 1 章。An, Chae and Hansjörg Fromm ed., *Supply Chain Management on Demand, Strategies, Technologies, Applications*, Springer-Verlag, Berlin, 2005, chap.10. Chopra, Sunil and Peter Meindl, *Supply Chain Management, Strategy, Planning and Operation*, Pearson Prentice Hall, NJ, 2007, chap.1, 2, 6, 9. Fawcett, Stanley E., Lisa M. Ellram and Jeffrey A. Ogden, *Supply Chain Management, From Vision to Implementation*, Pearson Prentice Hall, NJ, 2007, chap.1, 6. Leinbach, Thomas R., Cristina Capineri, *Globalized Freight Transport, Intermodality, E-Commerce, Logistics and Sustainability*, Edward Elgar, Cheltenham UK, 2007, chap.1, 7.
(13)　太田勝敏「交通マネージメントの概念と展開」、経済調査会『道路交通経済』No.59、1992年 4 月、pp.12～21。同「都市における自動車交通適正化政策の考察」、日本交通学会『交通学研究』1993年研究年報〔37〕、1994年 3 月、pp.45～53。経済調査会「特集・交通需要マネージメント」『道路交通経済』No.67、1994年 4 月。

飯田恭敬 監修、北村隆一 編『情報化時代の都市交通計画』、第4章第1、3節。大久保哲夫・松尾光芳 監修『現代の交通—環境・福祉・市場—』税務経理協会、2000年、pp.43〜51。丸茂 新 編著『都市交通のルネッサンス』御茶の水書房、2000年、第3章。山田浩之『交通混雑の経済分析—ロード・プライシング研究—』勁草書房、2001年、序章、第6、13章。Whittles, Martin J., *Urban Road Pricing: Public and Political Acceptability*, Ashgate Publishing Ltd., Aldershot, 2003, chap.2, 11. Santos, Georgina ed., *Road Pricing: Theory and Evidence*, Elsevier Ltd., Amsterdam, 2004, chap.1, 6. Ison, Stephen and Tom Rye ed., *The Implementation and Effectiveness of Transport Demand Management Measures*, Ashgate Publishing Ltd., England, 2008, chap.1.

(14) 小淵洋一『前掲書』、第9章第4節。同「道路混雑・環境問題と交通需要マネジメント政策」、日本交通学会『交通学研究』1995年研究年報〔39〕、1996年3月、pp.65〜75。交通工学研究会EST普及研究グループ『地球温暖化防止に向けた都市交通—対策効果算出法とESTの先進都市に学ぶ—』交通工学研究会、平成21年、第1、2章。

(15) 生田保夫『前掲書』、第8章第4節。小淵洋一「ロード・プライシング政策と市民の合意形成の方策」、日本交通学会『交通学研究』1998年研究年報〔42〕、1999年5月、pp.141〜150。岡田 啓「交通環境負荷軽減のための経済的手法の比較検討—ロードプライシングと燃料税—」、日本交通学会『前掲書』2001年研究年報〔45〕、2002年3月、pp.167〜176。室町泰徳「モビリティ・マネジメントと環境問題」、運輸調査局『運輸と経済』〔738〕第68第12号、2008年12月、pp.13〜19。太田和博「地域交通政策の意思決定における住民参加の意義と課題」、運輸調査局『運輸と経済』〔750〕第69巻第12号、2009年12月、pp.13〜19。文 世一『交通混雑の理論と政策』東洋経済新報社、2005年、第1章。

第8章

情報化の進展と交通システムの高度化
―高度情報化交通システム社会の形成と私的交通システム―

　人間社会の成長、発展は、行動範囲、時間空間への意識拡大、社会的諸条件の多様化と、諸側面に激しい変化をもたらし、それに伴って情報・情報化への要求が飛躍的な増大を見せている。そして、「情報化社会」という呼称は、そうした状況が進行する中で、情報が社会を大きく主導する時代の様相を象徴的に捉えたものに他ならない。人間社会が、元来、情報依存型社会であることは、文明史がよくその実相を証明しているところであるが、今日における情報への傾斜は、産業・経済に象徴されるグローバルな展開の中で高まる多様な要求に応え、様々な不確実性に対処していかなければならないことが背景にある。

　そうした中で行われていく莫大な交通投資は、資源利用における非効率の問題に大きく影を投げ掛ける課題として、この側面からも不確実性要因は増大している。正に、こうした状況は、情報先行型社会の時代を、交通学の側面からアプローチすることの必要性を強く示唆していると言えよう[1]。

第1節　交通システムにおける情報化の位置付け

　情報は、交通サービス生産要素の一つとして交通システム形成上、不可欠の要素であることは周知の通りである。その役割は、交通サービス生産・供給に

おける最重要の課題、個別交通需要対応性をいかに実現するかへの課題に大きく関わってくる。交通対象が価値実現過程である交通過程に入って来るには、事前に何らかの情報的準備がなされていなければならない。この条件は、その目的が明確になればなる程、より精度、密度の高い情報が必要になる、更に、このことは、距離、時間、複雑性の増大による不確実性の拡大によって拍車が掛けられ、情報および情報化の高度化は、社会の成長、発展に不可欠の先行要件として、大きく情報化社会という歴史的状況を創り出していると言えよう。言い換えれば、交通システムにおける情報条件の高度化とは、実体社会の多様なニーズに応じて、先験的確率向上の可及的実現を目指す社会の特徴を端的に反映した姿に他ならない。

I 情報主導型交通システムへの要請

　交通過程に対する情報の高度化要請は、社会環境の飛躍的な変化が進む時、好むと好まざるとに拘わらず必ず起こる現象であり、歴史の変革期に、たびたび経験してきたところである。

　今日、それが情報化社会と呼ばれる程に、人間社会を主導する要件として現われて来たところに、これまでの情報化要請とは異なる大きな特徴があると言える。情報の基本能力である不確実性への対応力が、より強く求められる社会状況下にあるということ、これである。交通過程において、それは、何よりも需給一体性の中に自己完結性を可及的に実現するシステム、私的交通システムの中に原点を見出し得ることを想起しなければならない。需給一体性とは、正に、情報が完全内部化されている状態を指しているからである。問題は、交通過程が拡大していく中で、そうした状況は急速に後退していくことになり、何らかの形で補償システムの構築が緊要の課題になってくる。それは情報条件の高度化に拠る外はなく、交通システムと交通過程の二側面に渡って行われていかなければならない。

第8章　情報化の進展と交通システムの高度化

(1) 交通システムの高度情報化

　交通システムは、交通サービス生産・供給のシステムとして、それを構成する生産要素が、交通需要に対応して過不足なく準備されなければならない。その中で情報要素の占める役割は、システムを個別交通需要に整合的に、かつ効果的に組織化していくための指標を与えることに要点がある。それを効率的に展開していくための核となる生産要素市場の広域化、多様化、高密度ネットワーク化を実現していくための条件は、システムを高度な情報と情報化に拠って先行的に構築していく以外に方法はない。それは、生産要素を効果的に作動させるためのインターフェイス能力如何に掛かっており、情報化効果の鍵になっている。

　実際、即時財である交通サービスの生産・供給にあっては、需要発生時におけるシステム能力が最も低い能力要素によって規定されるという不可避の条件がある以上、避けて通れない課題であり、需要条件の多様化は、その課題を更に難しくさせていくことになる。何れにしても、情報環境の高度化は、交通システムが不確実性の高い需給関係の中で大規模な資源投資が行われることの非効率に、効果的に対処していくための最も有効な方法であることは間違いない。「情報化の経済」が、最も期待されている領域の一つである[2]。

(2) 交通過程の情報化促進

　交通システムにおける情報の高度化は、そのままで直ちに交通過程の情報化促進に繋がる訳ではない。常に変化する現実の交通過程において、交通システムの諸要素を個別交通需要対応的に効果的に機能させていくためには、交通需要の特性、そこに投入される異種交通システム間の整合性、交通過程に外因的に作用してくる諸条件、等々、これらが連続的に有機化される情報コンプレックスの構築が欠かせない。こうした多側面に渡る情報の高度化は、各側面の情報の高度化を核として、相互の有機的な連携と共に、それらが需要の諸要請に効果的に対応してこそ、資源利用の高度化を通じて社会全体の厚生増大に結晶

161

化していくという目的に繋がっていくことになる。その意味において、交通過程の情報化は、距離、時間、複雑性の増す中で飛躍的に増大する不確実性と、それがもたらす資源利用非効率対策への大きな戦略的課題であることは明白である。

言い換えれば、交通過程の情報化促進とは、単に交通に関わる機能の高度化という範囲を遥かに超えて資源利用全体にわたる巨視的な課題としてあること、更には、交通過程が資源移動の現実の場としてあり、その連続性の中でグローバルな課題である地球環境の問題にまで発展するということを認識しなければならないのである。

II 交通システムと交通過程の情報接合

交通サービス生産・供給の一要素として存在する情報の位置付けの第一が、交通システムの役割、方向性を需要整合的にベクトル化するところにあることは、先に触れてきた通りである。これは、交通システムの持つハードウエア性を社会的に機能化させる基礎能力として、情報が交通システムの制御性を規定する存在としてあることを示している。言い換えれば、交通システムにとって情報とは、交通過程に参入して、個別交通需要の要求に応じ価値実現を図る一連の過程を主導する綜合力が、期待されている要素に他ならない。そこでの要諦が、交通システムと交通過程の有機的な接合にあること、そして、それが、連続、整合性を持って組織化されていかなければならないところに難しさがある。

第1は、交通システムにおけるシステム相互の問題である。交通システムが交通過程に参入する場合、他の交通システムとの間に情報レベル差がある場合には、システム能力全体が、下位情報レベルのシステムに強く規制されるということである。これは、交通過程の拡大に伴ってマイナス要因として急速に顕在化してくる問題であり、システム間情報レベルの規格・標準化が不可欠になってくる。実際、資源移動がグローバルに展開される時代にあって、交通過程の効率化、経済性向上は緊要の課題であり、情報の高度化は、その課題への最も効果的な手法と

第8章　情報化の進展と交通システムの高度化

して選択、実施に移されていることは周知の通りである⁽³⁾。

　第2に、交通システム間の情報整合は、需要の充足が同一交通システムで終えることが例外であることを考えれば、交通過程に入って来る複合システム間接合における、物理的、経済的条件向上の基礎要件であることは言うまでもない。問題は、それが交通過程に入って行く段階で、他の諸要素が新たな情報条件を加えてくることである。しかも、それが、位置と時間の変化の中で連続的に変化していくという交通問題において、最も難しい課題が絡んでくる。そして、その課題に対して先行的に効果が期待できる処方箋が、情報および情報化の向上にあることは，疑う余地がない。

　ここに他の諸要素の第一は需要条件に関わる問題であり、更に、需要の発生と共に始まる一連の交通過程で派生する種々の外部条件が、直接、間接に不確実性因子として作用してくる。むろん、ここでの優先課題は需要条件であるが、その個別性が交通システムの対応力に限界を与え、結局、多様なシステム形態に分化して相互補完的なネットワークで応じていく以外に方法は無くなる。交通における総合性とは、こうした関係の中で実現されていく概念なのである。その意味で、このネットワークを交通需要に対応、整合させていくためには、情報綜合が先行的に実現されていかなければならないということになる。

　第3に、交通過程があらゆる意味で現実の価値実現過程であるということから、そこには、様々な情報が参入、介入してくることになる。これらの情報を可及的に交通需要者の意図に沿うようにベクトル化しながら交通システムを制御し、更に環境負荷を抑制しながら社会的要請を図っていくことが求められる。こうしたことが情報化の中で先行的に行われていかなければならないから、その過程で様々な形で情報の質・量の高度化が求められることになる。実際、社会の成長、発展と共に進む交通過程の拡大、複雑化は、この情報条件の高度化なくして対処し得るものではなく、情報化のメリットが最も多元的に反映される場面になっている。当然、情報条件は連続的にこの高度化を実現しなければならず、その不連続、不整合は、交通過程の非効率、不確実性を増大させるこ

163

とになる[4]。これは、単に一時的な現象という訳ではなく、高い不確定性をもって容易に発生し得る可能性があり、安定した交通過程を実現していくためには情報条件サステナビリティのリスク・マネジメントが欠かせないということである。情報化社会とは、正に、こうしたことが社会共通の課題として浮かび上がっていることを、端的に表した社会状況に他ならない。

第2節　価値観の多様化と交通需要個別化への対応

　交通における情報条件が、急速にその重要性を増して来ているのは、人間社会の成長が距離と時間の増大、加えて著しい複雑化の進行と、こうした社会状況が広域化する中で、資源利用における効率、効果的な在り方が、より強く求められるようになっているからである。それは、地球環境問題が端的な例として挙げられるように、グローバルな課題への注目が急速に高まりつつあり、資源利用がその核としてあることへの認識が、深まって来たことに因るところが大きい。こうした極度に巨視的な課題から、一方では、市民社会意識の昂揚が、個々人、個別主体の多様な価値観が現実社会にダイナミックに反映されて、人、物、情報の空間的移動を飛躍的に増大させる時代を現出させつつあることである。それが、産業革命に始まる科学・技術の持続的進歩と、資本主義的思潮に後押しされた市場メカニズムに加速されて、幾何級数的な勢いで資源が人間社会の要求に応える方向でセットアップされてきたのである。その過程で浮かび上がってきた諸問題が、地球環境のサステナビリティこそが人間社会のサステナビリティを保障する基点であるということに気付かせ、その意識の急速な拡がりと共に、資源利用に新たな基準を提示することとなった。

I　価値観の多様化と情報・情報化の経済

　市民社会の成長は、個人の権利意識を大きく開花させ、多方面にわたる多彩

第8章　情報化の進展と交通システムの高度化

な活動を示す社会を現出させることとなった。現代とは、正に、そうした行動がグローバルに展開する時代として、人類史上、これまでにない様相を呈しつつある。それは、科学・技術の発展に支えられて自然環境の中に人間社会の持続的適合性を見出すべく、飽くなき追究を続けているという時代様相に他ならない。その行動は、地球資源の人間社会適合的再構成という極度に人類主体的な方向に特徴づけられた選択であり、それが、今、改めて再検討の必要に迫られているという、歴史的状況を迎えているのである。この状況は、まさしく今日の人間社会の在り方に対する強力な反証であり、その意味で新たなパラダイムの選択が求められているということでもある。

　価値観の多様化という正に市民社会における個々の自由意思の発想が、現実社会における活発な資源展開を引き起こし、交通過程の飛躍的拡大をもたらしている。それが資本主義的潮流に乗って加速されつつ市場メカニズムにより高度に機能化され、グローバルなレベルにまで進んで来ていることは周知の通りである。問題は、市場メカニズムという集団的意思決定システムによって方向付けられた資源展開が、膨大な交通投資を求めていること、そして、それが先に指摘してきた通り資源非効率性の高い投資であること、こうした点にある。言うならば、科学・技術の進歩を梃子にして、多様な要求が現実の姿となって現象化する過程で、交通過程に関わる膨大な投資が先行的に行われていくという構図が拡大しているということ、その中で資源効率の低下が急速に現実の問題として表面化し始めているということである。今日、急速に現実問題化してきている地球環境問題は、資源利用の観点からして、こうしたことと深く連動した課題としてあることは容易に理解されるところである。

　人間社会の歴史は、情報利用を梃子に弛まぬ欲求の実現に向けた努力の積み重ねの上に、持続的な発展を遂げてきた文明史そのものに他ならない。それが、18世紀後半に始まって今日に続く産業革命の中、科学・技術革新の飛躍的な発達に支えられた地球資源の人間社会機能化というアルゴリズムに求めてきたことは周知の通りである。この構図は膨大な情報を要求し、情報先行型の社会、

情報化社会を招来して現在があり、更に近未来社会の姿を仮想現実の中に構想している状況にある。そこでは、情報が社会の基礎施設として、その取扱いの如何が先験的に検証されながら、現実の社会はそこで設計されたプログラムにしたがって資源の再構成を行うという、情報主導型の社会が現出する。特に、経験試行・学習型の手法では資源非効率を起こし易い分野、部門では、この情報主導性の意義は大きい。

　交通部門は、正にこの種の典型的な部門であり、その意味で事前のシミュレーションの重要性が指摘されている。その場合、関連情報は、何れもが新たな交通システム形成への先行モデルを提示しているに過ぎないという限界を考慮すれば、未来構想的な意識の中に諸情報が関与し組織化されていくという展開を示すのは避けられない。言い換えれば、交通システム形成、交通過程とは、現実の実体行動として、常に新たな現在を創り出していく生活行為そのものに他ならず、何らかの不確実性下に晒されている存在なのである。

　このことは、改めて交通における情報、情報化の持つ意義を強く示唆しており、そこに更に多様性が加わることによって急増する不確定な諸条件に対処していくことが、資源利用における非効率抑制に最重要の課題として浮かび上がってくる。「情報・情報化の経済」の問題である。情報は、情報の発生源である情報対象自身において最大化する。したがって、情報を過不足なく伝達するには、情報対象自身をメディアとすることが望ましいということになるが、それには様々な制約があり却って不経済をもたらしかねない。そのため、情報化は、メディアの選択において資源利用の効率性を追求するという手法を採用してきた。情報の源である情報対象を何らかの手段で代意化し、蓋然性の領域でバーチャル・リアリティの精度を可能な限り高めていくという方法である。そこでは、情報の集積メリットが大きな役割を果たしてくることは言うまでもない。情報化社会とは、こうした諸関係が社会の基礎条件になりつつある社会ということなる。そして、交通過程は、正に、そうした情報による仮想現実が実体に現実遭遇する場面であり、そこに膨大な資源投入が行われて、人間社会

第8章　情報化の進展と交通システムの高度化

に新たな価値空間を現出させることになる[5]。

　価値観の多様化がもたらす交通需要個別化の上昇は、交通過程端末における分岐、複雑化を加速し、改めて私的交通システムの領域における諸課題を前面に押し出すこととなった。交通システムにおける資源非効率の問題は、グローバルに展開する経済活動の中で急速に顕在化しつつあるというマクロ的側面がある一方、他方では、この日常的な私的個別活動の中で培養されて、両者が連動して資源環境の悪化促進に拍車が掛かろうとしている。今や、人間社会のサステナビリティは、それ自身の自由な意思に委ねるという基準では保障され得ない課題であること、明らかにグローバル基準として、地球科学的条件を組み込んだ新たなパラダイムが期待されているという状況にある。それは、言うまでもなく、情報・情報化の更なる向上と共に、地球資源の利用絶対量を基礎に入れた評価基準の導入がなければならないことを強く示唆している。

Ⅱ　私的交通システム評価の多様化

　価値観の多様化がもたらす評価指標の多様化は、現実の場では端末交通過程において最も顕著にその影響が現れてくる。そこは、私的交通システムが主たる役割を担う交通過程としてあり、こうした状況の進行は、改めて交通過程再検討の必要性を示唆していると言える。この問題は、少なくとも次のような諸点を考慮に入れて検討していく必要がある。

(1) 交通過程は少なくともその端末においては、必ず私的交通システムに依存しなければならないという意味において、それがどのような形で確保されるのか。

(2) そうした条件を他の交通システムとの間にどのような方法で接合させていくのか。

(3) 端末交通過程が多様な需要条件に対応しなければならないということは、それに関わる全交通過程が、何らかの形でこの問題に対処していかなければならないことを意味している。この交通過程全体の対応能力を、どのよ

うな方法で実現していくのかの問題。
(4) このことは、資源利用における非効率の問題を更に助長しかねない問題として、交通需要増大の傾向が強まる中で、それが資源環境の悪化、地球環境負荷の増大をもたらさないための条件を明らかにしていく必要がある。
(5) 言うまでもなく、交通需要の多様化は、人間社会の自由度の高まりを示す現象でもあり、それを何らかの方法で制御する必要が発生するということは、その自由度に一定の制約を与えることになる。したがって、制御にあたって選択される処方箋は、その制約が過度に大きくならないという配慮がなされなければならない。

何れにしても、こうした問題への対処は、一義的な処置で行えるものではなく、また、交通過程という極めて流動性の高い現象での問題として、常に弾力的なアプローチが欠かせないことを考慮しておかねばならない。特に端末交通においては、私的システムによる交通が一般的であることにおいて著しく個別・流動的であり、その制御は、極力自律的であることが望ましい。先ずは、自己の判断に基づく選択を基礎に問題に対処していくという自律性が期待されており、それを社会的に補償するシステムとして、強制力の介入、規制が準備されているという構図になる。こうした関係を基調として、一定の効果を期待できる社会的システムとして、市場メカニズムが期待されてきたことは言うまでもない。しかし、私的交通システム自体をこのメカニズムによって効果的に機能化することが難しいことは、たびたび指摘してきた通りであり、多くは、交通サービス生産要素市場を通じた間接的効果に期待されている。この場合においても、そのことに変わりはない。

交通における課題は、交通システムと交通過程という両面において相互補完的に対処していくことで、より効果的な処方箋を得ることが出来る。前者にあっては、システム形成とその効果的運用を通じて地域社会の価値実現能力の向上を図ることが期待され、後者にあっては、地域ネットワークの中に地域資源のシナジー効果が産業・経済の持続性に展望を与え、更には地域間社会へと

発展させるフロンティアを拡大させていく。こうした構図は、まさしく人間社会発展の基本デザインであり、交通投資の意義を歴史的に立証してきた事実そのものに他ならない。問題は、この関係が今やグローバルな形で展開する中で、成長限界が問われるようになって来たことである。特に交通過程の長大化、多様化、高頻度化、等々が、資源利用における非効率、地球環境負荷の問題を引き起こしつつあることである。こうした状況は、資源非効率を助長する不確実性を増大させる原因にもなって、環境条件を大きく悪化させることが危惧される。

　かような問題に対して、直ちに有効な処方箋が準備されている訳ではない。それは、結局、資源利用における環境負荷を可及的に抑制するという目標に対して、多角的な手法を相互有機的に組み合わせることによって対処するという方法に拠る他はない。しかしながら、そうした関係の中にあって、資源流通が市場メカニズムに拠ってグローバルに展開している現実は、まさしく、そこに今日的課題の核が内在していることは間違いない。言い換えれば、市場関係は、新たに地球環境にまで枠を広げたアプローチが必要性であることを意味している。むろん、それは、遥かに巨視的な領域にある地球環境問題にとってのアプローチの一つであって、他の接近方法との協力関係の中で行われるべきものであることは言うまでもない。このことは、地球が、人類社会を包含する巨大な循環系としてあることを改めて認識することから始められる、新たな社会分析手法の選択が求められているということでもある。

第3節　交通過程多様化への複合的接近

　交通過程が多様化、分岐化、長大化する中で生ずる不確実性要因の拡大は、資源利用における非効率、環境負荷を級数的に増大させていくことは疑う余地がない。この問題への第一次的対処の方法は、資源効率の最も高い手段によっ

て、実際に必要とされる資源展開に先立って先験的に検証していくことである。情報の役割は、この先験性の中に資源利用需給の相互関係を明らかにし、関係要素間の有機的整合性を可及的に維持しつつ、人間社会のサステナビリティを主導していくことにある。情報化とは、正に、この情報の役割に資源利用の効率、効果的な展開を期待して行われる行動に他ならない。人間社会がこの関係を広範、かつダイナミックに組み込むことに拠って、今日に至る成長、発展を見てきたことは周知の通りである。

I 高度情報化交通システムの社会化

　交通過程の多様化は、交通システムにおける交通需要の個別化が進むことにより、私的交通システム性への要請が一層高まってくる状況下にあることを意味している。それは、明らかに、交通過程の複雑化による不確実性からする資源効率の低下をもたらすことに繋がる。一般に資源効率の改善は、生産性という指標が示すように、量産化の中で最も効果的に行われる。そのプロセスの中で必要情報が共有、内部化され、かつ投下資源利用に関わる技術的要件の高密度集約性が高まるからである。交通過程の多様化、すなわち交通需要の個別・多様化の進行は、この効率条件を抑制する方向に働き、時間・距離の増大は更にそうした状況を拡大する。ここにおいて、交通過程は、単に交通対象の場所的移動を通じて価値実現を図るという目的に焦点を合わせるだけでなく、改めて、そのプロセスを担う交通システムと交通過程の資源利用の問題を含めて、包括的に分析していく必要があることを認識させられる[6]。

　このことは、人間社会における資源利用が、交通学的には交通対象化資源と交通システム化資源の二元構造をもって展開しているという事実を改めて想起させる。人間社会経由の資源が、いかにすれば地球科学的整合性をもって展開し得るかの問題を、解いていく課題に直面しているということである。重要なことは、資源が人間社会において地球科学整合的であることと、資源流通のシステムが、市場メカニズムという優れて人間社会中心的な意思決定機構によっ

第8章　情報化の進展と交通システムの高度化

ているという事実である。この二重性を底流として、いま正に、人間社会のサステナビリティが問われているということ、このことである。特に、市場メカニズムが資本主義的経済思潮に結び付くことによって、利益追求に著しく傾斜してきた近・現代社会は、人間社会の厚生増大という目標から大きく乖離して、資源展開に環境破壊的側面を昂進させてきたという事実、そこに警鐘が鳴らされているのである。

　交通学的に見るとき、この市場メカニズムの資本主義的展開には、明らかに地球環境的に問題があることは次のことにある。資源すなわち交通対象が、市場の中で価格メカニズムにコントロールされて地球空間に再配分されるという関係、これである。むろん、交通過程に関わる資源投下も、市場メカニズムの中で価格評価された資源配分の中で制御されていることは言うまでもない。ここでは、資源利用の評価に地球科学的評価は疎外された形になっている。ここに巨大な課題として現れてきた地球環境問題における、人間社会的課題が大きく横たわっていると言わねばならない。むろん、こうした関係が短期間に大きく変化させることは難しく、幾つかの段階を経て改善していく他はない。その過程では、少なくとも次のような諸点への切り込みが行われていくことが必要である[7]。

(1)　資源利用における諸過程の地球環境的負荷削減への取り組み。ここでは、物理的、技術的条件が第一次的課題になることは当然のことながら、それをより効果的に促進していくための仕組み、システムが大きく影響して来ることを考えていかねばならない。実際、そうしたソフトウェアの中でハードウェア諸要素の不整合から起きる資源非効率、環境負荷因子の増加、制御非効率は、社会的費用の抑制を難しくする原因となっていることが少なくない。

(2)　この場合、特に各要素の結合に関わる部分が派生的な二次的位置付けに置かれて、資源利用における効率・効果的なアプローチに消極性が現われ易い。しかし、資源利用の広域化、長時間化、多様・複雑化、多頻度化が進む中で、この部分への資源投資率増加が地球環境負荷に結び付く可能性

が大きくなりかねないことに注意しなければならない。ここでは、交通過程の在り方が資源利用の中心的課題となっている。

(3) この場合、交通過程に投入される資源およびその使われ方が、交通システム形成に主軸が置かれた選択になるよりは、交通過程を通じて実現される交通対象から得られる価値量に主導されて、二次的な位置付けで評価されがちになることに最大の問題が横たわっている。しかも、それは、価格メカニズムにコントロールされた市場システムに主導されて、著しく人間社会的要求に支配されていることである。ここでは、そこに投入される実資源量の地球環境的評価は、明らかに二次的地位に置かれている。

(4) 言うならば、一連の価値実現過程で投入される資源の制御が二元性を持っていることに、交通学的なアプローチの必要性を認識して、交通過程の評価に実資源投入の視点からの接近に注意が向けられなければならない。それは、交通過程が価値実現の絶対条件としてあることに、この部分の資源効率評価への意識が、二次的になる傾向を生み出す原因がある。言い換えれば、交通過程を一連の価値実現のための資源利用過程として、使用資源をトータルで費用化する接近方法が採られなければならないということになる。既にたびたび触れてきたように、この資源費用の上に価格メカニズムを作動させることによって、資源の有限性と地球科学的サステナビリティの制約条件が加わることに要点がある。

(5) このことは、単位当たり交通対象の価値実現における交通過程の増大を可及的に抑制するような選択が行われる社会システムの追及が、求められていることを意味している。一般にこうしたシステム形成には、高度に情報化された社会関係が基礎になければならず、その意味からも、情報化社会という今日的状況は、新たな可能性を大きく準備していると言ってよい。交通過程は、交通サービスという即時財の需給という関係の中に行われていく過程であるが故に、不確実性がもたらす資源非効率の回避が特に強く求められているのである。

第8章　情報化の進展と交通システムの高度化

　こうした諸条件が、交通システムと交通過程という関係から現実に社会活動に転写されていく時、地域社会という社会空間に、より有機的に内部化されていくことが期待されている。結局、この問題は、社会活動が実体化する地域という場において、最も現実的な適合性の如何を認識し得る。その意味で情報先行型の交通システムを社会のインフラストラクチュアとして整備する中で、環境適合性の高い資源循環型社会構築を推進していくことが、求められているということになる。

II　ネットワーク社会の構築と交通システム

　高度情報化社会の出現とは、社会の伸展に伴って生じてくる諸活動の不確実性問題に焦点が合わされていることを意味している。そして、それが交通過程の諸変化において現実的な課題となって現れてくることになる。そこでは、個別主体が相互に連携するネットワーク関係の中で、可能な限り資源利用の高度化と自己完結性を向上させること、これに、情報および情報化による先験的検証が期待されているのである。

　人間社会は、個別主体の相互性に何らかの相乗効果を期待した集積性にポイントがある。これがネットワーク性を伴っていることは当然のこととして、それが改めてネットワーク社会と呼ばれ、強調されることの意味は、情報への依存度をより高めた先験的検証性に重要性を見出しているからである。言い換えれば、人間社会を規定する諸因子を地域という現実の場において、その合目的性を自律的に実現し、サステナビリティをいかに高めるかの処方箋を、先験的に検証、構築しようとする意図が強く示唆されているのである[8]。

　ネットワークは、そこに参加する個別主体と関係諸因子の諸特性が現実に行動、展開する場、すなわち交通過程により積極的にアプローチして、そこにおける諸現象から社会のサステナビリティを高める効果的な処方を、総合的に導き出そうとする組織概念である。その関係から、資源利用における経済性の追求と共に、その過程で発生する様々な負の産出物の検索に極めて効果的な

フィールドを提供する。コスト分析に強力な視角を与えるサプライチェーン・マネジメント、環境負荷分析の軸を成すLCA（Life Cycle Assessment）、地域社会におけるTDM、等々、今日の様々な分析手法が、社会のネットワーク性に注目していることを理解しておく必要がある。特にネットワークの経済に焦点を合わせ、他のシステム、メカニズムを融合させて新たな経済性を追究しようとする試みは、社会関係の広域化の中で重要な視点となっている。そこで共通しているのは、ネットワーク形成が情報主導性にあるということである[9]。

ネットワークを形成する個別主体と関係諸因子とは、一般に異なる意思と条件下にあるため、相互に有機化させるためにはインターフェイス不全の改善が不可欠である。交通過程が拡大し、そこに参加して来る個別主体と関係諸因子の増大は、複雑化とともに不確実性要因を急速に膨らませていく。そこで生ずる資源非効率は、交通過程投資の増大と共に資源利用における諸課題となって困難な問題を増大させてくる。結局、この問題への唯一の対処法は、情報と情報化の中で得ていく他は無く、その意味でネットワークの経済とは、高度に情報化が進展する状況下で効果的に作動する社会関係の成果であると言ってよい。

ここでは、その過程に参入する諸要素、発生するあらゆる諸現象が検証の対象となって、それら相互の整合的な分析の上に、持続的に検証、精度の向上を図っていくという方向性にベクトル化されている度合いに要点がある。環境等、外因的条件の発生も、このプロセスの中で有機的に対処していくという機能に委ねられ、参入者に一定の独立性が維持された比較的自由な結合の下に、ソフトな同盟的関係としてあることがポイントとなっている。

社会関係が多種・多様、個別、広域、複雑化する中では、個別主体の日常生計は、何らかの形で人、物、情報のネットワークに参加、触接して、集団有機的な関係の中に相互補完的なメリットを得ながらサステナビリティを実現していかざるを得ない。情報化社会とは、こうした在り方に柔軟な組織化への可能性を求めて、情報の経済をより効果的に実現させていく新たな社会関係が醸成されつつある社会と言ってよい。その意味で、自己制御性に軸を置いた個別の

組織・システム、あるいは競争・対立的になりがちな市場メカニズム、制度的に硬直化したシステム、等々の限界を、より広い弾力的な結び付きの中で柔軟に対処していく関係か期待されているのである。そして、そこに地域という枠組みが与えられた時、より具体的に社会の結合関係が求められる。ネットワーク化は地域の諸特性を有機化するための最も効果的な手法であるが、それは、交通過程の総合的な連携の中で現実化することになる[10]。

第4節　私的交通システムの社会化と情報化

　人間社会の発展過程を辿る時、それを主導しているのが常に何らかの知的行動であり、そこに仮設・検証型の科学的手法が組み込まれていることによって、インセンティブの加速性が内包されているということである。社会の情報高度化への要求は、まさしく、そうした人類史に組み込まれたモチベーションに制御されて伸展し、今日の情報化社会へと方向付けられて来た。そこにおける顕著な動きは、社会におけるあらゆる存在、行動に対する認識、代意情報化、分析、そして、新たな認識の展開から何らかの処方箋を得るという手法に、成長、発展への展望を得てきたということである。この明らかに情報主導型の生存行動がもたらしてきた人類史の姿は、情報認識の在り方において社会規範としてのパラダイムに、歴史性をもった発展段階論的認識を一般化させてきたことに大きな特徴を見出す。そして、それが社会活動として現実化していく過程で、必ず交通過程という場において現象化するという事実に要点がある。
　重要なことは、個別主体すなわち交通主体が交通対象の移動をもって実現しようと求めている需要条件が、他の需要条件との関係が強い中で充足されるという、結合需要の度合いが著しく高まっているということである。この個別需要の連鎖性は、需要条件がネットワークの存在を前提とした社会関係の中で、交通システムに対する要求も、また、個別対応性の高い交通サービスの生産・

供給に焦点が合わされて来ざるを得ない。言うならば、私的交通システム性がより強く求められるようになってきた生産・供給構造は、一方で投資効率の低下を招きかねないという側面があって、これに対処する工夫が欠かせなくなっているということである。この場合、交通システムにおける投資効率の低下は、交通条件、交通過程における不確実性条件の増大が鍵になるばかりでなく、更に、交通システム化資源投資の増大がそれを加速することに大きな問題がある。

需要条件の個別・多様化、交通距離・時間の増大、交通過程の複雑化、更には交通投資の増大と、これらは交通過程が人、物、情報の位置変換を通じて価値実現を図る過程であることにおいて人間の生存行為そのものであり、その能力を革新的に進歩させてきたところに、今日に至る人間社会の成長、発展があったことは間違いない。しかし、今、この構図に明らかな限界が見え始めていることである。地球環境の問題として象徴的に論じられる中で次第に明らかになってきた地球資源の限界の問題、これが従来の成長戦略に大きく反省を促し、新たなパラダイムの選択を求めざるを得なくなって来たのである。改めて、人間社会に取り入れられる地球資源の展開、そして、その在り方が、少なくとも従来の手法に問題があること、そのことを突き付けていることを再検討しなければならないのである。そして、それは、多角的な視野からのものでなければならず、交通学もまた、その責務の一端を負っていることは言うまでもない。

その意味で、交通過程はどのような場合であっても、端末においては、必ず個別的対応が欠かせないという物理的条件下にある事実に鑑みて、この交通需要発生構造に交通の本質が象徴されていることを見極めなければならないのである。交通システム、交通過程における資源非効率の問題もここに原点を発する。交通は交通対象の価値実現を図る実体過程であるが、それは価値実現の手段としての位置付けであって、それ自身が目的とされている訳ではない。したがって、他の事情にして等しいとすれば、同一価値量の実現に要する交通過程は最小化されることが望ましい。しかし、現実の場では、様々な不確定、不確実性条件が伴って、交通需要と交通サービス生産・供給条件との乖離が少なく

第8章 情報化の進展と交通システムの高度化

ない。基本的には、交通過程なくしては、価値実現が図れない以上、この乖離を最小化する手立ては、交通需要、交通過程の事前検証性をいかに高めるかに掛かって来る。これが関連情報の密度、精度に掛かっていることは言うまでもない。

こうした関係を最も効果的に実現するには、まず、地域社会という具体的なフィールドで、交通投資資源効率化のメカニズムを社会的システムとして内部化していく方法の選択が、行われていかなければならない。いわゆる循環型社会の考え方に基づく次世代型社会も、こうしたセル構造の形で萌芽させていく以外に現実的な方法はなく、そこにおける交通システムと交通過程投下資源の地球科学的分析を基礎に置いた、省資源、資源効率・効果の向上を強く指向した情報先行型の再構成が、強く求められていると言わねばならない。交通過程とは、人間行動の社会的表現に他ならず、それを促進する手段としてある交通投資が、資源開発、利用において極めて有効な投資対象であることは、理論的にも経験的にも明らかなことは事実の立証するところではある。そうした位置付けにおいて、システムの形成、交通過程のコントロールは、それが現実に展開する地域という場にあって、改めて社会的基礎施設としての在り方をより高める意識を持って推進されることが望まれる。

注

（1） 梅棹忠夫『情報の文明学』中央公論社、昭和63年、pp.186〜193, 206〜223。公文俊平『情報文明論』NTT出版、1994年、第1、2章。伊達康博『IT社会における情報社会論―情報化社会の歴史的変化に基づいて―』学文堂、2010年、第8、9章。

（2） 飯田恭敬 監修・北村隆一『情報化時代の都市交通計画』コロナ社、2010年、第3章。交通工学研究会 編『インテリジェント交通システム』丸善、平成9年、序章。小出公平「ITSの現状と今後の展望」、運輸調査局『運輸と経済』〔739〕第69巻第1号、2009年1月、pp.46〜53。Chopra, Sunil and Peter Meindl, *Supply Chain Management, Strategy, Planning and Operation*, 3rd edition, Pearson Prentice Hall, NJ, 2007, Part Ⅱ. Gruden, Dušan ed., *Traffic and Environment*, Springer-Verlag,

Berlin, 2003, pp.11〜12.
（３）　水流正英『物流EDI』運輸政策研究機構、1998年、第１章。杉山武彦 監修『交通市場と社会資本の経済学』有斐閣、2010年、pp.245〜257。齊藤実 編著『3PLビジネスとロジスティクス戦略』白桃書房、2004年、第１章。
（４）　石川純治『情報評価の基礎理論』中央経済社、1988年、第１章。
（５）　生田保夫「情報化社会と交通―私的交通の問題を中心として―」、流通経済大学流通問題研究所『流通問題研究』No.16、1990年10月、pp.1〜10。伊達康博『前掲書』、第10章。Rietveld, Piet and Roger R. Stough ed., *Barriers to Sustainable Transport, Institutions, Regulation and Sustainability*, Spon Press, London, 2005, chap.13.
（６）　薦田紀雄「ITSのもたらす経済効果について―その効果便益と産業規模―」、経済調査会『道路交通経済』1996-1 No.71、pp.31〜37。Ison, Stephen and Tom Rye ed., *The Implementation and Effectiveness of Transport Demand Management Measures*, Ashgate Publishing Ltd., England, 2008, chap.4.
（７）　生田保夫『〔改訂版〕交通学の視点』流通経済大学出版会、2004年、第４章第５節。
（８）　今井賢一『情報ネットワーク社会』岩波書店、1984年、第２章。今井賢一・金子郁容『ネットワーク組織論』岩波書店、1988年、第２、３章。正村俊之『グローバル社会と情報的世界観―現代社会の構造変容―』東京大学出版会、2008年、第４章。塩見英治『交通産業論』白桃書房、1990年、第４章。
（９）　高田富夫「ロジスティクス管理におけるネットワークの構築」、『海事交通研究』山縣記念財団、第55集、2006年12月、pp.71〜82。Fawcett, Stanley E., Lisa M. Ellram and Jeffrey A. Ogden, *Supply Chain Management, From Vision to Implementation*, Pearson Prentice Hall, NJ, 2007, chap.8. Crandall, Richard E., William R. Crandall and Charlie C. Chen, *Principles Supply Chain Management*, CRC Press, Boca Raton, 2010, chap.10. Voorhees, John and Robert A. Woellner, *International Environmental Risk Management, ISO 14000 and the Systems Approach*, Lewis Publishers, Boca Raton, 1997, PartⅡ. Ison, Stephen and Tom Rye, *ibid.*, chap.1.
（10）　竹内健蔵『都市交通ネットワークの経済分析』有斐閣、2006年、第１、２章。若林直樹『ネットワーク組織―社会ネットワーク論からの新たな組織像―』有斐閣、2009年、第３、６章。

第9章

環境問題と私的交通システム
―地域環境から地球環境への課題―

　環境という用語は、個別主体を取り巻く周囲の諸状況に焦点を当てた概念、表現として日常生活の中で幅広く使われてきて久しい。それは、大きく分ければ、人間社会における諸関係と、それを取り巻く自然条件を捉えた二重の関係から成り立っている。この「環境」における重層性は、個別主体の意思の実体化、成長、発展への動きを現実に相互規定する地域という場においてダイナミックに関わってくる。社会環境と自然環境の問題である。が、社会環境は自然環境の中で培われる人間社会固有の環境条件であり、それがサステナビィリティを維持するための条件は、自然法則性から大きく乖離したものであってはならないことである。この制約下に人間社会のあるべき進路を探ろうとする時、改めて歴史に刻まれた軌跡の中に検証の糸口を求めて、科学的な分析を試みていく必要を感じざるを得ない。

　人間社会の諸現象を環境という領域にまで拡げて考察しようとするアプローチは、個別主体中心の主観性から、より包括的にその行動を客観的に捉えてサステナブル条件を明らかにしようとする意志の表明に他ならない。そして、そのインターフェイスが地域という場にあること、その広がりが両者の規制関係に何らかの変化をもたらす主要な原因の一つと成っていくということである。重要なことは、この地域という空間場が人間活動と環境の接点として、交通過程の軌跡の上に諸現象が展開していることである。その視点から環境条件を分

類、整理すれば、個別環境、地域環境、地球環境、地球外環境の諸段階に分けられよう。

「環境」は、まず、個別主体を取り巻く周囲の諸状況として始まる。個別環境は環境概念の基本形態であり、単位環境としての位置付けを成す。現実の場にあっては、何らかの範囲で地域という広がりの中で単に環境相互の接触、交流へと進み、その集合から地域社会という関係の中で複合環境を形成していく。「環境」は、この地域環境という空間場を通じてより有機性を高め、固有の運動を始めることになる。そして、更には地域間関係へと触手を伸ばして、より広域にわたる空間形成へのダイナミズムを内生させつつ、新たな環境状況を展開していくことになる。

第2に、こうした地域から地域間への展開は、18世紀後半に始まり、今日から更には近未来に続く産業革命の時代、科学・技術の急速な発展に支えられて人間社会の持続的な広域化を生み出して来ている。殊に、交通システムの発達は、地域間移動の能力を飛躍的に高めて、人、物、情報の移動をグローバルなレベルで展開する時代の到来を可能にさせることとなった。こうした状況の中で、地域・地域間環境は、人類生存共通の基盤である地球規模の環境問題の中で考察しなければならない段階になってきた。地球環境の時代を迎えたのである。

第3に、今日、問われている「環境」問題とは、正に、この地球全体にまで拡がる課題として現れて来ており、広域、複雑な地球科学的アプローチが求められているところに要点がある。人間社会も、生命体の一員としての人類の生存という客観的な立場から検討されなければならない状況にあるということ、このことである。地球自身を改めて人類生存のインフラストラクチュアとして考察しなければならないこと、まさしく人類史上、人間社会の発展史における画期を成すものであることは間違いない。人類の生存条件、更には人間社会の在り方に地球科学的な視点から検証を加え、改めてサステナビリティへの展望を見極めようとする姿勢が求められているのである。その意味で、文明史上、

第9章　環境問題と私的交通システム

大きな臨界域に遭遇しつつあることは間違いない。

　そして第4には、環境問題が地球科学のレベルで検討されなければならないということは、それを取り巻く地球外環境にまで視野を拡めた、巨視的な視点からの接近が欠かせないのである。この関係は、地球外条件が地球環境に作用して人間社会に間接的に作用する関係と、いま一つは、地球外条件を人間社会の環境条件に、より直接的に取り入れることによって、サステナビリティを積極的に向上させる方向で地球環境化しようとする選択である。その場合の評価基準は、この地球外環境をも視野に入れた地球科学的生体ダイナミズムに焦点を当てたものでなければならない[1]。

　かように、環境問題は、今や人類の生存と人間社会の在り方を、地球科学という巨視的な視野から総合的にアプローチすることが不可欠な課題としてあること、特に、グローバルに展開する資源移動が、この問題を大きくクローズアップさせていることである。そのことは、交通過程への資源投資増大という課題を今日の環境問題に絡み合わせて、改めて検討する必要があることを強く指摘している[2]。

第1節　地球環境と人間社会のサステナビリティ

I　文明史上の臨界条件

　今日、直面している環境問題がそれまでの環境問題と大きく異なるのは、人類生存の基盤である地球という存在に、人間社会の諸活動が、サステナビリティを阻害する方向で作用しているのではないかという危惧が、現実のものになりつつあるということである。そこにあるのは、地球科学的に見て、自然循環システムと人間社会循環システムとの間に、重大な乖離が生じ始めているという事実認識である。人類の歴史が、自然環境の中で生存性をいかに高めるかに腐心しながら得てきた科学・技術という鋭利な手法を、社会システムの中に

積極的に取り込んできたという処方箋が、地球環境という自然循環システムの上に大きく負荷を与えるようになって来たというところに問題の核心がある[3]。

　人間社会の成長、発展は、地球という自然環境の中での適合性選択の如何に掛かっているという理解を前提とする限り、人類の生存性というレベルに於いてさえ、地球環境は、著しく制限的な枠内での選択しか行えないということを、問題接近への基本的な制約として受け入れておかなければならない。この認識は、人間社会における文明史への反省と共に、他方では、未来への展望に新たな基軸を与えることを意味してもおり、そこに人類の英知が期待されているのである。言い換えれば、こうした姿勢こそが、次の時代への可能性を切り開く手立てを見出す機会を、提供してくれるものであるに違いないのである。その意味で地球環境問題とは、これまでの人間社会の在り方に対する自然からの厳しい警告に他ならない。

　それは、人間社会の循環システムが、地球科学的に観て地球環境のサステナビリティを保障し得なくなる程に肥大化して来ており、そこに焦点を当てた新たなパラダイム構築の必要性を求めているのである。重要なことは、そうした選択、すなわち18世紀後半に始まる産業革命とそれを効果的に人間社会に組み込むメカニズムが、今日に至る急激な成長をもたらして来たという事実があることである。そこには、啓蒙思想の時代を経て開花した個人の権利意識が近代市民社会形成を促し、急速に芽吹き出した科学・技術に支えられて、産業革命が社会の持続的発展への梃子として機能してきたという現実が見出される。そうした関係を、人間社会にとって自身の歴史が育んできた望ましい方向性として、認知してきた時代があるということである[4]。

　しかしながら、このパラダイムこそが、今日の環境問題を惹起してきた主たる原因に他ならないことである。この仕組みを通じて膨大な地球資源が人間社会適合的に組み替えられ、それが地球環境にとって負荷的に作用する量的臨界条件を超え始めたのである。地球環境問題とは、正に、そうした意味で文明史上に新たな選択を求める屈折点をなす課題と言えよう。

第9章　環境問題と私的交通システム

Ⅱ　人間社会のサステナビリティ条件

　地球資源を科学・技術を梃子として人間社会適合的に再構成するという手法は、地球環境における人類生存性の持続補償を不可欠の前提としている。この関係を保障する手段として、生命活動は多様性という方法によって、個別生命体における生存能力の脆弱性を相互補償する仕組みを選択してきたのである。言い換えれば、この多様性選択の条件を崩壊させるような要素、条件の発生は、必ず何らかの形で個別生命体の安全保障を脅かすことに繋がること、このことを強く示唆している。地球環境における人類生存の、更には、人間社会のサステナビリティ条件の鍵が生命の多様性にあることは疑う余地がなく、その意味で特定の生命体の過剰な繁栄はこの関係を崩しかねない[5]。

　この構図が人間社会の中に地球環境適合的に組み込まれて行くためには、地球科学の総合的構造が明らかにされていくことが不可欠であり、その中で幾つかのサステナブル・シナリオの提示と選択が行われていくということになる。重要なことは、そうした段階への現実的プロセスは緒に就いたばかりであり、それが効果的に実現できるようになるためには、長期にわたる研究が不可欠である。言い換えれば、人間社会の在り方が、地球科学的なレベルにおいて評価、検証されなければならないという反省が、共通の認識として受け入れられつつあるという段階にあるに過ぎない。ただ、そうしたことへの理解自身が、知的生命体としての人類が人間社会という有機的な集合の中で培ってきた文明史の成果であるとも言える。その意味で、今日、進行している情報化社会とは、こうした課題への処方箋を策定する上で極めて重要な歴史的選択であると言ってよい。そこから得られる現時点における共通の認識は、この問題への第一次的課題が地球資源利用の中にあること、ここに現在の処方箋構築の原点があるということである[6]。

　地球資源の人間社会適合化への組み替えが、同時に地球環境非破壊的である最も身近な方法としては、まず、省資源、効率性の向上と、その周辺にあることは間違いない。地球科学的な知見に基づく、より未来的な地球環境適合的循

環型社会への展望を持ちながら、現在の選択がここにあることを強く認識し、行動の起点として幾つかの選択可能なシナリオをデザインしていかなければならない[7]。

　第1に、今日の地球環境問題が、資源利用の急拡大と資源分布の偏在性に主たる原因があるという事実に鑑みて、人間社会のサステナビリティ実現のための資源利用が、地球科学的検証下に行われなければならないことを、再度、確認しておく必要がある。

　第2に、地球資源における偏在性は、利用度が高まるにつれて移動頻度を高めることになるのは避けられない。したがって、それが、地球科学的に見てサステナビリティ限界を超えない範囲に留められるためには、何らかの処方箋が準備されていなければならない。資源循環、還元性の問題である。人間社会に組み込まれる資源が、この条件を充足し得る要素は何か、いわゆる循環型社会とは、ここに焦点が合わされた社会形態の選択に他ならない[8]。

　第3には、資源循環、還元性の問題は、個別還元性、地域還元性、資源移動距離の抑制、省資源、効率・効果性の向上、等々の評価指標を通じて、地球環境への負荷を可及的に回避、抑制することにある。殊に、地域還元性は循環型社会への現実的課題として、地域社会に直結した人間社会の諸活動をデザインする鍵になっていることを理解しておく必要がある[9]。

　第4は、資源利用の展開過程に対する認識である。ここでは、特に、交通学的な分析が重要になってくる。人間社会において資源利用が行われる過程では、省資源型需要構造形成にとって、交通システムへの資源投入問題が必ず緊要の課題となって現れてくる。交通対象の移動には、何らかの形で交通システムの存在が欠かせないという絶対条件を充足しなければならないからである。

　そして、第5に、地球環境問題とは、生存、生活の基礎である地球の科学的特性に関わる問題としてあることに注目していることである。このことは、地球自体の環境条件、すなわち地球外環境にまで、視野を拡げた議論が必要になっていることを意味している。そこでは、新たな資源空間の広がりを展望し

第9章　環境問題と私的交通システム

つつ、改めて地球環境への科学的な理解と人間社会の在り方に対する新たなアプローチの必要性が、緊要の課題としてあることを見極めなければならない[10]。

第2節　環境問題への交通学的接近

　地球環境という優れて巨視的な視野からの接近を必要とする今日の環境問題は、人間社会の在り方を地球科学という立場から再検討しなければならない文明史的な課題であるということである。重要なことは、この問題が人間社会の歴史的過程で行われてきた諸選択が、資源利用という指標に照らして、社会のサステナビリティに危惧を抱かせるような兆候を随所に見せ始めていること、ここに気付きつつあることである。その兆候は、まず、最も拡散性の高い大気・水循環の中で進行して、その地球科学的な変化が、「地球温暖化」という形で人間社会に姿を現してきたということである。まさしく問題の鍵は、ここにある。

　大気・水循環という流体現象の中で起きている地球の物性構造の変化は、正に、人間社会における資源利用の急激な拡大によって引き起こされている負荷の、地球科学的な兆候ではないかという危惧が持たれているのである[11]。

　地域資源が人間社会に組み込まれて、そこでの基準で行われる最適化への変換が、地球科学的物性循環に適合的とは言えない選択が、回避される努力がなされない限り、この問題への展望は見出し難い。問題の要点は、次の二側面に集約されている。一つは、生存の基礎資源として人間社会が求める第一次的な資源に関わる利用条件であり、今一つは、それを現実の生活に有効化していくための手段への投下条件に関わる側面である。これを交通学的に整理すれば、前者が交通対象化資源の問題であり、後者は交通システム化資源として位置付けられる存在であることは、たびたび指摘してきた通りである。地球資源が人間社会に取り込まれていく時、資源は、この二元的な展開の中でサステナビリ

ティの如何を規定していくことになる。

　この認識をもって、省資源、再使用・再利用、環元性の向上、等々、これらを社会システムの中に組み込みながら、地球科学的な物性構造を人間社会適合的に改編する過程で、サステナビリティ低下を引き起こさないよう可及的に回避する新たな処方箋の選択が考察されていかねばならない[12]。

　この課題に対して、一つの明確な方向性は、人間社会における利用資源の位置付けと、投下資源の地球科学的評価の二点を基礎指標として、様々な社会的要請に応じた資源複合体としての社会空間を構想、評価していかなければならないことである。この規準を前提として、交通学の視点から接近しようとする場合を考慮すれば、次のような諸点を注視していく必要がある。

(1) 交通過程は、需要条件に基づき交通対象の価値実現を図る行為であり、交通システムへの資源投入は、そのための中間財投資すなわち費用としての位置付けにある。その意味においては、他の条件において変化がない限り、実現価値量に違いが無いとすれば、交通システムに関わる資源量は、出来る限り抑制されることが望ましい。しかし、現実の場では、交通システムへの投資は、価値実現能力を向上させる手段として先行的に行わざるを得ないため、一般的に需要条件との間の不整合が回避し難いという事実があることを勘案しなければならない。

(2) 地球資源の地域偏在性からは、資源利用の増大と共に地域間移動に伴なう交通過程の拡大が避けられない。人間社会の成長、発展は、正にその歴史であったと言って過言でない。そうした地球環境と人間社会の関係、すなわち価値実現手段である交通システムへの先行的な資源投資こそが持続的成長の鍵でとしてあるという関係式、その関数関係は、科学・技術の進歩と市民社会の性向展開の相乗によって幾何級数的に社会を拡大させてきたのである。こうした歴史への反省と、新たな関係式の構築、このことをクリティカルに分析、検討していかなければならない。

(3) 環境問題は、地域という現実のフィールドにおける複合的な諸要素が関

第9章　環境問題と私的交通システム

わっている以上、地域社会という空間に、この問題の発生原因が凝縮されていることは間違いない。そこにおける個別要素間の諸関係から、地域社会という有機的複合体としての生体活動を通じて生み出される新たな資源関係が、地球環境に新たな構成条件として加わって来ることになる。そして、地域社会は、それ自身が固有の特性をもって多様なクラスター構造を成していることによって、更に、その関係を複雑化する。資源、交通過程、社会の価値判断システムが、相乗的にそれを拡大するのである。この関係解明の中に、環境対応性を意識した新たな処方箋設計の鍵が存在している。

(4)　人間社会に投入される資源の利用効率の問題である。持続的発展を期待する一般的傾向が続く中、省資源の実現が容易でないという現実を踏まえれば、資源利用における効率性の問題が最重要の課題として登場して来る。殊に、価値実現の手段として位置付けられる交通システムへの資源投入における効果、効率性の問題は、グローバル化しつつある資源展開の問題と絡んで緊要の課題と言わねばならない。既に触れてきたように、交通システムは、大規模・先行投資性、需要条件との乖離、不使用能力の発生、生産性の不安定・低生産性傾向、交通サービスの即時性の問題、交通過程の連続性、等々、資源非効率に結び付き易い条件が多岐に渡る。人間社会の成長、発展にとって不可欠の基礎投資であるにも拘わらず、それ自体の非効率性と共に、価値実現能力の向上による交通対象化資源の移動量、移動距離の増大によって、地球環境バランスを大きく変える原因にもなる。そして、今日の人間社会は、正に、そうした問題を加速させるような状況にあると言ってよい。

(5)　人間社会の持続的発展は、科学・技術革新と社会パラダイムから歴史的に形成される地球資源利用システムの選択進化に依存している。その選択は、地域という単位社会の形成条件と地域間相互関係の上に、地球環境という巨視的な限界条件を多元・多変量解析しなければならない課題であることは、言うまでもない。問題は、その解が地球科学的整合性をもって、人間社会のサステナビリティを保障することが求められていることである。

この難しい課題への接近は、人類文明史上の単なる新たな選択という意識を超えた、地球科学の中に位置付けられる生命体としての生存条件の再確認に始まる。なかんずく、18世紀後半に始まり、今日に続く産業革命の時代をその視点から総決算して、新たな時代の人間社会の在り方を見極めるパラダイムを探る作業でもあることを認識していなければならない[13]。

　そこにおける共通の特徴は、地球資源の人間社会適合化への飽くなき追求であり、そのメカニズム・フィルターを経て膨大な量の資源が地球環境負荷条件を醸成させてきたことである。それが、資源の移動、組成の変換・組み替えの工程、まさしく人・物・情報の場所的移動という交通学が人間社会の諸活動を交通過程そのものとして捉えようとしていること、そのことにあることである。このことは、改めて今日の環境問題が交通学の立場から分析、検討されることの重要性を示唆していると言えよう。

第3節　資源展開の二元性の問題―資源利用と環境―

　今日の環境問題の淵源が資源利用の問題にあるという事実を捉えて、地球資源が人間社会に導入される様態が、交通学的には交通対象化資源と交通システム化資源の二形態に分かれ、交通過程というプロセスを経て展開しているということ、ここに焦点を当てようとしている。資源展開におけるこの二元性の存在は、交通過程がこの問題に一つの明確な事実を提示していることを意味している[14]。交通過程の増大は、資源非効率を増大させるということ、そして、それは、増大する交通対象化資源の地域間移動と共に、地球資源の人間社会適合化による環境負荷増大の機会を拡大させるという事実である。こうした関係は、交通システムの特性、交通サービスの即時性、交通サービス生産・供給条件と交通需要条件の乖離、交通過程の問題、資源需給における動因の社会的条件、これらが複雑に絡み合って現象化していることである。

第9章　環境問題と私的交通システム

I　交通システムの特性と基本的問題

　既に明らかなように、交通システムは、交通需要条件に対応して交通サービスを生産・供給する手段であり、人間社会はその関係の中で個別地域性をもって歴史的に規定される存在としてある。したがって、交通システムは、第一次的には交通サービスを生産・供給するための技術的・物理的条件に焦点が合わされることになるが、現実の交通過程は需要条件となって現われる様々な要素が有機的に接合して、極めて流動的な存在として現象化する。

　こうした関係の中でこの一次的条件からは、この問題について次のような特性が摘出される。

(1)　交通システムは、交通需要の発生時点で、その需要条件に応じた交通サービスが生産・供給し得るように、交通サービス生産要素が準備されていなければならない。この条件充足から、異なる要素特性を相互調整、準備するための先行作業が行われなければならず、それに要する時間差は需給条件の乖離を避け得なくする。この乖離、すなわち不確実性に対処するための手段の一つとして多くの場合、大きめの投資を行なうという選択が採られ、過大投資、資源非効率を引き起こしがちになる。この交通サービス生産要素準備段階での資源非効率抑制が、第一の課題として横たわっている。

(2)　異種交通システム間における不整合の問題。交通過程は、連続性を絶対要件としているが、その過程は様々に異なる交通システムの接合連続によって構成される。この異種システム間におけるインターフェイス抵抗の発生は問題を複雑化させ、資源非効率の増幅をもたらしかねず、それらを結び付ける結節機能要素が重要な存在として浮かび上がってくる。この要素は、交通対象と交通システムとを結ぶ要素としての機能と共に、環境問題へのアプローチに重要な役割を担っている。

(3)　交通システム形成に関わる交通サービス生産要素それぞれの資源利用における、効率・効果促進、環境負荷抑制の問題。これは、科学・技術的側面と需給システムの両側面からの接近が必要である。殊に、動力、エネル

ギーの2要素は、時に交通革命と言ってよい程の変化を引き起こす歴史を示して来ており、まさしく今日の状況は、その様相を呈し始めていると言ってよい。何れにしても、環境問題が科学、技術条件の基礎に委ねられているところが大きい以上、個別生産要素、要素間結合の中に第一次的要請があることは言うまでもない[15]。

(4) 同時に、これら交通サービス生産要素、要素間結合の仕方は、それ自身が独立にある訳ではなく、形成交通システムの求める処によって異なる相対的な特性をもって開発されていく。それは、交通需要条件を主導する社会的要請に規定されて、幾つかの形成基軸として整理、分類され、私的システム、公共性基準、市場メカニズムが今日の中心的な基軸になっていることは、たびたび、触れてきた通りである。環境問題は、こうした側面に新たな視点を加えて、基軸編成の再検討を求めているとも言えよう。

II 交通サービスの即時性の問題

環境問題に対処して交通システムの形成に新たな方向性を求めようとする時、交通が交通サービスの生産・消費を通じて価値実現を図る過程としてあることを考えれば、交通サービスの持つ特性が、この問題にどのように関わっているかを理解しておく必要がある。明らかなことは、交通サービスが即時財、生産と消費が同時に行われる即時性を顕著な特徴とする存在としてあるということである。この特性から、交通サービスは交通需要に先立って生産、貯蔵しておくことが出来ず、需要条件に強く規制された交通システム形成に傾斜していく原因になっている。

(1) 交通サービスが即時財であるということは、場所と時間における需給一致を不可欠の要件としており、このことが両側面に著しく拘束的に働き、資源非効率の問題にも結び付いてくる。それを補償する処方の選択は、交通部門における最も重要な課題として常に存在している。今日の環境問題の中心が資源利用の問題としてある以上、このことが基本的制約としてあ

るということを強く認識しておく必要がある。
(2) 生産・供給側面においては、交通サービス生産要素準備に伴う投資、期間の長期傾向と共に、需要の発生に先立って生産、貯蔵しておくことによる生産性の向上という方法が採れないといったこと等に加えて、需要条件が生産・供給を直接的評価する度合いが著しく高くなるという問題に直面する。特に、流通市場においては、競争不利益に陥る主因ともなる。何れにしても、グローバルな環境問題という新たな課題に対して、この問題は、社会全体で先験的な相互調整が必要なことを示唆していると言うことが出来よう。
(3) 需要側面からは、需要条件の充足性をより高めるための生産・供給条件の多元的な選択可能性の追求という、性向が現れる。交通サービスは、場所的移動という極めて単純な行為であることから代替性が高く、しかも絶対的必要条件であるということから、個別交通需要対応性への要求が、私的交通システム選択への傾向を強める原因にもなっている。これが、資源非効率の問題に結び付く可能性は少なくない。
(4) この特性は、需給両条件の一致をいかに効率・効果的に実現していくかの問題処理に掛かっている。交通過程自身は現実の実体過程としてあることから、その場での対処方法には自ずから限界があり、何らかの代替的手段に依って需給不一致による資源非効率の発生を抑制する方法を講じる必要がある。それこそは、情報化の促進に求めるところが大きい。需給における複雑・多様化、位置、時間の乖離から生ずる不確実性の増大を回避、抑制する方法は、情報および情報化の高度化に拠る他はなく、資源が広域、グローバルに展開する今日、情報化時代と呼ばれる所以も、なべてそこにあることは言うまでもない。

Ⅲ 交通サービス生産・供給条件と需要条件の乖離―資源非効率の問題―

即時財である交通サービス生産・供給条件と需要条件との乖離が、投入資源の非効率を招くことは間違いなく、この問題への対処が情報化に期待されてい

ることは上記の通りである。しかし、重要なことは、そうした情報および情報化の促進という課題自体が多くの課題を抱えており、不確実な情報下に膨大な資源移動が市場取引を通じて行われているという現実の中で、地球環境の悪化という状況が進行していることを考えなければならない。

　この状況は、生産・供給と需要における条件情報の同時共有という難しい関係の問題であり、それが、人間社会という連続的に変化する有機的な集合の複雑な実体関係の認識問題としてあることである。この実体関係に対する情報関係的認識は、常に不等号の状況にあることが交通システムにおける不確実性の存在に基づく資源非効率の発生を避け難くしている。情報化社会の進展、その意味でこの課題に対処する時代的要請を端的に反映した文明史上の姿であると言ってよい。しかし、現実の社会が先行投資を前提とする交通システムによる交通サービスの生産・供給と、個別需要条件に規定される交通サービス需要の位置と時間に関わる乖離を第一として、それを主因とする他の諸条件の乖離、これらが、交通過程における資源浪費の問題を避け得なくしていることは間違いない。

　交通システムの形成、交通サービスの生産・供給、交通需要、交通過程、それぞれの段階、側面において、時間と位置に関する乖離条件の回避が難しく、ここに資源非効率の諸因が内在する。このことは、価値実現過程における交通システムへの資源投資の増加は、環境負荷の増大に繋がることを意味しており、それへの処方は、資源利用における距離の増大を抑制する社会の循環システム構築に掛かっていると言ってよい。

　今日の資源展開が、需給関係から導き出される価格メカニズムに主導された市場システムに委ねられており、投じられる資源の実体はそこに抽象化されてしまっている。これは、実際に投じられる資源量を直接反映させた意思決定ではなく、需給それぞれの意図合意という間接化された手続きに焦点が合わされているということ、ここに問題がある。そこでの投下資源評価は、社会的総効用の最大化という人間社会の主観的価値判断にあって、地球科学的合理性に求

第9章　環境問題と私的交通システム

められている訳ではない。地球環境が憂慮されるという事態は、正に、この関係が科学・技術の飛躍的な進歩に支えられてグローバルに展開する事実の中にあることは、疑う余地がない。そうした関係に主導され、資源非効率の問題を抱えた交通過程の級数的な拡大は、改めて地球環境問題が、交通学の立場から検証されなければならないことを強く示唆していると言えよう。

　既に明らかなように、この交通における資源非効率の発生は、全体としての省資源化は当然のこととして、特に、交通対象化資源に対する交通システム化資源比率の増加を可及的に回避することを求めており、交通過程の増大が当然の前提になるような選択は、極力避けなければならない。この公準を社会選択に求める時、これまでの市場展開が著しく問題のあるままグローバルに拡大していることが、まさしく資源スプロール化を引き起こす最大の原因になっていることは間違いない[16]。このことは、資源移動を主導する市場メカニズムに環境条件を組み込むことの必要性、資源移動空間自身の広域化抑制、資源循環の地域・自己還元性の向上、交通過程投入資源評価の実体化、等々の二次関連指標の導入が不可欠なことを意味している。特に、交通過程に投じられる資源には、市場価格で算定される価額原価ではなく、資源量自体で評価する資源費用の考え方の導入が必要であることは明らかであろう。

　ここでは、もはや資源利用にあって、人間社会の利己的基準で広域・競争的に進められていくという手法が急速に限界を見せつつあることを注視し、地球科学的視野に立った新たなパラダイムを基礎にした社会関係を構築しなければならないこと、このことに尽きると言ってよい。そして、その最も重要な課題が交通関係の中にあること、それは、まさしくグローバルに展開する人間社会における資源利用の問題に、現実的な処方箋を提示する鍵になっていることを理解していかなければならない。

Ⅳ　資源需給展開へのインセンティブと交通過程

　今日の資源需給が、資本主義的社会関係の中で激しい利益追求を動因として、

グローバルに展開する市場取引の中で行われていることは周知の通りである。それは、近代市民社会形成を通して培われてきた人権への強固な意識が、社会活動の規範として認知されてきたことによって、個々の利益追求が累積的に資源利用増大を導き出してきたという歴史的様相に裏打ちされている。そして、それが、個々の人間存在を高度に尊重する社会思想であり規範として、最高度に保障されなければならない人類史上の貴重な社会資産であるこのことも間違いない。しかし、一方で資源利用を肥大化させる社会選択の時代を到来させる原因にもなってきたことを考えなければならない。

かように人権の保障を基調とする市民社会が成熟する中で、個別主体の自由な意思を可及的に実現しようとする社会環境は、資本主義という極めて特徴的な社会関係を中軸に置いて、資源展開を行うという時代を到来させることとなった。人権、自由、可能性への飽くなき追求、社会の持続的発展、科学・技術の急速な進歩、等々を梃子とした人間社会のこうした在り方は、現実化への実体環境が十分に用意されていることが前提となっている。資本主義に裏打ちされて、市場は、地球資源の人間社会への取り込みに極めて効果的なシステムとして、自然の地球科学的循環システムとは異なる物質変換の流れを加速する状況を招来させることとなった。この状況こそは、地球環境負荷の飛躍的な増大をもたらし、正に自己破壊的未来を予測させる事態に立ち入ろうとしている姿に他ならない[17]。

言い換えれば、人間社会が追求してきた人権思想の社会化、市民社会が成長する過程で生み出されてきた様々な仕組み、なかんずく、資本主義的生産関係とそれに主導された市場システムを通じて流通する資源展開にこそ、地球環境の悪化を危惧させるようになった今日の状況を説明すれ鍵があるということ、このことである。そして、それは交通システムへの莫大な投資を要求し、地球環境負荷的な資源移動を肥大化させつつあるのである。この関係の中で、価格メカニズムに情報代意、象徴化され、実際に利用される資源量が間接・仮想処理されて、情報の高度化にも拘わらず、効果的に資源状況を直接的に反映しな

いという問題を増幅させていることを注視しなければならない。

第4節　資源費用概念の導入と交通システム

　資源利用における効果・効率性の追求は、ある何らかの価値実現に関わるあらゆる意味での犠牲量を費用とし、それとの比較関係で評価される。こうした関係を捉えて、経済学においては、費用を「断念される他の用途から得られたと推定される最も大きな逸失利得」をもって表わす機会費用（opportunity cost）の概念をもって理解するのが普通である。重要なことは、この場合の費用が「機会」という位置、時間、状況という諸因子の中で相対化された存在としてあること、しかも、それらは、大方が市場メカニズムを通じて競争集団的に意思決定される価格という相対評価値で表わされるという人間社会の指標としてあることである。地球環境の問題は、地球という資源庫から人間社会という迂回過程を経て再構成される新たな資源循環システムが、人間社会のサステナビリティにどのような形で影響を与えるかを知るための基礎データとして、利用資源量そのものを費用額として捉えようとするのが資源費用の役割に他ならない[18]。

　その特性を整理すれば。次のようになろう。

(1)　資源供給の殆どを地球に依存している以上、環境負荷の如何を明らかにするための評価基準をあきらかにするために、利用資源を直接、反映するものであること。

(2)　人間社会形成の必要条件として導入される資源量を、地球全体の物性構造との関係から明らかにするための基礎資料の必要性。

(3)　資源利用における交通対象化資源と交通システム化資源の二元性に鑑み、交通学的アプローチを通じた地球環境問題の解析に基礎資料を提供すること。

(4)　地球科学的条件下、環境条件を明らかにするための基礎情報の蓄積、解

析への準備。地球資源を人間社会の成長、発展のために利用することの可能性と限界を明らかにしていくための条件整備の必要性。
(5) 費用を人間社会の主観的評価に委ねるのではなく、実際に使用される資源量を直接表示することによって、人間社会のサステナビリティを実現させる投入・産出関係をデザインしていくための新たなパラダイム構築に向けて、直視すべき現実の姿を明らかにしていくことが強く求められていること。

かような、諸課題に対し資源費用の考え方は、人間社会それ自体を、人間社会のサステナビリティにとっての環境条件として捉えようとしていることを、理解しておく必要がある。

I 交通費用の資源費用評価—地球環境負荷評価の基礎指標—

地球環境の問題を検討するに当たっては、人間社会における評価の基準との間に論理整合性を持って、地球科学的な評価が行い得るような指標を必要とする。交通過程は、連続的な資源投入を通じて、交通対象化資源の有用化を追求し続ける過程として存在しており、このことが資源費用の増大を避け得なくしている。こうした社会状況からは、改めて、交通過程の増大が資源消費増大に直ちに結び付くという事実を直接に反映する費用表示として、資源費用評価の導入が、緊要の課題になっていることは間違いない。

重要なことは、この交通過程に投じられる費用が、交通サービス生産要素費用の市場価格によって評価される限り、実際に投じられる資源量が、需給関係の中で間接・相対化されてしまうことを注視しなければならない。今日の交通費用が、この生産要素の市場価格原価を基礎に算出されていることは周知の通りで、現実の資源量が直接反映されている訳ではない。このことは、生産要素価格が投入資源量を規定する基準となって、これが新たな資源需給の市場を増殖させて資源移動の追加増大をもたらす。

この価格メカニズムに主導される資源市場の拡大が、交通対象化資源移動に新たな機会を増大させるという市場関係を導出し、相乗的に資源利用の拡大へ

第9章　環境問題と私的交通システム

と進行させることになる。市場が自由な利益追求の場として機能する社会関係の中では、環境問題に基点を置いた新たな指標の導入がない限り、こうした資源移動増大の傾向を抑制する処方箋の構築は難しい。かような諸条件を考慮すれば、地球環境問題にとって最も客観的な費用の捉え方が使用資源量すなわち資源費用にあり、人間社会のサステナビリティを検証する場合の基礎費用概念として受け入れられるべきであることは、容易に理解されよう。

　今日の価格メカニズムを核とした資源評価の間接・相対性を特徴とする市場価格原価が、この場合の費用算出の手法としては適切でないことは、もはや明らかなところである。今日における社会関係の中で、市場は公正な競争条件下に資源配分を最適化するという論理関係によって、市場の広域化を強力に促進する動因となっていることは周知の通りである。それが、二次元・三次元的に資源移動空間を拡大させるブースター役を担ってきたことは間違いない。こうしたことは、資源利用における交通過程増大に伴う資源非効率の問題を拡大する方向に作用し、環境負荷条件を著しくグローバル化することに成りかねない[19]。

　このことからも、地球環境の将来を議論しようとする限り、使用資源量によって直接評価する資源費用概念の導入は、不可欠のことと言える。資源の最適配分も市場価格主導型から地球環境適合的サステナビリティ基準の下に考察されるべき課題として、視点を地球科学的側面からの接近へと、大きく軌道を修正する必要に迫られていると言えよう。その際、交通過程に関わって改めて注視すべきことは、

(1)　交通サービスの即時性からする資源費用・効果（便益）関係の不安定、非効率傾向、

(2)　先行投資性に基づく不確実性、不使用能力の発生問題、

(3)　交通過程の連続性からする資源投入の累積性、

(4)　交通システムにおける交通サービスの「生産量＞供給量」関係による非効率の問題、

(5)　交通システムが資源有用化の手段として、不可欠のインフラストラク

チュアとしてあること、
　これらの諸特性が、環境問題に直接、間接に負荷条件として作用していくことを考察していかなければならない。

II　資源費用導入における問題点

　交通過程に関わる費用について、そこに投入される資源量そのものを費用として捉えようとするアプローチは、今日の環境問題の淵源が資源利用に発している以上、費用の基礎指標として受容されなければならないことは間違いない。しかしながら、一方で、費用は産出価値量との比較によって、資源利用における相対的効率条件を測定する関数関係の役割を担っている。こうした費用の位置付けは、それが単に価値実現の手段としてあるのではなく、投入・産出関係の中で資源利用における高次性への追求というインセンティブに方向付けられているということでもある。

　第1に、個別主体それぞれの価値基準に照らして、投入資源を費用として位置付けるという捉え方は、別段、特殊な理解ではなく、費用とは、もともとがそうした存在としてあるというのが正しい。その意味で資源費用とは、費用の発生史的役割に鑑み、使用資源量そのものによって直接表現することによって費用の客観性を担保し、供給フィールドへの影響を測定する物理量を明らかにする指標となる。環境への影響評価を行うには、人間社会における評価価額を原価として産出される費用では、実資源量が間接化されるフィルターが掛る訳で、それを避ける指標が求められているからである。しかし、これが環境評価に貢献する指標として機能するためには、当該資源の存在量ならびに他の地球構成物質との関係が把握される必要があることは言うまでもない。こうした地球科学データの蓄積は、人間社会における地球資源利用における評価に、新たな客観的評価手法導入の必要性を明らかにしていくことになることは間違いない。

　第2には、資源費用は、人間社会に導入される地球資源量を直接、費用として扱う絶対指標として、地球環境問題を検討する場合の基礎資料を提供するこ

第9章　環境問題と私的交通システム

とを第一の目標としながら、長期的には人間社会の資源利用選択への地球科学的適合性を追究しようとしている。しかし、そうした評価手法は指向すべき方向性ではあっても、今日の社会では、資源評価が価格メカニズムを軸とした市場システムを通じて行われていることを考えなければならない。それは、人間社会に導入された資源の、市民社会の時代における人間社会的評価指標であり、資源利用意思決定における効果的な判定手段として、鋭利な切れ味を示していることは周知の通りである。その意味において、今日の社会にあって、市場システムに代わり得る資源配分システムが直ちに選択し得る訳ではない。資源費用の考え方も市場メカニズムとの組み合わせの中で、資源利用の限界を指示する指標として、更に進んでは地球資源の地球科学的合理性を基礎にした、人間社会のサステナビリティへの処方箋を明らかにしていく指標として使われていくことが期待されている。

　第3に、資源費用概念の重要性は、人間社会のサステナビリティが地球資源の利用に、その大半が依存しているという事実の中で、生存基盤としての地球環境条件を把握するための指標としての役割に求められている。そのことは、人間社会への資源化が、何らかの形で地球環境負荷的に働くことが避けられないという状況下にある限り、省資源化が基本戦略としてあることを前提とした議論であることを考えているということである。そのことから引き出される処方箋は、サステナビリティを損なわない範囲での、より効率・効果的な資源利用の方法はいかに、という方向性の中での選択ということになる。

　その視点から交通学的に接近した時に、資源配分の比重がより直接性の高い交通対象化資源に置かれるとしても、交通システム化資源の特性をより鮮明に浮かび上がらせる指標としての意義が強調されているのである。その意味で、資源費用の概念は、交通学的な視点から人間社会の諸活動を分析しようとするアプローチの必要性を、強く示唆する概念としてあると言えよう。

　第4は、資源が二重の評価対象として存在していることに関わる問題である。資源費用が地球科学的評価に足場を置いているのに対し、一方、人間社会の需

給関係を通じて示される市場価格を基礎とした費用概念があり、この二つのフィルターによるサステナビリティ保障型資源利用への方向性が、求められているということである。問題は、資源費用が直ちに市場価格型費用に規制を掛ける指標としてある訳ではなく、当面は、地球科学的にサステナビリティが保障される資源化量の範囲内で、市場価格費用による配分を現実的な選択とするということになろう。むろん、市場システム自身の中に環境志向型のメカニズムを組み込むという作業が、進められていかねばならないことは当然として、資源利用における地球環境負荷臨界へのアプローチは、多角的な視野に立った新たな社会システム形成への軸になっていることを強く意識しておく必要がある。

　第5に、資源費用の考え方は、人間社会のサステナビリティ問題から発した概念であり、長期的には市場価格費用との間で融合、代替化されていかねばならない地球科学的評価指標としてあり、人間社会で利用される地球資源量、更には地球外資源量をも測定して、サステナビリティ分析への基礎指標としていく役割を展望している。このことは、資源費用概念の現実的用途が、地球環境との関係において幾つかの段階を経て、人間社会における資源利用の科学的客観性を明らかにしていくための指標としてあることを意味している。

第5節　私的交通システムにおける資源費用の問題

　一連の交通過程において私的交通システムが中心的な役割を担っていることは、既に明らかなところである。交通需要における個別交通需要への対応性こそが第一の課題である以上、このことは疑う余地がない。そのことは、資源利用において環境問題を考察する場合に、最も中心的なフィールドになる交通空間であることを示している。その意味で環境問題も、まさしく、そこに課題の中心があり、資源費用の考え方の私的交通システムの場での位置付けを明らか

にしておく必要がある。

I 私的交通システムにおける費用評価

　私的交通システムにおける費用認識へのアプローチが多様、かつ必ずしも一定したものになっているとは限らないということ、この問題における難しさは、ここにある。

　第1の問題点は、私的交通システムの交通主体自身の多様性にある。「私的」という概念下に理解される領域は、全ての個別主体において当てはまることであって、何らかの特定化された存在としてある訳ではない。このことは、私的交通システムとは、現実の場では極めて不安定、流動的な条件の中で評価作業が行われているということを意味している。この評価における個別性の問題は、費用評価における意識に相当の幅があることを理解しておく必要がある。

　第2に、この評価における個別性の問題は、大別すると次の二様態に分けられよう。一つは、交通需要者である交通主体にとって明確に交通過程と認識されて、そこに投じられた資源量を対象評価するという、最も限定された費用としての交通費である。そして、今一つは、一連の価値実現過程における移動行為に関わる領域にまで拡げて、費用評価を行おうとする場合である。一般的には、前者への意識に焦点が合わせられて、実務上もその認識に立って勘定科目が設定され、費用算定が行われている。しかし、私的交通システムの利用者にあっては、かように費用算定の範囲を截然と設定して行うとは限らず、多くの場合、後者の領域にまで入り込んで、包括的、かつ相対的な捉え方をしている場合が少なくない。

　交通過程が交通対象を通じた価値実現の不可欠の手段としてある以上、それに掛る費用は他の諸費用と合わせて、総費用が実現価値量を超えなければ良しとする、部分費用の扱いで行われているのが普通である。むろん、激しい競争の中で利益獲得を目指している企業などにあっては、費用削減への意識は極めて強く、市場の広域化の中で交通費用への意識は高まりつつあり、交通過程選

201

択が戦略的な経営課題として位置付けられる時代でもある。そうした意味では、経営戦略からも全行程における交通費用への意識が、飛躍的に高まりつつあることは間違いない。ただ、この場合であっても費用対象の一部としての意識であり、それ自身を独立的に管理，節減しようという所に意識がある訳ではない。

　第3に、こうした交通費用の評価は、それ自身の特性に関わって、私的交通システムにあっては、極めて幅広い選択が行われているということを考慮しておかねばならない。この評価における流動性、時には粗雑とも見える対応の仕方であるにも拘わらず、包括的な費用評価という枠組みの中で、実現価値量の最大化に対する柔軟性を実現するというレベルから、更には費用対効果、生産性、収益性といった目標指標に対応した処方箋を選択していくというような方法まで、多様な選択行動をもって展開している。要点は、費用評価への包括的アプローチというところに、資源費用の考え方が結び付いてくる脈絡があるということである。それは、私的交通システムの選択が、交通需要において最も強く求められる個別性への対応能力において優越的であるということ、そして交通サービスが移動という極めて単純な行為として、多様な需要に応じ得る汎用的な存在であることが支持している。

　第4に、私的交通システムにあって求められている個別対応・汎用性は、交通需要と交通サービスの性質に由来して価値実現手段として極めて一般的な要請であり、その要請が直ちに費用評価に反映される訳ではないことである。実際、私的交通システムを選択する理由の第一次的動機は、紛れもなく自由度の高さにあり、費用評価・配分の問題は二次的になっているということが多い。言い換えれば、価値実現の手段としての自由度、ここに要点があって、費用は何らかの方法で補填出来れば、それで足りるというような極めて包括的な受け止め方で済ましていることが多いという事実である。このことは、改めて交通というものの本質に根ざして、交通対象から得られる目標価値実現が達成されれば、どのような交通過程を経るかは二次的な課題としてあるに過ぎないということ、したがって、多くの場合、そこで費やされる費用は個別交通需要に掛

第9章 環境問題と私的交通システム

る費用ではなく、包括的な投入・産出関係の中で評価されるという手法に委ねられるということである。

　第5に、こうした関係から、交通費用は個々単独の問題とし分析するよりも、そこに投じられる総資源如何の問題として、交通対象に投下される資源から得られる産出価値、更には、より包括的に社会的総効用の持続的な維持、発展に寄与しながら、極力抑制される処方選択が望まれるという構図が現れてくる。このことは、交通過程が交通対象の価値実現の手段という役割において、全てに共通な費用としての位置付けにあること、そして、その共通性において、投入資源そのものを費用とする資源費用表示が、地球科学的評価指標として整合性を得るに有効な方法であることが強く示唆される。正に、この意味において価値実現手段の費用、すなわち単位投下資源量から得られる価値量の社会的評価、算出の基礎指標として、また、人間社会サステナビリティ実現の地球環境条件との関係を明らかにする共通の基礎資料を提供する存在と言えよう。

　重要なことは、一連の交通過程、なかんずく私的交通システムにおける個別需要の多様性に関わりなく、この指標によって価値実現手段としての交通費用評価の地球科学的一元化の方向性が展望されることである。

II　私的交通システムの資源費用評価性

　私的交通システムにあっては、費用の問題は、他に比して遥かに多元的な要素に絡まって、産出交通サービス個々の原価を適正に算定することの意義を必ずしも要求してはいない。私的システムを要求する交通需要者の意識は、個別交通需要条件への可及的実現という要請に強く傾斜した選択下にあること、このことを理解しておかねばならない。この要請下に費用を算出することの意味は、当該交通需要が特定実現価値量との間に、費用対効果、収益性、生産性、等々の判定が求められている場合を除けば、より包括的な投入・産出関係の中で付加価値性を評価するというのが一般的なことは、先にも触れた通りである。そして、交通過程の中で私的交通システムの占める割合が極めて大きいことを

考えれば、交通サービスの費用評価が個別の需給関係の中で行われる関係は、むしろ限られたケースに過ぎないということが容易に理解されよう。言い換えれば、私的交通システムにあっては、産出交通サービスに関わる費用について、交通需要の当該性如何を問う要求は必ずしも大きなものではないということ、このことである。

交通過程における私的交通システムの果たしている役割、比重に鑑みて、こうした意識展開は、効率性、投入・産出効果に対する費用マネジメントの在り方に、改めて交通学的なアプローチの必要性を強く感じさせる。

それは、第1に、交通過程が個別条件に強く規定された交通需要充足の過程から成っており、これをその場その場で費用算出することは技術的にも経済的にも容易ではなく、結局、何らかの方法で包括把握し、事後、個別遡及するという方法に拠らざるを得ない。

第2に、この算出方法における問題は、「包括把握」という手続きにおいて著しく幅があることである。需要の個別性、交通過程の連続性、更には交通サービス供給構造における異種システム結合性、等々が関わってくるのである。これに、社会的な諸条件が加わって来る。

むろん、費用に対する意識は、収益性に焦点を合わされている場合に最も強くなり、特に期間・範囲において特定化され独立採算性を求められている組織にあっては、その制約下において費用対効果が明示されてくることから、最も強くなる。しかし、その場合にあっても、交通事業のように全ての費用がそこに集約さてくる場合を除けば、需要条件に主導されて、費用算定は期間、範囲の領域で包括的に把握され、二次的な調整対象とされることが少なくない。ただ、グローバル化に象徴されるように交通過程が飛躍的に長大化する状況下、収益性向上を目指して、この部分、プロセス・アプローチに目が向けられるようなっていることは、重要な動きである。

第3に、しかし、私的交通システムの領域では、この包括性はより自由度の高い範囲の中で行われており、その中心となる日常生活に密着した領域にあっ

ては、殊に顕著である。一般家計における費用意識は、不連続、断片的、無感覚といった感性まで含めて、生活全体での費用如何にあって、大半がこの包括性の中で管理されていると言ってよい。生活の基礎施設としてある交通システムにあって、私的交通システムへの選択動機が自由度の実現、向上にあることを考えれば、ごく常識的な在り方である。このことは、私的交通システムにおける費用問題へのアプローチには、更に別の視点からの接近が必要であることを示唆していると言えそうである。

　第4に、私的交通システムが個別の需要条件に応じた費用意識に委ねられている以上、そうした状態からの改善には、自ずから限界があることは明らかであり、何らかの形で新たな条件が加わってこなければならない。要点は、多くの場合、私的交通システムの展開が近距離、多種、多頻度、不確定、等々と、極めて多様な需要構造をもって生計空間域、すなわち一定の地域社会にその中心があるということ、このことである。

　人間社会が二次元的な空間条件の中に地球上の様々な地域に集落を形成して、個別地域で効果的に取得できない諸資源を地域間交流の中で充足し、この地域間関係をネットワーク化する中で、今日のグローバル社会が形成されて来たことは周知の通りである。こうした高度に広域化した社会の展開も、その中核は、経済集積を中心としたクラスターである地域社会にあること、ここに鍵がある。それは、個別交通需要展開の中心が地域社会という集合空間の中で行われているということに焦点を当て、それを有機的な単位として費用評価を行っていくという方向性を示しているのである[20]。

第6節　循環型地域社会と私的交通システムの資源展開

　地球環境の問題を現実の社会に対応させていくことが基本的課題となっている時代にあって、一連の交通過程において私的交通システムにおける費用意識

の限界を、日常、主たる活動の場としてある地域社会という枠組みの中で、より現実的な評価の在り方を検討していく必要がある。

I　循環型地域社会形成と資源費用

　既に明らかように、今日の環境問題が優れてグローバルな課題としてあり、人間社会における資源利用の如何が問われていることは、もはや疑う余地がない。地球環境負荷を可及的に低減させる資源利用の在り方は、社会そのものの仕組みを省資源、還元性、自己完結性の向上を目指す資源循環システムを内部化した、循環型社会の構築に展望を見出さざるを得ない。ここにおいて、重要なことは、その社会において使用される資源が地域社会という生活圏を単位として、そのネットワークが広域化する中で、グローバルな展開をしているという構図が描き出されることである。個別交通需要において中心的役割を担っている、私的交通システムにおける費用評価の準則をそこに求めようとするのが、ここでの立場である[21]。

　地域社会を循環型社会の単位として、そこに立地する個別主体の活動に関わる資源利用の枠組みを、地域自治という自律的、弾力的な意思決定システムを通じて生活に密着した形で実現していこうという選択である。市民社会において、今日、最も期待されている社会の在り方が、ここにあることは間違いない。ただ、地域が個別主体の意思が錯綜する中で、必ずしも有効な合意決定がなされる場であるとは限らず、その近隣性が、かえって対立を激化させる原因になることも、しばしば見られるところである。こうした問題を抱えながらも、権利・義務のバランスの上により良い自律的な社会関係を実現していこうとする上で、地域が、中核的な存在であることは確かである。

　殊に、今日の環境問題が地球環境という極度にマクロ的な、しかも地球科学的な課題であり、地域社会に共通の課題として提示されているという事実から、個別の困難を抱えながらも総体としては合意の得易い状況下にある。その意味で地域社会を単位として、個別の行動を現実に規律する共通の規範を合意化す

第9章　環境問題と私的交通システム

ることは、地域社会の一体性を認識する上からも重要な自治過程であると言えよう。何れにしても、この枠組みの中で個別交通過程で発生する費用を、環境評価の問題に合わせて明らかにしていこうとする課題に、明確な基準を与えることの意義は小さくない。この場合の費用とは、その地域に投入された地球資源がどのように展開しているかが問題であって、それが市場を通じて相対評価される価格は、地域社会効用の有効な配分に基準を与える二次指標として位置付けられる関係を描いている。地球科学と人間社会の二元的な側面から接近して、総合的な評価を得ることを展望しているのである[22]。

　この手法が、人間社会のサステナビリティに有効な指標として意義あるものにしていくためには、次のような段階が想定される。

(1) 地域社会全体としての費用は、使用資源量そのもので表す資源費用によって測定することにより、地球科学的な所見への評価データを準備、提供することと位置付けて、地域社会の実際の場での評価は、従来の市場価格に基づく評価の中で、環境対応性向上機能の内部化促進を図るというレベル。

(2) 地球科学的情報の蓄積を通じて、資源費用の社会的指標化率の向上を図るという方向性をもって、資源配分における地球科学的適合性高度化を目指すというレベル。この段階においては、市場における流通システムに、この資源費用による評価システムの内部化促進が、社会共通の認識として規範化されていかねばならない。価格メカニズムの中に、強力な環境パラメーターが加わっていくことになる。

(3) 地球資源の利用について、第一次指標としては資源費用によって表示し、地球科学的条件に照らし合わせて、人間社会のサステナビイティを損なうことのないような量的評価を行うことが、基本となるようなパラダイム社会形成のレベル。

(4) 科学、技術の進歩によって地球環境の人為的制御がある水準で可能になり、サステナビリティ幅が、より広く得られるようなレベル段階。この段階にあっては、地球外資源利用の問題も、重要な課題として入って来るこ

とが考えられ、資源費用概念の利用も含めて、新な多くの不確定要素に影響されるレベル状況であることは言うまでもない。

かように、地球環境条件を交通過程評価の指標として、資源費用の概念を導入するに当たっては、人間社会における資源流通という場での、市場メカニズムから導出される指標自身の環境対応性を高めることも加えて、地球科学に基礎をおいた評価指標が、不可欠な段階になっていることは間違いない。殊に、私的交通システムにあっては、費用への意識が二次的、相対的になる傾向が強いことに因る資源非効率の問題を、地域という集合社会の中で包括的に制御しようとする接近方法が、現実的な提案として浮かび上がって来る。

この仕組みは、人間社会の形成が地域によって異なることを考慮して、そこに生計、活動する個別主体の意思を、循環型社会形成に向けて整合化させていくシステムの構築が望まれているということである。私的交通システムは、それ自体としては、可及的に自由度の高い需要充足手段として地域社会において中心的な存在としてあり、地域社会の一員として社会生活を営む上で、共通のルールに従うことが日常化されている。このことを捉えて、この課題への相互自律的な規制への単位枠組みとして位置付けることが、現実的選択であることが考慮されている。この場合、単位枠組みの設定は、相当の幅を持って行われることは、個別主体間の摩擦、軋轢を回避、緩和する上で配慮されねばならないことは言うまでもない。

費用意識とは、それによって産出される効果、便益との相対関係の中に効率、効果の有効度を測定、促進する意思の反映に他ならず、その意味において方向付けられた基準作りが意図されている。循環型社会の形成という新たな方向性を選択する上での現実的な枠組み作りと、地球環境負荷の抑制という地球科学的な視野に立った社会への飛躍を展望する上での処方箋の構築、そして、そこで求められているのは、地球資源を量的に明示する資源費用概念の理解こそが、費用意識における不可欠の在り方であるということは、もはや疑う余地がない。

第9章　環境問題と私的交通システム

II　私的交通システムの循環型社会への貢献

　地域社会において、私的交通システムの果たす役割が中心的な課題としてあることは、一連の交通過程における端末域交通比率の高さからして、当然のことと言わねばならない。このことは、地域社会にとって私的交通システムの役割の高さと共に、環境寄与率の高さを実現する交通領域としてあることをも意味しており、ここに焦点を合わせた地域交通政策の重要性が再確認されねばならない。

　その第一の手掛かりが、費用意識の向上にあることは、既に触れてきた通りである。それを資源費用の形で把握することは、個別の価値基準による相対的間接評価指標ではなく、当該地域全体で使用される資源量をそのまま費用とすることによって、地域社会の地球環境への影響度を直接示す基礎資料を提供することに意味がある。

　第2に、それは、私的交通システムにとって、地域社会という所属共同体の一員として資源使用空間の地球環境依存度を直視し、自己制御指標を得るという重要な意味を持っていることがある。近隣環境の中に地球環境認識アプローチへの直接的な担い手としてあること、そして、地域社会の中での合意形成に直接参加しながら、具体的な行動の実行者としての責務を担うことにより、地球環境という極度に巨視的な課題に対し自らの役割を共通認識化することによって、その実効性を期待しているのである。

　第3に、地球環境を意識した資源循環型地域社会の形成は、その社会を構成する全ての成員が、このパラダイムに何らかの形で有機化されていかなければならないということである。ここにおいて、「循環型」とは、地球科学的整合性を持って人間社会のサステナビリティを維持、発展させるような資源利用の在り方を追究していく地域の姿勢を表わしており、その手法には多様な選択があり得る。ここでの要点は、地域社会の資源利用における交通学的な課題が、「交通対象化資源／交通システム化資源」比の高度化を軸に、省総資源化、効率・効果の向上、地球環境対応資源還元性、地域社会完結性の促進、資源の

LCA、等々[23]に焦点を当て、地域社会を環境対応単位空間として循環性を高度化する社会システムを構築していくことにある。そこにおいて、私的交通システムは、最も利用頻度、役割の大きい交通システムとして、社会システムの中核的な担い手に位置付けられていることは、言うまでもない。

第4に、このことは、地域社会における資源利用の基礎に、交通システム化資源への投入率を抑制するという選択の中に、諸資源の利用、配分の最適化が考察されていく必要があるということを、再確認しなければならないということである。この場合、今日の人間社会で一般的に受け入れられている資源配分の最適化システム、すなわち市場メカニズムの適応性を、許容する第一次的枠組みとして位置付けることにより、人間社会傾斜性の高いシステムの利用が、一定の範囲で認められるという選択である。こうした資源利用システムの重層・階層化分析が不可欠になっているということが、この問題を考える場合の鍵になっているということである[24]。

第5に、これは、環境対応単位として地域社会をメッシュ単位とし、この問題への枠組みを明確にして、地球環境対応資源循環型社会への処方箋を、個別地域社会の特性に応じた条件の上に導出する方向性を明らかにして行こうとしている。この地域における個別性を地球環境という、より広域の空間場で地球科学的なアプローチを通じて巨視的に綜合していくことにより、地球外環境をも含めた人間社会のサステナビリティを明らかにしていくことが展望されている。今や、人間社会のサステナビリティは、人類という一個の生命体の地球科学的条件下におけるサステナビリティ問題を基礎にして論じなければならないという、科学的客観性、このことこそが強く求められているということである[25]。

注

（1） 地球電磁気・地球惑星圏学会 編『太陽地球系科学』京都大学学術出版会、2010年、第8章。杉原 薫・川井秀一・河野泰之・田辺明生『地球圏・生命圏・人間圏—持続的な生存基盤を求めて—』京都大学学術出版会、2010年、第4章。

第 9 章　環境問題と私的交通システム

（ 2 ） Cogoy, Mario and Karl W. Steininger, *The Economics of Global Environmental Change*, Edward Elgar, Cheltenham UK, 2007, chap.1, 8.
（ 3 ） 浅野宗克・坂本 清 編『環境新時代と循環型社会』学文社、2009年、第 5 章。Holder, Jane, *Environmental Assessment, The Regulation of Decision Making*, Oxford University Press, Oxford, 2004, pp.32〜41.
（ 4 ） 生田保夫『〔改訂版〕交通学の視点』流通経済大学出版会、2004年、第 1 章第 4 節、第 9 章第 4 節。浅野宗克・坂本 清 編『前掲書』、pp.30〜32。Rauschmayer, Felix, Ines Omann and Johannes Frühmann ed., *Sustainable Development, Capabilities, needs, and well-being*, Routledge, London, 2011, chap.1, 8.
（ 5 ） 福岡克也『エコロジー経済学―生態系の管理と再生戦略―』有斐閣、1998年、第 3 章。入江重吉『エコロジー思想と現代―進化論から読み解く環境問題―』昭和堂、2008年、第 6 章。 及川敬貴『生物多様性というロジック―環境法の静かな革命―』勁草書房、2010年、第 1 章。杉原 薫・川井秀一・河野泰之・田辺明生 編著『前掲書』、pp.1〜9, 169〜180。
（ 6 ） Hackett, Steven C., *Environmental and Natural Resources Economics, Theory, Policy, and the Sustainable Society*, 2nd ed., M. E. Sharpe, Armonk NY, 2001, chap. 1, 3, 5, 10.
（ 7 ） Tisdell, Clement A., *Resource and Environmental Economics, Modern Issues and Applications*, World Scientific Publishing Co. Pte. Ltd., NJ, 2009, chap.1, 2, 5.
（ 8 ） 酒井伸一・森 千里・植田和弘・大塚 直『循環型社会 科学と政策』有斐閣、2000年、第 1 、3 章。Marten, Gerald G., *Human Ecology*, James and James (Science Publishers) Ltd., 2001, ジェラルド・G・マーテン、天野明弘 監訳・関本秀一 訳『ヒューマン・エコロジー入門―持続可能な発展へのニュー・パラダイム―』有斐閣、2005年、第 5 〜 8 章。細田衛士『資源循環型社会―制度設計と政策展望』慶應義塾大学出版会、2008年、第11章。時政 勗・薮田雅弘・今泉博国・有吉範敏 編『環境と資源の経済学』勁草書房、2007年、第 1 章。
（ 9 ） Goodstein, Eban S., *Economics and the Environment*, fourth ed., John Wiley & Sons, Inc., Hooken NJ, 2005, PartI, III. Mega,Viula, *Sustainable Development, Energy and the City, A Civilisation of Vision and Actions*, Springer Science-Business Media Inc., 2005, chap.2. Siebert, Horst, *Economics of the Environment, Theory and Policy*, seventh ed., Springer-Verlag, Berlin, 2008, chap.2, 16.
（10） 内山洋司『〔新訂〕エネルギー工学と社会』放送大学教育振興会、2003年、第 1 〜 3 章。 MacKey, David J. C., *Sustainable Energy-Withuout Hot Air*, UIT

Cambridge Ltd., 2009, デービッド・J・C・マッケイ、村岡克紀 訳『持続可能なエネルギー』産業図書、2010年、第1部。
(11) 濱田隆士『地球環境科学』放送大学教育振興会、2002年、第2、3章。木村龍治・藤井直之・川上紳一『新訂 地球環境科学』放送大学教育振興会、2005年、第1、8章。澤 昭裕・関 総一郎 編著『地球温暖化問題の再検証』東洋経済、2004年、第2、9章。鄭 雨宗『地球温暖化とエネルギー問題―ポスト京都に向けた国際協調システム―』慶應義塾大学出版会、2008年、第1章。鹿園直建『地球惑星システム科学入門』東京大学出版会、2009年、第3章。鳥海光弘・田近英一・吉田茂生・住 明正・和田英太郎・大河内直彦・松井孝典『地球システム科学』岩波書店、2010年、第1、2、5章。住 明正・松井孝典・鹿園直建・小池俊雄・茅根 創・時岡達志・岩坂泰信・池田安隆・吉永秀一郎『地球環境論』岩波書店、2010年、第2、5章。林 良嗣・中村一樹「低炭素都市のための交通戦略と政策・技術―CUTEマトリックスによる国際比較―」、運輸調査局『運輸と経済』第71巻第3号〔765〕、2011年3月、pp.4〜14。鎌田秀一「「低炭素都市づくりガイドライン」における交通部門の役割について」、同、pp.23〜33。Oberthür, Sebastian and Hermann E. Ott, *The Kyoto Protocol, International Climate Policy for the 21th Century*, Springer-Verlag, Berlin, 1999、岩間 徹・磯崎博司 監訳『京都議定書―21世紀の国際気候政策―』シュプリンガー・フェアラーク東京、2001年。Baumert, Kevin A., *Building On The Kyoto Protocol: Options For Protecting The Climate*, World Resources Institute, 2002, chap.1, 2.
(12) 佐和隆光 監修『サステイナビリティ学』ダイヤモンド社、2008年、第9章。
(13) 森 昌寿『環境援助論―持続可能な発展目標実現の論理・戦略・評価』有斐閣、2009年、第1章。
(14) 生田保夫『〔改訂版〕交通学の視点』流通経済大学、2004年、pp.252〜253。
(15) Sperling, Daniel and Susan A. Shaheen ed., *Transportation and Energy: Strategies for a Sustainable Transportation System*, the American Council for an Energy-Efficient Economy, Washington, D.C., 1995, chap.1, 12. Sarkis, Joseph ed., *Greening the Supply Chain*, Springer-Verlag London Ltd., 2006, chap.1, 5, 8.
(16) 中村 貢「エネルギー問題と交通」、日本交通学会『交通学研究』1980年研究年報〔24〕、1981年3月、pp.10〜12.
(17) 麻生平八郎『交通および交通政策』白桃書房、昭和29年、pp.5〜9。除本理史・大島堅一・上園昌武『環境の政治経済学』ミネルヴァ書房、2010年、第1章。Feitelson, Eran and Erik T. Verhoef ed., *Transport and Environment, In Search*

第 9 章　環境問題と私的交通システム

　　　　 of Sustainable Solutions, Edward Elgar, Cheltenham UK, 2001, chap.1.
(18)　　生田保夫『〔改訂版〕交通学の視点』流通経済大学出版会、2004年、第 9 章第 4 節。清野一治・新保一成 編『地球環境保護への制度設計』東京大学出版会、2007年、第 1 部。Alberini, Anna, Paolo Rosato and Margherita Turvani ed., *Valuing Complex Natural Resource Systems*, Edward Elgar, Cheltenham UK, 2006, pp.46〜50.
(19)　　Jorgenson, Andrew and Edward Kick ed., *Globalization and the Environment*, Koninklijke Brill NV, Leiden, 2006, p.253ff.
(20)　　Carruthers, John I. and Bill Mundy, *Environmental Valuation, Interregional and Intraregional Perspectives*, Ashgate Pub. Ltd., 2006, chap.1.
(21)　　小宮山宏・武内和彦・住 明正・花木啓祐・三村信男 編『サステイナビリティ学③資源利用と循環型社会』東京大学出版会、2010年、第 5 章。通商産業省環境立地局 編『循環経済ビジョン―産業構造審議会地球環境部会、廃棄物・リサイクル部会合同基本問題小委員会報告書〔循環型経済システムの構築に向けて〕』通商産業調査会出版部、2000年、第Ⅱ部第 1 章。
(22)　　植田和弘・森田 朗・大西 隆・神野直彦・苅谷剛彦・大沢真理 編『持続可能な地域社会のデザイン』有斐閣、2004年、pp.8〜14。大塚祚保『都市政策試論』公人社、2004年、第 5 章。
(23)　　鷲田豊明『環境評価入門』勁草書房、1999年、第 5 章第 1 節。浅野宗克・坂本清編『前掲書』学文社、2009年、第 9 章。洪 京和・矢野裕児「LCAにおけるロジスティクスの環境負荷の算出に関する考察」、流通経済大学物流科学研究所『物流問題研究』No.54, 2010 Summer、pp.29〜39。
(24)　　酒井伸一・森千 里・植田和弘・大塚 直『前掲書』、pp.97〜102。
(25)　　宇沢弘文・細田裕子『地球温暖化と経済発展―持続可能な成長を考える―』東京大学出版会、2009年、第 6 章。Weizscker, Ernst Ulrich von, *ERDPOLITIK, Ökologische Realpolitik an der Schwelle zum Jahrhundert der Umwelt*, Wissenschaftliche Buchgesellschaft, Darmstadt, 1990, 宮本憲一・楠田貢典・佐々木建 監訳『地球環境政策―地球サミットから環境の21世紀へ』有斐閣、1994年。

第10章
私的交通システムと交通政策

　交通過程は人間社会の実体活動における基礎的過程として、あらゆる事象に関わってくる。そのため、交通過程には人間社会の諸問題が凝縮して現れて来ることから、社会関係を秩序ある成長、発展に向けていくためには、何らかの方法で方向付けをしていく作業が欠かせない。その意味で、社会政策とは、正に、そうした役割を担った人間社会の規範を明らかにし、未来への展望を実りあるものにしていくための意志を現実の場に表わしていく行動に他ならない。その過程で現れる様々な課題に対処していくためには、それぞれの分野において具体的な政策課題を明らかにし実行していくことにより、持続的成長・発展を促していこうとする人間社会の積極的な意志を反映していかねばならない。特に、交通は、社会において人、物、情報が直接作用する過程であり、それは長期にわたる中で社会の様相を大きく変えていく影響力を持っている。社会における歴史性とは、正にそのことを物語っていると言ってよい。その意味で交通政策は、社会の意思を現実の場に表わすスクリーンを提供する役割を担っており、次代の方向性を大きく方向付ける基礎を構築していくことになる。

第10章　私的交通システムと交通政策

第1節　交通政策の役割と基本的課題

　私的交通システムは、交通システムのある部分を担う存在として固有の特徴を持っていることは明らかなところであるが、一連の交通過程を実施する担い手の一つとして、共通の課題としての相互関係を持っている。
　第1に、交通政策は、当該社会の価値実現の能力、方向性を規定する基礎施設としてある交通体系に、その社会を構成する成員の意思をいかに反映させるかの規範を提示、制御していく役割を担っている。そして、近代市民社会の目指すところは、基本的人権を最大限に実現する機能を社会基盤として、持続的な成長、発展を希求するところに焦点が合わされている。それを共通に保障するための基礎的基本的人権として、交通権が、まず保障されなければならない。その保障は、社会成員の意思に委ねられて、地域それぞれに歴史性をもって現実化していく。正に当該社会のパラダイムの選択が、この課題に強く反映されてくる。
　私的交通システムは、こうした社会空間の中にあって個別条件に強く規定された存在として、しかも現実の場にあっては、最も機能頻度の高いシステムとしてあり、政策対象としての役割が小さくない。そのことを考慮して、政策選択が行われていかなければならないことを注視すべきである。
　第2に、交通政策は、交通対象の位置変化を通じて、地域という場において具体的に社会関係を形成していく現実の過程に対処していく政策である。したがって、地域社会それぞれの特性を、交通過程を通じていかに効果的に実現していくかに第一の目標があり、それをより長期的な展望に立ってサステナビリティを発展的に推進していく手立てを求め、先行的にデザインしていかねばならない。その過程で地域社会は、空間的広がり、地域間関係へと進み、地域間分業上、集積効果を高めていくことになる。交通政策は、そうした空間展開を想定して、先験的に策定していかなければならない最も基礎的な政策課題である。
　第3に、一連の交通過程は、特定の交通システムで完結し得るものではなく、

関連する交通システムを総合的に捉えなければならない巨視的な政策課題としてある。今日、交通システム形成の基軸としてある公共性基準、市場メカニズム、私的システムは、截然として個々独立にある訳ではなく、相互に連接、重層して交通ネットワークを形成している。そのことから交通政策は、社会の諸部門、諸関係との関連において、システムの相互調整という難しい課題を背負っている。問題は、交通過程がその端末においては、常に何らかの形で私的交通システムに拠らざるをえず、他の交通システムとの間に多様なインターフェイスが、準備されていなければならないことである。地域社会において、この問題は、交通の自由度を規定する現実的な政策課題として、前面に出て来ることに注視しなければならない。

　第4に、交通政策は、現実の場では地域という位置・空間概念に強く規定され、その条件下に著しく個別的課題に対処しなければならない。しかし、地域の個別性は単に独立にある訳ではなく、それを大きく統合するよりマクロ的な総合政策の存在を前提としている。総合性の中に個別性を統合していくという課題を、長期に渡って実施していくということは、その間に発生する新たな諸事象に強く影響されるという現実の問題があることを、視野の中に入れていかねばならない。その意味で交通政策とは、その社会における時間的、空間的諸事象に規定された歴史性を強く持った存在としてあることを理解しておく必要がある。この交通政策における総合性こそは、当該社会の意志を長期的な視野に立って展望する基礎を成している。

　第5に、人間社会は、未来に向けて長期的な視野に立った持続的成長、発展を求めて脈動する個別地域固有の動きから、より広域の地域、地域間社会へと地歩を進め、今や地球規模の交流が活発化する中で、急速に、社会はグローバル化しつつある。それは、18世紀後半に始まり今日から更に未来を展望する産業革命の時代、まさしく人類文明史上の画期を成す数世紀、人、物、情報のグローバルな動きの中にサステナビリティを実現して行こうとする人間社会の進化の姿に他ならない。それを可能にしているのが交通システムの発達であり、

人間社会の持続的な成長、発展を先行的に大きく方向付ける存在としてあることを改めて強く認識させられる。交通政策とは、その意味において、人間社会の在り方を強力に方向付けていく時代のパラダイム、それを実体的に基礎付ける先行施策と言ってよい[1]。

そして、第6に、交通政策は、交通過程形成に関わるあらゆる課題に関連して、基礎的条件において人間社会の在り方を強く主導すると共に、そこに投じられる資源投資を通じて関連産業、市場構造、外部性の問題、等々に、社会の基幹的な課題として新たな展望を与える。人間社会の価値実現能力を高め、社会的厚生の向上を目指して長期にわたり先行的大規模に行われていく交通投資を主導する政策として、交通政策は、地域、地域間、国民経済、国際関係、そして地球環境にまで拡がるグローバルな社会関係を視野に入れた総合政策としての位置付けにあることを認識しておかなければならない[2]。

以上のように、交通政策は、その社会の秩序パラダイム、諸規範、慣行・慣習、文化、等々によって歴史的に規定される価値認識下に個々地域性を持ちながら、交通過程という極度に現実的、かつ複雑な絡みを見せる場の課題に対処して、社会のサステナビリティ向上に寄与していく広範な課題を担う政策としてある。その目的をより効果的に実現していくために、交通システムも多元的な基軸からなる複合的なネットワークの中で有機的に成長していくという展望を持って、政策課題が遂行されていく。そして、私的交通システムは、常に、交通システムの基本的政策課題としてあることを改めて確認しておく必要がある[3]。

第2節　交通政策における私的交通システムの位置付け

私的交通システムが、交通システムの原初的存在として交通政策の中でどのように位置付けられるかは、その社会の交通の自由度を理解する上で重要な指

標となる。交通政策は、人間社会の諸活動を絶対的基礎条件として規定する交通システムの在り方を方向付け、調整していく役割を担っている以上、基本的に総合性を免れない。私的交通システムは個別交通需要に第一次的に関与するシステムとして、全ての交通需要は、何らかの形でこのシステムに接合している。交通政策は、社会の価値実現能力を向上させるため、秩序ある交通の自由をいかに実現するかに主たる課題があり、その意味からして、私的交通システムは第一次的に考察されねばならない対象になっている。

　第1に、私的交通システムは、あらゆる意味で交通システムの原初的形態である。それへの回帰傾向は、交通サービスが即時財であるということから、交通需要が交通サービス生産・供給過程との間で出来る限り時間的・場所的一致を要求しているという、一般的指向性を持つことに因る。このことは交通過程における基本的要請であり、私的交通システムは、他の基軸による交通システムにあっても同様に求められている諸特性を内包しているということを意味している。交通政策が、私的交通システムの特性を理解することから始められなければならない理由がここにある。この私的交通システムの原初性は、交通の本質から他のシステムにおいても基本的に共通したものであり、交通政策に当たっては、調整条件の基礎になることを認識しておく必要がある。個別交通需要対応性の問題である。

　第2は、他の基軸に基づく交通システムとの間の政策的整合化の問題である。私的交通システムが交通の原初的形態として位置付けられる第一の理由は、交通需要は、どの様な場合にあっても、必ず何らかの形で個別的であるということに淵源がある。しかし、一方で社会の成長、発展と共に急速度で拡大する交通過程、ネットワークの複雑化が進む中で、個別性に最も適合的な自己充足型システムである私的交通システムに依存しているのみでは、効果的に価値実現過程に参加していくことは、自ずから限界がある。私的交通システムのこの限界を克服して、より発展的な社会参加の中に新たな自己実現への可能性を展望しようとする意識こそは、近代市民社会の顕著な特徴であると言ってよ

い。

　そうした時代思潮を背景として、個別主体の自由な意志の可及的実現を可能にする社会の構築という要請実現には、新たな視点に立った形成基軸の選択が必要になってくるのは避けられない。社会全体が個別意志の自己実現の場であるという認識は、改めて「交通」の本質、特性を多角的な視野から分析、検討することの必要性を求めてくることとなった。

　重要なことは、交通需要が場所（位置）と時間を絶対条件としており、個別性が避けられないことは間違いない。が、交通が交通対象の場所的移動という極めて単純な行為としてあるということにおいて、物理的、技術的類似性は、交通システム形成における集合化への可能性を大きく示唆してもいる。産業革命発祥の時代を経て革新的な技術を得るようになって、交通システムに飛躍的な発展の可能性をもたらすこととなり、こうした社会的要請を大きく実現する機会を与えることになった。

　市民社会は、基本的人権の保障を基調として民主的で自由な選択の中に個別多様性を許容し、成長、発展の持続性を大きく展望しているところに顕著な特徴がある。この展望の実現に実体性を与える基礎として、交通ネットワークの拡大が強力に求められる時代を到来させることとなった。その過程で新たな基軸として公共性基準が、そして更には市場メカニズムの導入という形で、交通過程に集合性を持った交通システム形成への流れが出来上がってきた。こうした動きは、まさしく市民社会における人権意識の社会化の歴史に連動して成長してきたのである。個別性と社会性の有機的な連携こそが、人間社会のサステナビリティ形成への鍵になっていることは疑う余地がなく、その具体的な姿が、交通過程において先行的に現れてきたと言ってよい。

　交通政策は、市民社会の成長、発展を実体化していく基礎的、先験的な政策の担い手として、交通の発達過程を主導する極めて包括的、戦略的政策であり、ダイナミックに展開する社会の動向に連動し、しかも個別交通需要の動きに対応していく柔軟性を持った有機的な政策姿勢が求められている政策分野である。

第3に、私的交通システムが、交通過程の中で最も多くの需要機会に対処した交通システムとしてある以上、全ての交通システムは、それをより効果的に社会機能化することに軸を置くことが期待されている。そこでは、個別私的交通システムでは実現できない交通過程の限界を、より幅の広い参加の中に集積の効果を利して、ネットワーク効果を実現して行くという成長戦略が企図されている。重要なことは、この集積性は、単に交通過程の展開に直接効果がある選択というばかりでなく、その拡がりの過程で大規模、長期にわたる関連諸分野への投資が、大きく基礎・基幹産業の成長に機会を与える波及効果となって現われることである。いわゆる経済の離陸（take-off）に、交通投資が決定的な役割を果たしてきた事例は、歴史上、枚挙にいとまがない[4]。
　更に、社会空間の広がりは、経済的には市場の拡大を、社会的には諸制度、諸要素の集積、複雑化、地域間交流の活発化、正に、こうした諸条件の展開に整合した社会関係の中に、私的交通システムの機能拡大を展望した政策展開が期待されているのである。
　第4に、近代市民社会の思潮は、あらゆる意味において個人、個別主体の自由度を可及的に実現する社会を展望して、基本的人権に基礎を置く社会関係の中で多様な価値判断基準を内包する。それは、主として民主的、かつ自由集合的な意思決定のメカニズムを通じて社会的合意を形成しつつ、持続的な成長、発展の歴史を積み重ね、今日のグローバルな社会関係を構築してきた歴史に他ならない。この社会関係が、基礎的基本的人権である交通権を最大限に行使し得る状況が進行する中で展開しているという事実を知れば、改めて交通政策の重要性を認識せざるを得ない。
　なかんずく、基本的人権の実現が、単に社会全体の平等といった抽象的な位置付け論だけでは実体化し得ず、その起点に、この交通権の保障における極めて個別的な課題が内在しているという事実を、注視していかなければならない。言い換えれば、私的交通の自由度実現の如何に、その社会の現実的自由の第一次的姿がシンボライズされているということ、これである。この基本認識から、

交通政策はこれを基調として、その限界に対して他の基軸交通システムに新たな付加価値を求めて、価値実現空間の秩序ある成長、発展への道筋を大きく展望する施策が望まれているのである。

　第5に、市民社会における一つの顕著な特徴は、交通権を基礎的基本的人権として、私的交通システムの諸特性が中軸に位置付けられた交通システム体系、すなわち私的交通システムの社会化というところにある。このことは、交通政策が、私的交通システムの限界をより広い視野に立ったマクロ的視点からアプローチして、新たな可能性の中に付加価値能力を促進していこうとする姿勢が、強く期待されていることを示している。公共交通政策、交通システムの市場機能化といった施策も、それらが私的交通システムから独立した存在としてあるのではなく、成員相互の補完・協力関係を通じた交通の自由度向上、資源利用の効率・有効化の促進、更には地球科学的な視野に立った環境条件との整合化、等々、秩序あるサステナビリティ実現への有機的な複合交通システム体系の構築、ここに焦点が合わされているのである。

　交通政策は優れて総合性にあるとは言え、社会の発展段階に応じた時代の要請に方向付けられた傾斜性をもって展開していくことは避けられない。その意味で、当該社会の歴史性を端的に反映した諸施策の蓄積の上に、新たな社会関係を構築していくダイナミズムを内包した政策分野であることが、十分に理解されていなければならない。

第3節　私的交通システムと公共交通政策

　交通が社会生活上、不可欠の基礎的条件であること、そして、今日、市民社会の時代にあって、交通権が人権を保障するための基礎的基本的人権として前提されている以上、この問題が社会共通の最重要課題として扱われなければならないことは、改めて指摘されるまでもない。問題は、交通過程が極めて個別

私的な領域から広く社会全体に拡がるネットワークに接合して、分業の経済を代替・競争的に展開しつつ集積のメリットを生かし、社会という有機的組織に新たな成長、発展のサステナビリティを求めるダイナミズムの中での課題としてあることである。

I　交通における公共政策へのアプローチ

　交通における公共性の問題は、こうした個別主体の社会化の過程で、私的交通システムの限界を共通の課題として捉えようとする意識の中で成長してきたと言ってよい。

　第1に、それは、社会成員共通の利害に関わって、秩序ある成長、発展に不可欠な交通諸関係に関わる規範、施設・設備、管理・運営を視野に入れたものであること、

　第2に、公共性に関わる諸基準の策定には、社会成員それぞれの価値意識に基づく幅広い厚生基準に即した意思決定システムを通して行われること、

　第3には、この課題が市民社会における交通権の実現を淵源とした課題である以上、社会の成員全てに関わる価値実現システムの基礎条件としての基準、当該社会の時代の要請に傾斜した指向性を反映した意思決定を背景としていること、公共性に関わる諸課題への役割、範囲の基準、これらが整合的に組織化されていかなければならない[5]。

　こうした諸基準の下に社会全体に関わる政策課題として、交通における公共性の問題は、交通の社会性の本質を現実の場に表現して、社会の在り方、方向性を端的に表わす側面に他ならない。それは、無論のこと単に社会という集合概念の中で独立した存在としてある訳ではなく、個別交通需要に直結した一連の交通過程の集合体としてあること、その意味で、まさしく私的交通システムの延長線上にあることに因る。交通権の意義ある実現を目指している公共交通政策の基調にこのことがあることは、強調してもし過ぎることはない。重要なことは、この社会化の過程で多様な意思が公共性という新たな社会基準として

第10章　私的交通システムと交通政策

加わり、広範な社会関係の中により巨視的な諸課題が現われて来ることである。

そして、交通政策に求められる公共性の問題は、以下のような広範な諸分野に渡る政策的配慮が行われていかなければならない。

(1) 社会全体の交通体系形成の方向性を明らかにし、その実現を図るための指針、規範の整備、

(2) 交通システムの役割の社会的再評価、公共性への関与の在り方、組織化、

(3) 社会的要請に対応した投資、補助・保護政策、社会的基礎施設としての位置付け、整備、

(4) 交通サービス需給の実際の場に於ける、社会政策的目的に沿った制御、規制、方向付けの問題、

(5) 広域・地域間、外因的条件に基づく交通体系、交通システムの構造制御、規制、管理、

(6) 有事・安全保障、災害、社会秩序維持、等々、公共政策固有の任務に関わる交通政策、

(7) 新たな交通体系の中に再編成される産業・経済構造への波及効果、市場構造への影響、持続的主導産業性への交通政策的アプローチ、

(8) 環境問題に代表される成長の限界、均衡・秩序ある成長、発展へのグローバル、国際的共通規範形成への寄与、及び、それと整合した交通体系形成への主導、方向付け、

等々、こうした諸課題から、更に二次、三次と重層的、包括的な政策展開が求められていくことになる。

交通における公共性の問題は、単に共通の社会的需要に対処する交通サービスへの対応という概念領域を超えて、それが個別交通需要に整合的に接合するネットワーク化が、実現されていかねばならないのである。重要なことは、公共交通は、不特定多数の共通需要を量的な視点から接近するといった簡易な対応で足りる訳ではなく、交通システム相互の臨界域にあっては、多様かつ弾力的な役割分担が行われていく必要があることである。

Ⅱ 公共交通政策における私的交通システムの展開

　私的交通は、この公共性の問題に次のような諸点に注視していかなければならない。

　第1に、公共交通政策に期待されるところは、交通における原初的存在である私的交通システムにとって、その限界を社会共通の課題として発展的に協働克服して、新たな価値実現空間を増殖させようとする意志に発している。このことは、社会の成長・発展が分業の経済に端を発して、その系譜の中で培われていく集積のメリットに相乗化されて持続性を実現し得てきたところで、近代社会の顕著な特徴であることは歴史の示しているところである。まさしく権利意識の昂揚する中で、個人の能力の自己解放を社会が積極的の受容する市民社会のダイナミズムが、人類史上に新たな発展段階の歴史を刻む時代を迎えさせたのである。

　言い換えれば、この歴史性こそが個別主体の権利保障を共通の課題として、社会構築する機会を与えたと言ってよい。「公共性」とは、この様相を抽象化して表した、その時代の評言に他ならない。その意味で、交通における公共性の問題は、基礎的基本的人権としてある交通権の社会実現の在り方を端的に表現した概念としてあること、このことを改めて確認しておく必要がある。

　第2に、私的交通システムにとって交通における公共性問題への意識が、その限界を社会関係という集団的広域空間の中に集積のメリットを利して克服し、新たな交通空間の可能性を切り開こうとする展望に動機づけられていることは間違いない。それは、社会という関係の中で私的交通過程にとっては集団的規制関係における相互調整の必要性と、更には、固有の機能を活性させて新たな発展段階への可能性を拡大させていくという、進化過程の様相に特徴づけられていく。重要なことは、その過程で私的交通システム自身が、何らかの形で公共性課題に役割を果たしていくという、新たな位置付けが加わってくることである。有事、災害、緊急時などにおける収用・支援、ハンディキャップ者・交通弱者への支援、その他直接に社会参加する形での役割分担、等々は、そうし

第10章　私的交通システムと交通政策

た事例である。

　第3に、交通過程が、個別性の故に基本的には、それに対応するシステムとして、私的交通システムがシステムの回帰軸としてあることは間違いない。しかし、改めて市民社会における最も基本的な権利としての交通権の保障を社会的基礎施設の形で位置付けて、主たる生活空間、地域における通常レベルでの交通需要における個別性に対応するシステムとして、公共交通システムの守備範囲を拡げていくという選択もある。個別交通需要対応性の社会化の問題である。今日、環境の視点から近未来に向け、地域社会を循環型社会への単位社会として統合的に再編成しようという動きが、現実のものとなりつつある時代にあって、地域内交通の公共システム化率を高めることの意義は小さくない。いわゆるシビル・ミニマム、ソーシャル・ミニマムといった狭い社会福祉的意味合いから、更に発展させて公共基礎施設として位置付けることによる新たな時代、循環型社会形成への社会設計である。

　特に、地域社会という社会空間を資源循環モデルの単位社会として位置付けることによる資源均衡型社会のグローバル化は、人類の未来を考察する上で緊要の課題になりつつある。この人類史上の画期を人間社会のサステナビリティ実現のチャンスとして捉えようとする立場からすれば、改めて資源利用における人間社会のマクロ的なアプローチに、地球科学的な基礎の上に再構築するという認識が必要なことは、もはや疑う余地がない。その意味で、資源の人間社会への投入が、交通対象化資源と交通システム化資源の二様態に分けられるという交通学的な接近は、この問題に一つの示唆的な方向性を与えることは間違いない。この関係の中に交通システム化資源における資源非効率の問題は、改めてこの分野への資源投入の有効化、効率化促進を図る第一の場として、地域社会における交通システム形成基準に、再検討が求められようとしていることは明らかである。新たな政策基準の構築が、求められていると言ってよい。

　第4に、交通過程は、投入された資源の人間社会化、すなわち人類の生存、生活、成長、発展へのサステナビリティを追求する実体過程であり、それを通

じて資源環境の編成替えが行われていることである。この関係を捉える時、人間社会化された二次資源の在り方が地球科学的見地からして、目指しているサステナイリティ実現に科学的整合性への機能・論理が内部化されているかが、検証されなければならない。ここに資源利用における評価の重層化の問題が生じて来る。

　このことは、交通過程がシステム形成に関わる基軸に新たな評価軸が加わったというレベルの課題とは、本質的に異なるということ、あらゆる交通過程、交通システムがこの問題を共有しており、その意味で交通学からする資源展開の分析、整理は重要な視座を与えている。そして、その過程に占める私的交通システム下にある交通も、単に交通権の可及的実現、自由度実現の手段、基礎的基本的人権への最も直截的な基軸として位置付けるだけでは足りず、加えて社会のサステナビリティ基準との整合が検証されなければならないということである。

　私的交通システムが交通システムの原初的形態であり、システムの回帰軸としてあることは、基本的には変わりない。しかし、それは人間主体的な評価としての位置付けに傾斜した第一次的な概念化であり、人類生存、人間社会のサステナビリティを検証するための指標としては、十分な条件を充たしている訳ではない。日常、最頻の交通過程を担う交通システムとして、かつ原初的なシステムとして、この新たな課題を組み込んでいく上で、社会再構築への中核的基軸としてあることを再認識する好個の機会であるとも言える。

　全ての交通需要は、何らかの形で個別主体の価値意識に発して個別需要条件下に完結する。交通過程において展開している諸活動は、この単なるモデル需要の連続、集合体としてある訳ではなく、そこに新たな社会的機能が付加されているという事実に注目しなければならない。いわゆる集積による諸現象は、交通過程において最も直截的に現われて来るからである。

　(1)　交通需要の量的集積による新たな需要条件の発生、
　(2)　個別交通需要展開領域の成長・発展、価値実現空間の拡大、

第10章　私的交通システムと交通政策

(3) 個別交通需要間相互の規制関係およびシナジー効果、
(4) 新たな交通空間における総合的な役割への分担、社会性への一体化、
(5) 社会活動の広域化、グローバル化への展開が、私的交通システムの在り方に、こうした側面からの要請、例えば、国際間の諸条件の調整問題、地球環境の問題など、

こうした課題へのインターフェイスに的確に対応していかねばならない。

　第5に、私的交通過程は、その大半が、地域という日常生活に直結した領域で行われているということである。そこでは、他の基軸による交通システムが重層して展開しており、それらは補完関係にある部分と共に、ある部分では代替的競争関係を成してもいる。交通は、システム別に厳密な住み分けが行われる必要は必ずしもなく、時間、場所、その他需要・供給条件の変化に応じて弾力的な、相当に幅のある対応関係の中で行われているのが現実である。このことは、地域社会という社会関係の中では、多くの場合、交通サービスが基軸間でそれ程大きな差はないという事実が、臨界域の幅を大きくしているということに由来している。例えば、通常は個別交通需要対応性に傾斜して私的交通システムに拠っていても、一時的に他の交通システムで行うといったことが、ごく普通に行われていることは周知の通りである。

　また、別の例として、私的交通システムの分担的実現を目指すシェアリング・システムは、個別交通需要対応性に集合的に対応して、費用負担の軽減、利用の効率化、不使用能力の削減、等々のメリットを生かし、私的交通性と共用性を効果的に組み合わせて、新たな地域交通システムとしての機能性が注目されているが、それは、まさしく基軸間差の低さを立証する事例であると言ってよい。かように、基軸間の相互性が高い地域社会における交通システムの在り方として、共有性の中に交通需要の個別性を包含し、システムのシェアリング性を高めながら社会的基礎施設としての能力を自律的に形成していくという方向性、こうしたことを政策的に誘導するということは、新しい形での地域公共性の分担的実現の姿を示唆していると言えるかも知れない。

言い換えれば、交通における公共性、なかんずく地域社会におけるこの問題は、特定の機関、組織に集中した役割として捉えることは必ずしも適切ではなく、交通の特性を日常の生活、その他諸活動に有機的に対応させる基軸融合型社会的基礎施設として位置付けることによって、交通システム投資資源のより有効な活用を目指す視点が必要になって来ていると言えよう。地域社会の資源循環性高度化を図る上で、資源非効率に陥り易い交通システムに新たな設計準則を導入していくことが望まれているのである。

第4節　私的交通システムの市場メカニズム接合への政策課題

　今日、人間社会がグローバルな空間に拡がる時代に合って、そこに展開する人、物、情報のダイナミックな動きを有機的に秩序づけている基礎構造に、市場メカニズムがあることは論を俟たない。交通において市場は、その機能化の実体的基礎であると同時に、他方では、交通システム形成に第3の基軸として、資源利用の有効化、システム展開の多様化、利益機会への接合、そして交通投資への強力なインセンティブを加えて、国際化、グローバル化への強力なプロモーターとしての機能を果たしていることは紛れもない。そして、それが他の基軸による交通システムに対して、新たな交通ネットワーク展開のフロンティアを切り開く機会を創出してきたことも見逃せない。

　交通システムが、私的システムを基軸として始まっていることは明らかなところであるが、その限界を交通権の保障を軸に共通の必需性という市民社会的要請に指向されて、まず、公共性の側面から社会性を醸成させる歴史を辿ってきたことは、これまでたびたび触れてきた通りである。この関係の中で、交通システムはソーシャル・ミニマム、ナショナル・ミニマムとして、社会的基礎施設の地位を強力に認知させることとなった。地域経済、国民経済といった社

会、経済にあって、こうしたレベルの交通投資が産業・経済の成長に果たしてきた主導的な役割は、改めて指摘するまでもなく、それが、社会の変革にイノベーションの画期をもたらして来たという例は、枚挙にいとまがない。特に、日常的な社会空間の範囲にある地域社会にあっては、市民社会意識の昂りと共に、地域自治への参加が共通の必需、公共性への意識を促して、地域社会の基礎施設としての位置付けが再評価されつつあることは、注目さるべきところである。

こうした地域社会における流れは、一方で地域資源のより効果的な利用という意識を高めつつあること、ここに私的システム、公共性の再評価と共に、更に市場メカニズムの有効化を図ることの有為性を意識し始めていることに注視しなければならない。

I 社会的基礎施設形成への市場メカニズム接合

市民社会の成長過程で基本的人権の実現がどのような形、方法で行われていくかは、社会状況に大きく左右されて難しい現実的課題に直面する。そうした中で、交通権が基礎的基本的人権として、その実現を効果的に実施していくためには、極めて現実的な課題として柔軟な対応が必要になっている。それは、権利主体者自身の極めて個別的な課題として、まず、私的交通システムの有効化に始まって、その限界を補完、克服する共通の社会的要請に応える形で、公共システムの導入が図られてきたことは前述の通りである。この過程で、公共性基準を基軸とした交通システムへの投資が、交通の社会的基礎施設としての有効性を強く認識させる様々な波及効果として現れ、改めて人間社会に革新的な変化をもたらす新たな役割を交通システムに見出す機会を与えることにもなった。今日の社会で、交通およびその関連施設への投資が、最も効果的な地域社会公共投資として一般化しているのは、そうした経験に強く裏打ちされているからである。

経済成長、発展段階の始動期に、その離陸に劇的な有効性を示してきた例が

枚挙にいとまがないことは、先にも触れてきた通りであるが、そのことが安易な公共投資依存型社会を生んできたことも事実である。交通における公共性の問題は、まさしく、こうした社会関係、殊に産業・経済への効果が社会の成長、発展に強力なアクセラレイターとして大きな足跡を残してきたという歴史的事実に鑑みて、共通の理解を得ていることは周知の通りである。しかし一方で、こうした「共通の必需」意識は、交通における費用意識、資源効率の促進といった経済論理下の検証を事後化する傾向に結び付けてきたことも事実である。

　実際、交通投資があらゆる意味で人間社会の成長、発展にとって極めて効果的な先行投資であることは明らかなところで、それが資源利用の範囲を拡め、産業・経済の飛躍的な発展をもたらしてきた基礎的投資になってきたことは間違いない。問題は、その論理関係の中で、当然に交通投資における資源非効率の問題を検証しなければならないという問題意識が、軽視される傾向を持ってきたことである。このことは、改めて交通システムが持つ基本的特性を基礎にした分析の必要性を求めている。

　このことについて、まず、第1に確認しておかねばならないのは、交通対象化資源の価値実現に関わる交通過程に投じられる資源量は、可能な限り抑制されることが望ましいこと。

　第2には、交通投資の先行投資性に基づく不確実性の問題。不使用能力発生の問題など、この条件下に発生する様々な需給条件の不一致、乖離の問題は、交通投資における不可避的な課題であり、資源非効率の問題を引き起こし易い。

　第3は、交通サービスの即時性に基づく生産性非効率の問題である。この特性は、需要の発生に先立って生産、貯蔵して投資資源の時間経過を有効に生産性に結び付けることが出来ないということに尽きる。この性質上、交通システムとは、基本的に需要待機型の存在としてあるということである。

　第4には、交通過程の連続性を実現するために投資の大規模化への傾斜が強いことで、先行投資性と相まって資源非効率拡大の可能性を飛躍的に高めかねない。

第10章　私的交通システムと交通政策

　第5に、交通があらゆる価値実現過程において不可避の必要条件としてあることは、価値実現への参入障壁が低くなればなるほど、交通システムへの投資は増大し、この問題を一層加速させることになる。市民社会の発展は、こうした条件を拡大させる方向に向かわせ易い。

　第6に、資源利用における市場取引の飛躍的拡大、なかんずく、競争の激化は交通需要の飛躍的増大を生み出し、まさしく経済のグローバル化を決定づけることとなった。資源分布の不均等、流通量、距離、頻度、時間価値意識の増大、等々は、こうしたグローバルな経済活動を加速度的に促進し、交通部門への資源投入は急カーブに増大しつつある。別けても、価格メカニズムに主導された資源流通は、需給関係の錯綜、複雑化を通じて交通過程の更なる増大へと向かわせることになる。

　かように今日の社会は、あらゆる意味において交通過程増大の傾向を強める方向性の中にあり、資源非効率、環境負荷条件の増大に導く資源利用条件下にあると言って差し支えない。このことは、改めて交通システム形成、交通需要条件における費用意識の向上、促進に目を向けなければならないことを強く示唆していると言えよう。

　私的交通システムを含め社会的基礎施設としてある交通システム形成における費用へのアプローチは、大別すれば次の二側面からのアプローチが必要である。

　一つは、個別投入資源量を直接に個別費用として捉える接近方法であり、今一つは、人間社会に投入された資源の流通市場における需給関係を規律する価格メカニズムから評価指標を得る方法と、
この二つである。

　前者が、使用資源量をそのまま費用として表示する資源費用を想定していることは言うまでもない。ここでは、資源の大半を依存している地球資源の利用における有限性が明らかになってきた状況に鑑み、地球科学的アプローチを費用意識の中に組み込む方法の最も基礎的な測定手法として、まず導入されるべ

き指標として考えられている。科学・技術に支えられて大量の地球資源が、人間社会的に組み替えられつつある今日の在り方に、地球科学的な評価の具体的な数値を明らかにして、利用資源稀少化の度合を測定していこうとするところに焦点が当てられている。地球全体の科学的組成を基礎に、絶対費用の把握が不可欠な環境状況にあることは、既に疑う余地がないからである。

　後者は、この費用測定を第一指標としながら、人間社会に組み込まれた資源の利用に関わる人間社会的指標としての費用概念として、位置付けられるものである。市場流通の過程で価格メカニズムを通じて導出されてくる均衡価格を軸として、様々な現実的要素に感応しながら展開する価格に算出の基礎を置く費用である。今日の費用体系が、これに拠っていることは周知の通りである。

　交通システムに対する資源非効率、費用評価における意識の優柔性は、それが交通対象の価値実現のための手段として必需的要件としてあり、それへの投資が上記のような特性に強く規定されているからである。特に持続的発展が強く求められる発展段階にあっては、交通投資の産業・経済主導性が大きく評価されて、公共投資の中心に位置付けられることは、よく知られているところである。そこに利益インセンティブが加わって、市場メカニズムが強力に資本主義化していく中で、この投資関係は急速に加速化するという歴史を生み出してきた。実際、今日に続くこの社会状況は経済のグローバル化を促して、その構造の中で資源利用の効率化、社会的総効用の最大化を一つの目標として、経済政策が組まれていることは明らかなところである。

　この過程で、市場が激しい競争に曝される中、利益獲得の場として、交通過程に関わる諸費用の問題が、利益率、収益性を測定、評価する上で急速に意識されるようになってきたのは、当然のことと言える。交通過程の増大が、費用構成上、軽視できないレベルにまで浮かび上がってきたことに因る。例えば、供給側面におけるサプライチェーン・マネジメントへの急速な接近が、そうしたことへの顕著な経営戦略的選択であることなど、こうした側面への意識化は、グローバル経済時代の市場において中心的な課題の一つになって来ている。市

第10章　私的交通システムと交通政策

場における広域化の中で、利益獲得競争が短期的な収益性向上の視点を越えて、長期にわたる持続的な成長戦略に目を向けなければならない段階に入ってきたことの端的な証左に他ならない。そして、この流れの中で、経営戦略の一環として交通投資資源の非効率性、「交通対象化資源／交通システム化資源」比の高度化への意識が、芽生え始めていることにも注目しておく必要がある。

　何れにしても、交通過程に関わる費用の把握は、今や、あらゆる課題に対して重要な指標になりつつあるということ、このことにおいて費用評価の二重性を念頭に置いて、費用対効果の意識を高めていくべきことは当然のことと言えよう。それを政策的に誘導していくことは、交通過程が改めて価値実現の実体過程として、そこに投じられる費用マネジメントの重要性を再認識させる機会となることは間違いない。

　重要なことは、今日、一般化している費用算定が市場価格を基礎とした原価構成に依っていることで、地球科学的条件を基礎にした資源費用測定から産出されている訳ではないということである。資源費用の測定は、近年、急速に注目され始めた地球環境の問題に鑑み、評価の基礎を与えるために案出された一つの指標として提案されているという位置付けである。ただ、市場価格を基礎とする費用も、市場のグローバル化という広域化の中で、この問題に取り組む過程で、地球科学的組成に基礎をおいた解析を進めるための資料としての資源費用意識に、接近しつつあることは間違いない。

　そうしたことを顧慮しつつも、先ずは、交通過程における費用意識の一般的な接近方法である市場価格に依拠した費用析出に意を向けざるを得ない。その場合、市場へのアプローチが、大別すると、交通システム自身を包括的に市場メカニズムの中に組み込んで交通市場を形成する場合と、今一つは、交通サービス生産要素市場の交通システム形成適合性を高めた整合性のある市場の促進と、この二つから成ることは既に触れてきた通りである。それを政策的に誘導すること、これが交通の分野において特に重要な意味を持っていることを理解しておく必要がある。

Ⅱ 市場メカニズム接合における二重性への政策的接近

　第1に、交通システム形成の第3の基軸として市場メカニズムを適用させようとする場合、少なくとも次のような諸点を配慮して政策誘導する必要がある。
(1)　交通市場において取引される対象である交通サービスが、移動行為という極めて単純な行為であることと、それが即時財であるというこの二つの性質から、交通事業者の市場行動に自ずから一定の制約、特性が現われて来るということ。それは、同業交通事業者の供給する交通サービスは、それ自身では差別化維持が難しく、規制緩和による競争の激化は、直ちに価格（運賃・料金）競争に陥り易いということである。
(2)　交通サービスが即時財であるということは、需要の発生に先立って生産し、それを貯蔵しておくという生産・供給システムが採れないため、生産性の向上が図りにくいということ。そこに、需要条件の不確定性が加わって収益性の不安定化を引き起こし易いということである。
(3)　交通サービス生産・供給に関わる交通サービス生産要素への先行投資の必要性から、交通事業者にとっては、不確実性の高い相当に重い投資負担をしなければならないこと。このことが主たる原因となって、物理的、技術的条件から大規模な投資を必要とすることが多く、競争的なレベルでの個別投資が困難となり、市場メカニズムに期待される有効な展開が行えないというようなケースが少なくないということ、このことがある。いわゆる「市場の失敗」に当てはまるケースの問題である。
(4)　市場が資源配分の最適化を実現するための要件として第一次的に求めているのが、公正、かつ有効な競争に置いていることは周知の通りである。交通市場において、これがどのような水準の競争であるべきかは、必ずしも明確ではない。参入・退出障壁の低い条件下、自由度の高い競争下では、収益性の安定化がなかなかに難しいことは、上記のことからも容易に推察される。こうした状況にある交通市場にあっては、何らかの政策的選択が必要であることを窺わせる。少なくとも、過度の競争に陥るような選択は避けなければ

ならず、また、参入・退出の障壁を低くする補償システムの構築が欠かせない。こうした条件は、簡易な規制緩和策では容易に実現し得ない政策上の工夫が必要であり、単に交通市場支援的な程度の施策では足り得ず、交通の社会的基礎性を強く意識した総合的な意図を持ったものでなければならない[6]。

(5) それは、市場メカニズム効果の対象が、交通システム形成から一連の交通過程に迄あって、費用意識をより高める手立てとして市場化を考察している以上、交通市場という限られた範囲の問題としてではなく、全ての交通システムに関わる課題としてアプローチしなければならない。その中核が、交通サービス生産要素市場の交通システム支援性向上を強く意識した政策展開であることは言うまでもない。

第2に、交通サービス生産要素市場展開の問題について。交通市場が様々な課題を持っており、それ独自では、必ずしも容易に活性化が図られにくいことは如上の通りである。そのため、何らかの支援システムの形成が期待されることになる。問題の中心は、需要条件の不確定性にもかかわらず、相当額の規模の投資を先行投資しなければならないため、不確実性下に経営の安定化が容易でないというところにある。この状況を使用条件の中で緩和するする方策の一つとして、交通サービス生産要素市場の交通システム支援性向上を図ることが提案されているのである。

この領域では、通路要素を除けば、その大半が市場経済の中で動いている。問題は、それらが、必ずしも交通市場、交通システム形成上に効果的な支援性を実現出来ていないところにある。要素市場個々それぞれに独立性の高い市場戦略の下で展開しており、相互のネットワーク性が有効に機能しているとは言い難い。一つの理由は、生産要素事業者にとって、交通市場が必ずしも収益機会メリットに富んだ市場とは映っていないということがある。一例、自動車生産者を例にとってみれば、自家用自動車の分野の方が圧倒的に収益機会が大きいという現実があるといった状況にあること。何れにしても、個々の事業者の経営戦略下でそうした支援性を大きく成長させることは難しく、何らかのマク

ロ的な視野に立った政策誘導がなければ、多くは期待できない。

　交通システム形成に市場メカニズムを接合させることについて、交通過程への費用意識向上ということが強調されてきたことは、交通過程に関わる資源利用の効率化を促進するための指標を得ようとするところに要点がある。それは、まさしく今日的な地球規模の課題として前面に出て来ている地球環境の問題に、交通学的な立場から何らかの提言を図ろうとする意図に合致して、最も重要な政策課題としての意味を持っていると言えよう。それを、まず、今日、最も一般化している市場機能に依拠して費用意識を高めることにより、交通過程に関わる資源利用効率化促進を図ろうとしているところにポイントがある。むろん、より進んで地球科学的な立場からする資源費用の考え方が現実の社会活動に適応できる程に、地球資源組成の研究が進んでくれば、こうした課題は更に一歩進んだレベルで議論されるべき性質のものではある。その意味では、市場における価格メカニズムに依拠して費用意識の向上を図るという手法は、正に今日的な社会環境下での選択に他ならない。

　こうした時代状況下、交通過程における資源非効率の問題を政策レベルで積極化させることは、グローバル社会への大きな貢献でもあるということになる。少なくとも、資源利用が市場の価格メカニズムに依拠して展開しているという今日の状況下にあって、まず、そこに費用意識向上の基礎を求めようとしていることは、たびたび、触れてきた通りである。ただ、それが、日常意識下には効果的に推進されないとすれば、地球環境という巨視的な課題に載せて政策的促進を図るという選択は、時宜を得たものと言ってよい。

　一つは、交通市場促進のための支援性の高い生産要素市場の育成であり、今一つは、費用意識が軟化し易い他の基軸に基づく交通システムにおける意識化の促進に寄与すること、こうした政策課題を環境貢献推進をプロモーターとして推し進めていくことである。この生産要素市場が有効に促進されていく条件は、交通市場への支援性をいかに実現していくかという課題への接近から進めていくことが、市場性を高めるという意味からも期待される。

第10章　私的交通システムと交通政策

　要は、交通市場参入者が、上記のような諸課題、特に、参入・退出の自由度が可及的に促進されるような状況が実現されること、そのためには、まず、必要生産要素投資の障壁および回収困難を軽減するための要素市場の活性化が不可欠になる。加えて、交通需要発生の不確実性に鑑みて、生産要素利用における時間的、場所的自由度の向上が求められていることである。こうした要請は、市場競争が激しくなればなるほど強くなり、それが有効に充足されなければ交通市場の成長は難しい。しかし、先にも述べたように、生産要素市場にとって、交通市場が必ずしも望ましい需要条件をもって展開している訳ではなく、その意味からも、他の基軸による交通システムにとっても有用な生産要素市場の展開が必要になってくる。

　実際、生産要素市場にとって、私的交通システム領域の需要の方が遥かに大きな容積を持っている。更に、公共性の交通システムにしても、常に量産性の高い需要が安定的に発生している訳ではなく、交通需要の本来持っている個別性の問題が内在していることに変わりない。殊に、ハンディキャップを持つ交通需要者にとっては個別的な対応が重要であって、そうした要請が社会共通の課題として浮かび上がってくる条件は、増加しこそすれ低下することはない。したがって、公共性領域における交通問題といえども、個別交通需要対応性の向上は、より多く望まれる方向性にあると言ってよい。そうした意味からも、生産要素市場の効果的な成長が、交通市場を遥かに超えた潜在需要領域における費用意識の向上、資源利用効率化への意識を促す役割を担っていることに注目する必要がある。交通の分野は、単に規制緩和を行っただけでは、市場メカニズムが有効に働いていくという分野ではないことを、十分に理解して政策推進をしていかなければならないのである。

第5節　私的交通システムの環境政策への接近

　交通過程が人間社会における現実の活動場である以上、それを取り巻く諸条件との相互関係は、新たな課題を認識する臨界域としてあることを直視しなければならない。環境問題とは、まさしく、そうした局面を総合的に現出する課題と言ってよい。当然のことながら、環境条件は社会の成長、発展過程それぞれに応じて多元的な様相を呈し、著しい変化を来してきたことは、人類史上、例証に事欠かない。原初的には、個別主体それぞれに関わる周囲の諸状況との関係、これを単位として始まる環境問題は、今や、多様な生命の生存、生活空間を形成する地球環境のレベルにまで視野を拡げて考察しなければならない段階にある。そうした関係が、日常的に現われている場が交通過程であることを知るとき、改めて個別交通過程における環境課題への在り方を、見極めていく必要があるということになる。

　言うまでもなく、生命の生存性の問題としてある環境問題は、一個の生命種、人類という存在の地球科学的なレベルにおける変化、進化学の分野において扱われる長期にわたる変化の諸構造を明らかにする課題があるが、ここでは、直ちには対象とはし得ない。地球環境の変化に対応する人類の進化性については、また、別の視点からする研究に委ねなければならない[7]。

　交通学は、日常的な生存、生活において展開する諸現象に焦点を当て、それが一連の交通過程という場で行われているという認識の下に、諸関係を解明していこうとする立場に立っている。そして、今、それが資源利用という局面において際立った課題が横たわっていること、このことに注目しているのである。正に、今日、温暖化に象徴される地球環境問題が、人間社会の地球資源利用からする地球科学的バランスからの乖離に原因していること、こうした認識から始まっていることを考えれば、そのことの重要性が一層理解されるに違いない[8]。

第10章　私的交通システムと交通政策

I　交通システムにおける環境対応への政策課題

　交通過程において環境対応への政策課題とは、少なくとも、以下のような諸点に目が向けられたものでなければならない。
(1)　環境問題は、その空間的条件から何らかの形で階層構造を成す。そして、各階層は、相互に有機性をもって総合的な環境空間を形成する。この関係を捉えて、環境政策は、階層性と相互・総合性を軸とした処方箋を策定していかなければならない。
(2)　階層構造は、個別環境、地域環境、地球環境、地球外環境の４階層から成り、社会的には、地域環境が核となって様々な広がりを持って展開している。まず、これら各階層における環境条件に応じて、交通過程に関わる環境政策が求められることになるが、それらは、必ず階層間環境条件との間に政策的整合化が実現されていかなければならない。
(3)　交通過程は、その個別性が環境政策に対して単位条件を形成していることは、先にも触れた通りであるが、それらについて個別交通需要者が自律的に環境適合的に行動、選択をするかは、著しく不確定、流動的である。ここに、政策的主導が、行われることの意味がある。交通過程に投じられる資源は、交通対象の価値実現を図るための手段としてあり、その意味でそれ自体が費用としての位置付けにある訳で、実現価値量に対する比率は、可及的に抑制されることが望ましい。この関係を資源利用の有効化、効率化促進への、基本指標として置かれるべきこと、加えて、交通過程における物理的、技術的環境負荷条件の抑制をより強化していくことが求められている。
(4)　交通システムにおける交通サービス生産・供給の資源非効率性については、たびたび触れてきた通りであるが、更にそこに、環境負荷条件が交通過程を通じて広域化するという、スプロール化を引き起こしかねない問題がある。こうした問題に対しては、交通システム形成に関わるあらゆる側面が、環境対応性を考慮して行われなければならないという基本姿勢を必要とする。交通サービス生産要素の技術的条件、生産・供給システムの選択、

需給乖離の抑制、交通システム形成基軸それぞれの特性に応じた環境対応への役割分担、市場メカニズム依存性の高い今日の資源利用システムの持つ環境対応脆弱性に対処する新たな社会システムの構築、といった諸課題に、地球科学的視野に立った規制、政策誘導が不可欠になっている。

(5) 今日の環境問題が地球科学的レベルの問題として、人類の生存、人間社会のサステナビリティをいかに保障するかの問題として現れていることに、歴史的な課題としてあることを認識せざるをえない。重要なことは、それが人間社会の資源利用に起因するものとして、社会関係の在り方に大きく改善が求められていることである。この問題に交通学的な見地からアプローチする時、それが、人類共通の課題として交通過程を通じて行われる資源循環に、環境負荷的課題が山積しているという事実に直面するという状況にあることである。

交通投資、交通システムの飛躍的な発達、これは他の生命体に比し人類の生物的能力の特異な展開現象と言ってよい。それを通じて地球資源の人類適合的再配置、再構成を行ってきた歴史、人間社会の歴史に顕著な姿として捉えられるそうした動きこそが、かような現象の核になっている。殊に、この数世紀、なかんずく18世紀後半、産業革命発祥以降の展開は、人権の平等を旗印とした市民社会意識の昂揚の中、持続的発展を追求する飽くなき動きをシンボライズした行動そのものと言ってよい。その意味で、基礎的基本的人権としての交通権を十二分に発揮させ、人間社会のフロンティアを推し進めてきた時代であったと言えよう。そのことが、人間社会のサステナビリティさえも危惧させる状況を創り出そうとしている現代こそは、地球科学の視点からする新たなパラダイムの構築が大きく社会規範として求められるようになっているという意味で、正に歴史的過渡期にあると言わなければならない。それは、私権が大きく時代を規律してきたという点で、そこに地球科学的基準という新たな社会規範の構築が、求められているということに他ならない[9]。

第10章　私的交通システムと交通政策

Ⅱ　私的交通システムの環境政策における位置付け

　私的交通システムが、交通システムの原初的形態としてあるということ、それを基本的人権の一つとして交通権という形で保障されるべきであるという基調の下で、交通過程は、飛躍的に活性化する時代を創出してきた。それは、市民社会における最も象徴的な現実として「交通の自由」を可及的に実現すべく、交通政策の主軸は、そこに置かれてきたと言ってよい。グローバル化される現代社会とは、正に、その一つの帰結に他ならない。交通の自由とは、技術、システム、社会関係、諸制度、等々の有機的な組み合わせの中で、総合的に醸成する個別交通需要対応性の高度化によって実現される様態であり、私的交通システム成長、発展の延長線上にある社会的基礎施設としての求められる姿に他ならない。

　それは、当然のことながら極めて複雑な人・物・情報の移動、交錯する社会を生み出し、更に資本主義といった思潮が強力なアクセラレイターとなって、市場機動する膨大な資源使用の社会を現出させることとなった。正に、「自由」をキーワードとした社会関係の下に生み出されてきた諸現象から、サステナビリティというフィルターによって、地球「環境」という新たなキーワードを通した地球科学的論理性に回帰することを強く求められるようになっているのである。言い換えれば、個人の「自由」と「地球科学的適合性」という上限規定、この二つの基準を充足するパラダイムこそが、新たな社会規範として求められている時代にあるということである。

　交通の本質からして個別性に依拠したシステムである私的交通システムが、交通権行使上、最も効果的な手段として、「自由」の実現に望ましい形態であることは間違いない。近代市民社会が求めてきた人権、自由の実現こそは、最重要の社会規範としてあること、このことに変わるところはない。しかし、それが人類の生存、人間社会のサステナビリティに負荷的に働くような行動として現れということであれば、当然に何らかの形で「自由」の規制が行われなければならない。その多くは、地域的、局所的に限定される課題として対処すれ

241

ば足りるという経験を経て来ている。しかし、地球環境の問題は、そうした危惧の臨界域を遥かに超えた生存性に対する基本的な課題として、人間社会の規範に秩序あるルールを設けることを求めている。そして、私的交通システムが、今日の環境問題に対して選択し得る課題は少なくない。

　第1に、人間社会の活動は全て個別意思から発しており、それが交通過程を通じて社会関係という空間の広がりに参加し、更に地球環境にまで連続する資源循環システムの一員を構成するという関係の中で成立している。この関係を捉えれば、環境問題の原初が、個別交通需要がいかに環境整合性を持って展開していくかに掛かっていることが理解されよう。言い換えれば、地球環境の問題も、この起点に端を発しているという事実に注目して、そこに環境論理を融合させることにより、単位交通需要の段階から対処していくことが、不可欠であることを指摘されているのである。このことは、改めて交通の本質に関わる理解がこの問題への接近に重要な意味を持っていることを、強く示唆していると言えよう。

　人間の生存、生活の向上を、第一次的選択として空間的広がりの中に求めたということ、ここに原初的課題の核がモデル化されているということを考えていかなければならない。その関係は、科学・技術という鋭利な文明の利器を梃子にして極めて生産性の高い展開を示し、今日のグローバル社会への道筋を切り開く礎を成してきた。ここに、まさしくグローバルな課題として地球環境の問題が顕在化して来たということは、この社会パラダイムにおける地球科学的整合性からの乖離を修正、補償するメカニズムを、原初モデルの中に組み込むことの必要性を求めているのである。

　第2に、個別交通需要が、私的交通システムにおいて最も合目的性を持っていることは明らかなところであり、ここに交通の本質が凝縮されている。その意味からも、この問題への端緒として位置付けられた存在である。個別主体それぞれの価値基準に基づいて、価値実現を「位置の効用」の変化の中に図っていくという交通過程にあって、そのこと自体が環境負荷的素因を持っているこ

第10章　私的交通システムと交通政策

とは否めない。それが、他の資源循環の中で消化、補償されていくレベルの範囲にあれば、この問題は大きく表面化して来ることはない。言い換えれば、この量的臨界域を超えて負荷が肥大化しつつある状況下にあって、人類共通の課題として認識されつつあると言ってよい。

　その焦点を私的交通の部分に当ててみれば、個別交通需要対応性への自由度向上という視点が中心的な課題、目標となっており、極めて利己的な意思、行動を表象していることが判る。そのことが、交通過程に掛る資源経済への意識を二次化させる淵源となり、交通過程が飛躍的に拡大する中で環境問題に大きく結び付いていく起点ともなっている。その意味で、ここでの資源非効率抑制の処方を組み込んでいくことは、初期条件に環境対応性を内部化させるということにおいて、極めて効果的な選択であることは間違いない。そして、その基本が、資源費用の概念下に省資源化を当然の前提とした上で、更に「交通対象化資源/交通システム化資源」比の高度化という範式にあることは言うまでもない。

　第3には、この範式を基礎として、交通システム形成に関わるあらゆる面での資源効率促進を図る手法の導入が課題となる。

(1)　私的交通システムに組み込まれた交通サービス生産要素の生産性は、費用対効果の評価が有効に作動しているかを問われる企業内システムなどを除けば、一般的に費用管理が効果的に行われているとは言えず、ここでの効率化活性の手立てが欠かせない。利便性とは、費用問題も含めて、可能な限り拘束性から自由であることが期待されている条件だからである。したがって、何らかの形でそうした費用意識、生産性・効率性促進へのメカニズムを私的交通システムの中に組み込むことがなければ、なかなか進まない課題なのである。

(2)　それは、結局、生産要素利用における有効化の促進、ここに焦点が合わされていく課題ということになる。今日、そうした人間社会の中に組み込まれた、資源の有効利用促進を図るシステムとして定着しているのが市場メカニズムであり、生産要素の効果的な使用においても、その機能の有効化が最も

期待されている。むろん、一部の例外を除けば、交通サービス生産要素の大半は既に市場流通下に展開しており、生産要素市場は、市場フィールドの重要な部分を占めている。問題は、要素取得後の使用効率が低停滞傾向に陥り易いということがあり、ここでの市場メカニズムの有効作動化が求められていることである。人間社会に投入された資源は、出来る限り効率、有効化されることが望ましく、こうした滞留化は回避されなければならない。他に比して、私的交通システムにおいて、特に重要な課題と言ってよい。

(3) 最も基礎的な課題は、交通システムの技術的・物理的条件、その生産・供給システム条件にある。このレベルでの課題は、要素別、要素間相互性、システム柔軟性の向上、総合的評価、等々の手法に様々な改善が推進されるべきことは言うまでもない。環境対応性の社会的内部化の直接的な課題として、今日、最も注目されている側面である。

(4) 私的交通システムは、多様な方法、組み合わせの中で実現されていく交通システムである。そこに、この問題の複雑さと、アプローチにおける多彩な可能性が秘められているということでもある。ただ、そうした特性下にあって、こうした問題に自律的、かつ効果的に対処していくことは容易ではなく、やはり、よりマクロ的な社会的視点で大きな方向性を示し、主導していく政策的アプローチが欠かせない。正に、今日の環境課題への国際的、更にはグローバルな動きも、そうしたアプローチの中で共通認識化され、実動へのダイナミズムを育てつつあることは間違いない。

(5) 重要なことは、環境問題が極めて日常的なあらゆる生活、活動の場で現われる現実の課題としてあり、それは、私的交通システムが主体となっている個別交通需要展開の場で、最も直接的に触接しているという事実である。そして、個々では個別の価値基準に基づき、著しく恣意性に左右されながら交通過程に入っていくという現実がある。そのことが、個別の意思に委ねる方法では効果的な対策実現が難しく、社会共通の課題として交通政策の中心的課題の一つに位置付けられなければならない理由となっている。

第6節　交通政策の総合性と私的交通システム

　交通は、交通対象の位置変化を通じて価値実現を図る過程として、位置と時間を基礎条件とする個別性の問題が避けられない。しかし、その過程を通じて個別相互間に形成されるネットワークが、社会を成長させる芽枝となって幅広い社会空間を構築してきた。そうした歴史を辿れば、個別の問題と社会全体の動きが融合、複雑化した様態の中に、交通政策の課題が内在していることを注視しなければならない。その意味において交通政策は、総合性を基礎とした実体的な政策としてあることを再確認し、長期的な視野に立ったサステナビリティの指針を展望、設計する姿勢を持ったものでなければならない。

I　交通政策総合性の問題

　第1に、交通の総合性は、人間社会を一連の動きの中に実体的に捉えようとする接近方法から導き出される基本認識である。全ての交通システムが、この枠組みの中でそれぞれの役割を担い、相対的な位置付けをもって有機的な社会機能を果たしているという関係にある。それが、一方で、個別交通需要対応性に回帰しようとする性向を持って存在していることも、改めて指摘しておかねばならない。

　第2に、総合性とは、どのような場合にあっても、その社会空間に関わるあらゆる要素、規範、システムが有機的に連鎖していることを認識の基礎に置いた概念であり、それら構成因子の変化は相互に何らかの規制関係をもって、社会全体のダイナミズムに変化を与えるという関係にある。まさしく、総合性のメリットとは、この有機的な結合の中に新たな交通の自由度を醸成させて行きながら、社会の持続的成長、発展への基礎を高めていくところにある。したがって、総合性それ自体の形成レベルによって、この総合性効果に違いがあるということも理解しておかなければならない。

　第3に、交通政策が優れて総合性に最重要の課題を見出している理由の一つ

が、交通過程の連続性という特性にあることである。そのため、個別交通システム相互間のインターフェイスの問題は、総合性を現実に機能化していく上での課題として、技術的には無論のこと、経済的、制度的諸側面と、全てに渡って考察されなければならない視点として横たわっている。交通におけるインター・モーダルの問題も。この総合性の現実的な課題としてあることは言うまでもない。

　第4に、交通の総合性とは、人間社会を構成するあらゆる諸要素を有機的に結び付け機能化し、成長、発展への持続性を展望して社会のサステナビリティを考察する上で、不可欠の基礎要件として現われてくる問題としてある。現実の社会は、多種、多様な意思決定、価値判断の下に現象化しており、交通システムは、それに実体性を与える役割を担って社会を規定し有機化して行く。この関係こそが、正に人間社会に地域固有の歴史性を創り出すと共に、他方では、地域、地域間へと社会広域化へのダイナミズムを醸成させているのである。言い換えれば、交通の総合性とは、人間社会における実体的基礎性から必然的に導き出されてくる当然の社会的要請であり、交通政策とは、この要請を基礎に置いて行われる社会政策そのものに他ならない。

　第5に、その意味においては、更に、交通政策は、人間社会の歴史的展開の中で、「総合性」自体の中に変化の因子が多元的に組み込まれていくことを理解しておかなければならない。個別の問題から地域、地域間へ、それが更に広域化していく中で、異なる歴史性に育まれた諸特性が加わって複雑系を形成しつつ飛躍的に成長する。そのことによって、遂には、地球環境条件の内部化さえ求められ段階に達しているという事実は、正にそうした状況を端的に表わしていると言えよう。自由な社会関係を求める意識の昂揚と共に、その実体過程となる交通の自由度向上への要求は飛躍的に高まって、交通政策は、著しく多元的な要請に応えていかなければならない時代状況にある。そして、それは、まさしく人間社会の可能性をサステナブルに実現していくための展望を、いかに処方していくかの役割を負っていると言えよう。

Ⅱ　総合政策における調整と規制の問題

　交通政策が優れて総合性に基礎を置く政策としてあるということは、交通過程を実現していく諸交通システム間の相互調整を不可欠の課題としている。重要なことは、システムを形成する基軸が、独立・直列に分担的に截然としている訳ではなく、重層する臨界域が流動的に展開しているということである。そのため、こうした基軸としての役割と臨界域での役割に柔軟に対応する、複合的な調整システムの組織化が欠かせない。交通における調整政策とは、「総合性」を社会の要請に応えて交通過程に有効化するために、各基軸下に組織化されていく交通サービス生産要素の段階から、物理的・技術的条件、経済的条件、制度的条件、地球環境的条件、等々の諸条件を人間社会のサステナビリティを保障することを前提として、可能な限り望ましい成長・発展への道筋を弾力的に制御することを任務としている。言い換えれば、交通における基礎性を淵源とする総合性の能力を可及的に有効化していくための現実的な作業過程、調整政策の要点はここにあると言ってよい。

　この問題は、交通サービスの評価に関わる諸因子全てにわたる課題としてあり、交通サービス生産要素の評価を交通システム形成基軸に対応して行っていくという難しい問題を抱えており、調整システムの選択は多元的である。調整が交通政策の重要な現実的課題であるとはいえ、公的な機関が、常時、全てに渡って直接的に携わらなければならないという訳ではない。それらは、以下のような幾つかの段階に分けて調整効果を効率的に実現していくことが望ましく、そこに「総合」のマトリックス・フィルターを掛けて相乗効果を目指していくことになる[10]。

　第1に、交通の問題が、常に個別交通需要対応性の問題から始まっている以上、交通政策においても、ここに端を発する。そこに政策的課題を見出すのは、そこから分業の経済に支えられた巨大な社会に参入して持続的な成長、発展への展望を描くためには、社会共通の規範に応じた秩序ある組織化が不可欠だからである。個別性への最も対応的な私的交通システムも、それがより大きな価

値実現能力を育成していくためには、この社会連結を無視してはあり得ない。その意味で、社会共通の課題に対処するという政策の第一課題こそは、交通政策に始まると言って過言はでない。

　多種、多様な目的、能力を持って展開する私的交通システムの社会参入を効果的に実現する政策は、正に調整という作業が中心にならざるを得ない。調整政策というのは、こうした極めてミクロ的な課題に弾力的に対応していく柔軟性が不可欠であり、この過程を通じて社会参加への機会が可及的に開放されて、個別主体相互の自由度の高い有機的なネットワーク化が図られることが期待される。もとより、私的交通システムは、交通主体、すなわち交通需要者にとっては、最も自律的であり自由度の高い交通システムとしてあり、他の交通システムとの接合は、その限界を超える可能性へのサステナビリティを期待しているからに他ならない。この領域での交通政策が、この特性を注意深く認識して施行していかなければならないところに一番の難しさがある。

　第2に、自由を希求する社会では、利益追求の行動は、出来る限り自己責任、自律的であることが求められており、しかも、それは、社会の価値実現システムに有機的に接合していることが望まれている。この関係を最も効果的に作動させるシステムとして、市場メカニズムの飛躍的な発達が見られてきた。今日の社会が、この市場システムに大きく主導された資源配分論的価値観に強く傾斜しており、その範囲においては、著しい自律機能の発揮を見ている。資源の稀少性を巡り、価格メカニズムによる配分コントロールを自由な参入・退出下に集団的意思決定を行って、利益追求への機会を可及的に拡げて効用の最大化を目指すという構図の中に、自利心を最大限に実現しようとするこの社会システムが、人間社会の持続的発展の強力なプロモーターとして機能してきたことは間違いない。そうした志向をシンボライズし社会パラダイム化した社会、資本主義社会こそは、正に権利意識に目覚めた市民社会における発展段階の一つの到達点として、歴史を刻みつつあることは周知の通りである。

　交通システムの形成基軸として、このメカニズムを有効に作動させることが

第10章　私的交通システムと交通政策

出来れば、資源非効率化に陥り易い基礎施設としてある交通システムに、資源配分効率化への自律機能を内部化させことによって、より強力に基礎施設の成長を期待できるという展望が描かれる。ただ、市場形成における諸条件が、社会参加の基礎施設としてある交通システムの形成に排除的に働く装置が組み込まれていることも、改めて認識しておく必要がある。それが過度に推進されると、その排除性が交通権を損なうことになりかねないという意味で、そこに基軸としての限界があることを理解しておかねばならない。この認識を持ちながらも、交通システム形成への市場メカニズム機能化が、今日の交通政策の中で最も活発化している領域になっていることは間違いない。

　第3に、交通は極めて日常的な行為として、その過程は、出来る限り自律的に機能化されることが望ましい。しかし、自律性を実現すための諸条件は、他方では排除性の条件としての側面を同居させており、そうした形成要件の存在が外因的に自律のサステナビリティを支えているという多元的な関係があることを注視しなければならない。社会保障、自律能力の育成支援、安全保障・社会秩序維持、災害、有事対応性、国際関係、環境問題、産業・経済のマクロ的な支援・調整、等々、私的システム、市場メカニズムといった自律システムでは十分には対処し得ない課題に対して、多角的な視点から交通システムを構築、あるいは自律系システムへの役割分担、相互の支援促進など、幅広い調整政策を必要とする。

　特に社会のグローバル化が進展しつつある時代にあって、社会の諸関係もこの観点から、更には地球科学という角度からの考察が不可欠になっていることを考えれば、交通政策における調整課題は、飛躍的に肥大化していることは間違いない。中でも、地球環境の問題は、資源利用における地球科学的資源循環との整合化が、人間社会のサステナビリティを実現するための不可欠な要件として加わって来たことにより、新たな時代の社会規範を求める動きさえ出ている。こうした側面からの要請を交通政策に反映させるということは、グローバル政策という、これまでとは違った時代の在り方を交通過程の中に組み込んで

いくという難しい課題に直面にしているということでもある。

　この調整政策は、交通システム全体が時代の社会思潮を現実の諸活動にいかに寄与的になるかを基調にして行われていくものであり、その路線から逸脱する行動には規制的にならざるを得ない。規制政策は、その意味で調整政策と一体的に実施されていく政策課題に他ならない。交通は優れて現実的な課題として、社会の要請に応えるべく先験的な政策選択が求められる分野としてある。規制政策とは、政策の総合性を現実の交通過程に即して適合的に反映させる制御行為としてあり、その意味において極めて目的志向的な現実的政策部面になっている。当然、それは上記の諸段階における調整政策に並行して行われなければならず、実際、社会のサステナビリティの基礎として不可欠な交通の連続性を資源効率的に、かつ個別交通需要対応性を可及的に実現していくためには、多くの現実的な規制的調整を行っていかなければならない。

　規制政策は、交通政策を行っていく上で秩序ある交通関係を実現するための道標を与えるものとして、新たな政策導入の過程では、常に新たな規制条件が現われてくる。交通は、現実の行為としてある以上、社会の中で日常的な諸関係を秩序を持って安定的かつ継続的に、出来る限り障壁を低くして自由度の高い交通条件の実現が望ましい。正に、こうした要請こそが、現実の場での選択に規制条件を与えていることを注視しなければならない。規制とは交通の自由を抑制するためのものではなく、今日的要請に応じて交通条件を先験的に、より高度化するための政策選択として位置付けられなければならない。実際、高度化に対する評価は著しく地域的、歴史的に相違するものとしてあり、その選択は極めて流動的であり、調整政策の弾力的な対応が求められるところである。

　今日、急速に進むグローバル化の中でこうした日常的な要請を政策的に反映させていくことは容易なことではなく、多くの場合、現場の条件に応じて自己調節的に制御する方法で行われているが、地域間相互の調整連携を行う常設的な機構が不可欠であることは言うまでもない。そこで行われる政策選択を回帰軸に、新たな規制ルールが交通過程を特徴づけていくことにもなる。こうした

常に現実的過程としてある交通過程にあって、規制政策は、その社会の思潮、特性、長期的な課題へのアプローチを背景にしながら、調整政策と共に交通政策の総合性を実際の場で直接推進する現実的役割を担っていると言えよう。

Ⅲ　交通政策の総合性における私的交通システムの位置付け

　交通政策の総合性は、私的交通システムへの対応によって交通過程における現実的評価に著しい差が出てくる。それは、交通の自由度を規定する個別交通需要対応性に評価の原点があるからである。今日の交通問題が、あらゆる意味で市民社会における交通権を社会のサステナビリティにいかに適合的に実現していくかの問題として、提起されていることを想起すれば良い。その視点から交通政策の方向性を展望する時、そこでは自ずから私的交通システムの社会的位置付けから、総合性に一定の性格付けが行われていくことになる。基礎的基本的人権としてある交通権は、個別交通需要を第一次対象とする私的交通システムに始まり、その限界克服を社会の協力、共同性に求めて総合力を価値実現過程に有機化させ、現実の社会に機能化させていく。この展開過程に社会関係の視点から、より効果的な政策的広がりを求めて、総合性の中に位置付けていくことの必要性を考察していかねばならない[11]。

　私的交通システムを交通政策における総合性の中に位置付けるということは、交通権が個別主体の自由な意思の現実的な行使に、何らかの社会的制約があることを示唆している。交通過程が実体行為として個別需要条件および需要条件相互間の調整の必要から次善の選択を余儀なくされる過程を含めて、連続性を維持しつつ現実化しているという事実を直視すれば、社会関係の拡大と共に制約関係が増大することは避けられない。交通における総合性の問題を扱う場合に、調整・規制政策が難しい要の課題となって存在しているのは、そうした個別能力の限界を社会関係の中で克服し、シフトアップした価値実現能力を得ようとする個別主体間の意思相克の克服が不可欠だからである。交通政策の総合性には、この私的交通システムの社会化とも言うべき、最も難しい課題が存在

し続けているということである。そのため、こうした問題への接近は、以下のような幾つかの条件を考慮して進めていかなければならない。

　第1には、その社会を構成する個別主体が、その意思を表明し得る機会が準備されていること。そして、それを通じて個別主体相互の意思調整のための情報集約が行われるプロセスが、存在していなければならない。特に、交通においては日常的に基礎条件として連続性が確保され、こうした常に変化する交通過程への対応システムが、準備されていなければならない。私的交通システムは、個別条件への自由度を最大限に求めるシステムとして、交通サービス生産・供給条件に自己充足性を高めようとする性向を持つとはいえ、そこには自ずから限界があり、それを克服するためには次善の選択として何らかの共同・集団的充足手段を採らざるを得ない。最も自由度の高い公共財型の供給が望ましいが、多くは何らかの競合性、排除性を持つ条件下に次善充足する選択になる。何れにしても、そうした諸関係に関わる個別意思の表明と実効性のある政策への結び付きが、定常的に準備されている必要がある。

　第2に、私的交通システムが求めるところは、個別交通需要対応性の充足を通じた価値実現過程の可及的向上にある。その充足性は、個別の需要条件に応じた交通サービス生産・供給性に焦点が合わされており、生産要素供給は多様な選択がある。その基準は、需要対応性への障壁がいかに低く実現されるかという視点にあることは言うまでもない。かような条件に応じて排他的支配が実現されれば、公序良俗に反しない限りどのような方法であっても差し支えなく、多様な組み合わせがあり得る。この条件の自己充足を起点として、人間社会の成長、発展の歴史は、交通条件の向上に主導されて今日に至っている。結局、交通の自由度をいかに向上させるかが、社会のポテンシャルとして強く認識されるようになってきたことが、文明史上の画期になってきたと言って差し支えない。交通政策が社会発展の最重要の政策課題として前面に現れてきたのが、近・現代社会の端的な特色であることは紛れもない事実である。

　こうした認識に立てば、交通の自由度、個別交通需要対応性の向上が、パラ

第10章　私的交通システムと交通政策

ダイムの基底に位置付けられた社会環境こそが、交通政策の役割を大きく前面に押し出させる時代を招来させてきたと言えよう。総合性が交通政策の中心軸として位置付けられる理由も、ここに起因する。交通権が、基本的人権として個人の意思の自由の実体化への基礎条件として保障され、更に、それを社会共通の課題として基礎施設化して交通条件の公共財性を高めようとする意識は、日常生活性の高い特定の区域において、地域社会全体を交通システムの公共財化を目指すといった構想にまで発展する。実際、一つのタウン社会を構成するような巨大な多目的ビル内の交通システムなどは、事実上、そうした位置付けになっていると言ってよい。何れにしても、今日における交通政策の総合性とは、私的システムに起点を置いて交通権の実体化を促進する流れの中で、それが人間社会のサステナビリティをいかに維持、実現していくべきかの課題を担っているということ、このことにある。

　第3に、交通システムの成長、発展が私的システムに発しているという事実を基礎に、その限界を社会関係の中で克服し、新たな成長、発展へのサステナビリティを展望することが期待されている以上、交通政策にとって、総合性は当然の要件となっている。重要なことは、この総合性が、交通システムの原初形態である私的交通システムからの発展過程の問題として捉えられているということである。交通過程は、価値実現を現実的に表現、実体化する過程であり、そのことは、交通過程が歴史性に強く裏打ちされた人間社会のパラダイムに規定された存在であることを示している。交通政策において当然の要件である「総合性」も、こうした歴史性に依拠した問題としてあるということである。その意味で私的交通システム相互に、また、他の交通システムとの接合関係がどのように補完・代替的であるか、総合性の中に政策意志が強く反映されていくことになる。

　第4に、この総合化の過程は、既に明らかなように個別主体の能力の限界を社会という集団システムの中で克服し、新たな可能性を展望しようとするダイナミックな動きに他ならない。しかし、同時に、それは人間社会の在り方につ

253

いて、マクロ的な限界を明らかにする過程でもある。社会が開発という手段を通じて地域という二次元的広がりの中に成長のダイナミズムを明らかにしてきた歴史、それは、まさしく交通手段への積極的な先行投資を通じて、人、物、情報の移動を飛躍的に発展させ、市場経済の拡大に大きく主導された時代、そのものと言ってよい。そして、この生存空間の二次元性の中にグローバル化という一つの巨視的な限界域が見えつつある時代、今日の人間社会のサステナビリティが、この限界に大きく規定される歴史的画期を迎えようとしていることは間違いない。言い換えれば、交通における総合性が政策課題として、より大きく前面に出て来ているということ自体が、更に新たな可能性を見出す必要性が出て来た時代であるということでもある。

　第5に、これまでの手法では、持続的な成長、発展への展望が描けなくなってきた時代、グローバルな社会とは、そういったマクロな限界を注視して、人間社会のサステナビリティに地球科学的適合性を基礎とする新たなパラダイムを必要とする段階にあることを強く意識させている。その意味において、交通政策は、総合性を第一の基準として位置付け、そこに地球環境という形で人間社会の在り方に生命の多様性、資源循環適合性という地球科学的基準が加わって、これまでの人間社会中心的な開発型社会とも言うべきパラダイムの後退が、宣告されつつあると言えよう。

　近代市民社会における人権思想の実体化は、交通権という基礎的基本的人権の保障をいかに実現するかに嚆矢を見出して、まず、私的交通システムの社会化をいかに実現していくかという問題に始まったと言ってよい。　むろん、その動きは、社会構造の大きな変化の中で様々な展開を示してきたことは言うまでもない。ただ、交通政策が、この潮流の中で執り行われてきたことは間違いなく、他の基軸システムも、それを回帰軸として総合交通体系に大きな方向性を与えてきた。

　言うならば、そのモチベーションに後押しされて交通システムへの大規模な先行投資に主導され、開発と市場化の波に洗われながらグローバル社会の時代

第10章　私的交通システムと交通政策

を迎えるに至ったということである。この方程式、成長戦略の手法において、交通政策がいかに鋭利な実効性を示してきたか、その例証は枚挙にいとまがない。この政策手法が、グローバルな時代を迎えて一つの明確な限界域に達しつつある今日、新たな手法が交通政策に求められるようになってきたということに他ならない。政策の総合性における基礎指標として地球科学的客観性を採り入れることにより、私的交通システムの個別の需要条件に巨視的な制御指標が与えられるようになってきたということである。

　ここに、市民権として主唱する基本的人権を主体的な第一のテーゼとして、成長、発展に意を注いで来た人間社会は、地球環境という客観的な外部条件を自身のサステナビリティ実現のための第二の基本的テーゼとして、内部化しなければならない段階を迎えたのである。そこでは、地球科学という自然領域の客観性が人間社会の主権行使を限界規定して、自由な成長、発展への明確な上限枠として強力な方向性を指示していくことになる。人類の生存、生活にとって最も利用可能性の高い資源空間を提供している地球環境が、人間社会のサステナビリティ実現の展望を描くための基礎条件として、政策反映されなければならなくなったのである。人間社会にとって、それは強力な上限規定であると共に、自由、人権といった近代市民社会における主観的主張に対して客観的制約・基準が大きく与えられたということでもある[12]。

　このことは、交通政策にとって極めて重要な示唆を与えるものと言わなければならない。政策に明確な基準が、新たに加えられたからである。交通学的に見る時、人間社会における地球資源の利用が、交通対象化資源と交通システム化資源という二元性をもっておこなわれているということ、そして両者の資源比高度化が効率性向上の上で重要な評価基準となっていること、このことは、たびたび、指摘してきたところである。

　価値実現過程としてある交通過程は、この範式に従って、原初的交通システムである私的交通システムから、より効果的な資源利用の可能性を求めて今日にいたる交通ネットワークを構築、そこに市場メカニズムが強力に接合して、

255

地球資源の人間社会的再編成が大規模に行われる状況を創り出した。そのことが地球環境を人間社会のサステナビリティ維持を損なうような事態を招いて来たことが、客観的な事実によって科学的に明らかにされる時代を迎えたのである。私的交通システムの求めてきた個別交通需要対応性への在り方について、地球科学的適合性にマッチした秩序ある自己制御の姿勢を、交通政策の新たな意識基準として一般化させていく必要があることを強く求められていると言えよう。

注

（1） 衛藤卓也「交通政策論と政策目標・手段―1つの見方―」、日本交通学会『交通学研究』1987年研究年報〔31〕、1988年3月、pp.43〜56。
（2） Banister, David ed., *Transport Policy and The Environment*, E & FN Spon, London, 1998, chap.3.
（3） 岡田清「総合交通体系論の「構造」」、日本交通学会『交通学研究』1981年研究年報〔25〕、1982年3月、pp.13〜22。
（4） Rostow, W. W., *The Stages of Economic Growth, A Non-Communist Manifesto*, The Cambridge Univ. Press, 1960, 木村健康・久保まち子・村上泰亮 共訳『経済成長の諸段階』ダイヤモンド社、昭和37年、第4、5章。
（5） 生田保夫『〔改訂版〕交通学の視点』流通経済大学出版会、2004年、第10章第2、3節。
（6） 山内弘隆「運輸産業における規制改革の方向」、日本交通学会『交通学研究』1997年研究年報〔41〕、1998年5月、pp.1〜10。
（7） 入江重吉『エコロジー思想と現代―進化論から読み解く環境問題―』昭和堂、2008年、第2、3、6章。
（8） 生田保夫『前掲書』、第2、4章。
（9） 吉澤正『環境マネジメントの国際規格―ISO規格の対訳と解説―』日本規格協会、1997年。植田和弘・喜多川進 監修『循環型社会ハンドブック―日本の現状と課題―』有斐閣、2001年、序章。松井芳郎『国際環境法の基本原則』東信堂、2010年、第3、6章。Vatn, Arild, *Institutions and the Environment*, Edward Elgar, Cheltenham UK, 2005, chap.9.
（10） 交通学説史研究会 編著『交通学説史の研究』成山堂書店、昭和57年、第5章第

第10章　私的交通システムと交通政策

　　　3節。
(11)　高橋秀雄 編『公共交通政策の転換』日本評論社、1987年、pp.133〜144。
(12)　Marten, Gerald G., *Human Ecology*, James and James（Science Publishers）Ltd., 2001, ジェラルド・G・マーテン、天野明弘 監訳・関本秀一 訳『ヒューマン・エコロジー入門―持続可能な発展へのニュー・パラダイム―』有斐閣、2005年、第1、7、11章。Vig, Norman J. and Regina S. Axelrod ed., *The Global Environment, Institutions, Law, and Policy*, Congressional Quarterly Inc., Washington, D.C., 1999, chap.2, 10.

参考文献

麻生平八郎『交通および交通政策』白桃書房、1954年。

麻生平八郎『交通経営論』(増訂版) 白桃書房、1966年。

浅野宗克・坂本 清 編『環境新時代と循環型社会』学文社、2009年。

阿保栄司『ロジスティクスの基礎』税務経理協会、1998年。

阿保栄司『サプライチェーンの時代』同友館、1998年。

飯田恭敬 監修、北村隆一 編『情報化時代の都市交通計画』、コロナ社、2010年。

生田保夫『アメリカ国民経済の生成と鉄道建設』泉文堂、1980年。

生田保夫『〔改訂版〕交通学の視点』流通経済大学出版会、2004年。

石井晴夫『交通ネットワークの公共政策』〔第2版〕中央経済社、1993年。

石川純治『情報評価の基礎理論』中央経済社、1988年。

今井賢一『情報ネットワーク社会』岩波書店、1984年。

今井賢一・金子郁容『ネットワーク組織論』岩波書店、1988年。

入江重吉『エコロジー思想と現代―進化論から読み解く環境問題―』昭和堂、2008年。

植田和弘・喜多川進 監修『循環型社会ハンドブック―日本の現状と課題―』有斐閣、2001年。

植田和弘・森田 朗・大西 隆・神野直彦・苅谷剛彦・大沢真理 編『持続可能な地域社会のデザイン』有斐閣、2004年。

宇沢弘文・細田裕子『地球温暖化と経済発展―持続可能な成長を考える―』東京大学出版会、2009年。

内山洋司『〔新訂〕エネルギー工学と社会』放送大学教育振興会、2003年。

梅棹忠夫『情報の文明学』中央公論社、1988年。

参考文献

衛藤卓也『交通経済論の展開』千倉書房、2003年。

及川敬貴『生物多様性というロジック―環境法の静かな革命―』勁草書房、2010年。

大久保哲夫・松尾光芳 監修『現代の交通―環境・福祉・市場―』税務経理協会、平成元年。

太田和博・加藤一誠・小島克巳『交通の産業連関分析』日本評論社、2006年。

大塚祚保『都市政策試論』公人社、2004年。

奥野正寛・篠原総一・金本良嗣 編『交通政策の経済学』日本経済新聞社、1989年。

小淵洋一『現代の交通経済学』〈第2版〉中央経済社、平成5年。

金本良嗣『都市経済学』東洋経済新報社、1997年。

木村龍治・藤井直之・川上紳一『新訂 地球環境科学』放送大学教育振興会、2005年。

清野一治・新保一成 編『地球環境保護への制度設計』東京大学出版会、2007年。

公文俊平『情報文明論』NTT出版、1994年。

交通学説史研究会 編著『交通学説史の研究』成山堂書店、1982年。

交通権学会 編『交通権』日本経済評論社、1986年。

交通権学会『交通権憲章―21世紀への豊かな交通への提言―』日本経済評論社、1999年。

交通工学研究会 編『インテリジェント交通システム』丸善、平成9年。

交通工学研究会EST普及研究グループ『地球温暖化防止に向けた都市交通―対策効果算出法とESTの先進都市に学ぶ―』交通工学研究会、平成21年。

小宮山宏・武内和彦・住 明正・花木啓祐・三村信男 編『サステイナビリティ学③ 資源利用と循環型社会』東京大学出版会、2010年。

今野源八郎『アメリカ道路交通発達論』東京大学出版会、1959年。

斎藤峻彦『交通経済の理論と政策』ぺんぎん出版、1978年。

齊藤実 編著『3PLビジネスとロジスティクス戦略』白桃書房、2004年。

斎藤峻彦『交通市場政策の構造』中央経済社、平成3年。

酒井伸一・森 千里・植田和弘・大塚 直『循環型社会 科学と政策』有斐閣、2000年。

澤昭裕・関 総一郎 編著『地球温暖化問題の再検証』東洋経済、2004年。

佐和隆光 監修『サステイナビリティ学』ダイヤモンド社、2008年。

鹿園直建『地球惑星システム科学入門』東京大学出版会、2009年。

塩見英治『交通産業論』白桃書房、1990年。

清水義汎 編著『交通の現代的課題』白桃書房、1988年。

清水義汎 編『交通政策と公共性』日本評論社、1992年。

杉山武彦 監修『交通市場と社会資本の経済学』有斐閣、2010年。

杉原 薫・川井秀一・河野泰之・田辺明生『地球圏・生命圏・人間圏―持続的な生存基盤を求めて―』京都大学学術出版会、2010年。

住 明正・松井孝典・鹿園直建・小池俊雄・茅根 創・時岡達志・岩坂泰信・池田安隆・吉永秀一郎『地球環境論』岩波書店、2010年。

高橋秀雄 編『公共交通政策の転換』日本評論社、1987年。

高橋愛典『地域交通政策の新展開』白桃書房、2006年。

竹内健蔵『都市交通ネットワークの経済分析』有斐閣、2006年。

竹内健蔵『交通経済学入門』有斐閣、2008年。

伊達康博『IT社会における情報社会論―情報化社会の歴史的変化に基づいて―』学文堂、2010年。

地球電磁気・地球惑星圏学会 編『太陽地球系科学』京都大学学術出版会、2010年。

鄭 雨宗『地球温暖化とエネルギー問題―ポスト京都に向けた国際協調システム―』慶應義塾大学出版会、2008年。

通商産業省環境立地局 編『循環経済ビジョン―産業構造審議会地球環境部会、廃棄物・リサイクル部会合同基本問題小委員会報告書〔循環型経済システムの構築に向けて〕』通商産業調査会出版部、2000年。

水流正英『物流EDI』運輸政策研究機構、1998年。

土井正幸・坂下 昇『交通経済学』東洋経済、2002年。

戸崎 肇『現代と交通権』学文社、2002年。

時政 勗・薮田雅弘・今泉博国・有吉範敏 編『環境と資源の経済学』勁草書房、2007年。

鳥海光弘・田近英一・吉田茂生・住 明正・和田英太郎・大河内直彦・松井孝典『地球システム科学』岩波書店、2010年。

中村英夫・林 良嗣・宮本和明 編訳著『都市交通と環境』運輸政策研究機構、2004年。

参考文献

中島勇次『鉄道原価計算』交通経済社、1955年。

濱田隆士『地球環境科学』放送大学教育振興会、2002年。

福岡克也『エコロジー経済学―生態系の管理と再生戦略―』有斐閣、1998年。

藤井彌太郎・中条 潮 編『現代交通政策』東京大学出版会、1992年。

細田衛士『資源循環型社会―制度設計と政策展望』慶應義塾大学出版会、2008年。

正村俊之『グローバル社会と情報的世界観―現代社会の構造変容―』東京大学出版会、2008年。

正村俊之『グローバリゼーション』有斐閣、2009年。

丸茂 新 編著『都市交通のルネッサンス』御茶の水書房、2000年。

前田義信『交通経済要論』〔改訂版〕晃洋書房、1988年。

前田義信『運賃の経済理論』峯書房、1964年。

増井健一『交通経済学』東洋経済新報社、1973年。

増井健一・佐竹義昌『交通経済論』有斐閣、1969年。

松井芳郎『国際環境法の基本原則』東信堂、2010年。

宮下國生『日本経済のロジスティクス革新力』千倉書房、2011年。

文 世一『交通混雑の理論と政策』東洋経済新報社、2005年。

森 昌寿『環境援助論―持続可能な発展目標実現の論理・戦略・評価』有斐閣、2009年。

山内弘隆・竹内健蔵『交通経済学』有斐閣、2002年。

山田浩之『交通混雑の経済分析―ロード・プライシング研究―』勁草書房、2001年。

除本理史・大島堅一・上園昌武『環境の政治経済学』ミネルヴァ書房、2010年。

吉澤 正『環境マネジメントの国際規格―ISO規格の対訳と解説―』日本規格協会、1997年。

若林直樹『ネットワーク組織―社会ネットワーク論からの新たな組織像―』有斐閣、2009年。

鷲田豊明『環境評価入門』勁草書房、1999年。

流通経済大学『創立二十周年記念論文集』流通経済大学出版会、1985年。

流通経済大学『創立三十周年記念論文集』経済学部篇、流通経済大学出版会、1996年。

アンダーセン コンサルティング、ジョン・ガトーナ編、前田健蔵・田村誠一 訳『サプライ

チェーン戦略』東洋経済新報社、1999年。

Hirschman, Albert O., *The Strategy of Economic Development*, Yale Univ. Press, 1958, 麻田四朗 訳『経済発展の戦略』巖松堂出版、1961年。

MacKey, David J.C., *Sustainable Energy–Withuout Hot Air*, UIT Cambridge Ltd., 2009, デービッド J. C. マッケイ、村岡克紀 訳『持続可能なエネルギー』産業図書、2010年。

Marten, Gerald G., *Human Ecology*, James and James (Science Publishers) Ltd., 2001, ジェラルド・G・マーテン、天野明弘 監訳・関本秀一 訳『ヒューマン・エコロジー入門—持続可能な発展へのニュー・パラダイム—』有斐閣、2005年。

Oberthür, Sebastian and Hermann E. Ott, *The Kyoto Protocol, International Climate Policy for the 21th Century*, Springer-Verlag Berlin Heidelberg, 1999, 岩間 徹・磯崎博司 監訳『京都議定書—21世紀の国際気候政策—』シュプリンガー・フェアラーク東京、2001年。

Rostow, W.W., *The Stages of Economic Growth, A Non-Communist Manifesto*, Cambridge University Press, 1960, 木村健康、久保まち子、村上泰亮 共訳『経済成長の諸段階』ダイヤモンド社、1962年。

Weizsäcker, Ernst Ulrich von, *ERDPOLITIK, Ökologische Realpolitik an der Schwelle zum Jahrhundert der Umwelt*, Wissenschaftliche Buchgesellschaft, Darmstadt, 1990, 宮本憲一・楠田貢典・佐々木建 監訳『地球環境政策—地球サミットから環境の21世紀へ』有斐閣、1994年。

日本交通学会『交通学研究』研究年報
日本物流学会『日本物流学会史』
運輸政策研究機構『運輸政策研究』
運輸調査局『運輸と経済』
海事産業研究所『海事産業研究所報』
経済調査会『道路交通経済』
高速道路調査会『高速道路と自動車』
日本地域開発センター『地域開発』

参考文献

日通総合研究所『輸送展望』
流通経済大学『流通経済大学論集』
流通経済大学物流科学研究所『物流問題研究』

Alberini, Anna, Paolo Rosato and Margherita Turvani ed., *Valuing Complex Natural Resource Systems*, Edward Elgar, Cheltenham UK, 2006.

An, Chae and Hansjörg Fromm ed., *Supply Chain Management on Demand, Strategies, Technologies, Applications*, Springer-Verlag, Berlin, 2005.

Antes, Ralf, Bernd Hansjurgens and Peter Letmathe ed., *Emissions Trading and Business*, Physic-Verlag, Heidelberg, 2006.

Banister, David ed., *Transport Policy and The Environment*, E & FN Spon, London, 1998.

Baumert, Kevin A., *Building On The Kyoto Protocol: Options For Protecting The Climate*, World Resources Institute, 2002.

Berechman, Joseph, *The Evaluation of Transportation Investment Projects*, Routledge, NY, 2009.

Bjorndal, Endre, Mette Bjorndal, Panos M. Pardolos, Mikael Rönnqvist ed., *Energy, Natural Resources and Environmental Economics*, Springer-Verlag, Berlin, 2010.

Bonavia, Michael R., *The Economics of Transport*, James Nisbet and Co.Ltd., Digswell Place, 1947.

Ceder, Avishai, *Public Transit Planning and Operation, Theory Modelling and Practice*, Elsevier, MA, 2007.

Carruthers, John I. and Bill Mundy, *Environmental Valuation, Interregional and Intraregional Perspectives*, Ashgate Pub. Ltd., 2006.

Chopra, Sunil and Peter Meindl, *Supply Chain Management, Strategy, Planning and Operation*, Pearson Prentice Hall, NJ, 2007.

Cogoy, Mario and Karl W.Steininger, *The Economics of Global Environmental Change*, Edward Elgar, Cheltenham UK, 2007.

Cowie, Jonathan, *The Economics of Transport, A theoretical and applied perspective*, Routledge, London, 2010.

Crandall, Richard E., William R. Crandall and Charlie C. Chen, *Principles Supply Chain Management*, CRC Press, Boca Raton, 2010.

Donaghy, Kieran P., Stefan Poppelreuter and Georg Rudinger ed., *Social Dimension of Sustainable Transport, Transatlantic Perspectives*, Ashgate Publishing Ltd., Aldershot England, 2005.

Endres, Alfred, *Environmental Economics, Theory and Policy*, Cambridge University Press, NY, 2011.

Fair, Marvin L. and Ernest W. Williams, Jr., *Economics of Transportation*, revised ed., Harper & Brothers Publishers, NY, 1950.

Fawcett, Stanley E., Lisa M. Ellram and Jeffrey A. Ogden, *Supply Chain Management, From Vision to Implementation*, Pearson Prentice Hall, NJ, 2007.

Feitelson, Eran and Erik T. Verhoef ed., *Transport and Environment, In Search of Sustainable Solutions*, Edward Elgar, Cheltenham UK, 2001.

Friedrich, Rainer and Peter Bickel ed., *Environmental External Costs of Transport*, Springer-Verlag, Berlin, 2001.

Garrod, Guy and Kenneth G. Willis, *Economic Valuation of the Environment, Methods and Case Studies*, Edward Elgar, Cheltenham NK, 1999.

Goodstein, Eban S., *Economics and the Environment*, fourth ed., John Wiley & Sons, Inc., Hoboken NJ, 2005.

Gottinger, Hans, *Strategic Economics of Network Industries*, Nova Science Pub., Inc., NY, 2009.

Gruden, Dušan ed., *Traffic and Environment*, Springer-Verlag, Berlin, 2003.

Hackett, Steven C., *Environmental and Natural Resources Economics, Theory, Policy, and the Sustainable Society*, 2nd ed., M.E. Sharpe, Armonk NY, 2001.

Haezendonck, Elvira ed., *Transport Project Evaluation, Extending the Social Cost-Benefit Approach*, Edward Elgar, Cheltenham UK, 2007.

参考文献

Headicar, Peter, *Transport Policy and Planning in Great Britain*, Routledge, London, 2009.

Hirschman, Albert. O., *The Strategy of Economic Development*, Yale University Press, 1958.

Hoffman, Andrew J., *Carbon Strategies, How Leading Companies Are Reducing Their Climate Change Footprint*, The University of Michigan Press, Mich., 2007.

Holder, Jane, *Environmental Assessment, The Regulation of Decision Making*, Oxford University Press, Oxford, 2004.

Ison, Stephen and Tom Rye ed., *The Implementation and Effectiveness of Transport Demand Management Measures*, Ashgate Publishing Ltd., England, 2008.

Jaggard, Lyn, *Climate Change Politics in Europe, Germany and the International Relation of the Environment*, Tauris Academic Studies, London, 2007.

Jorgenson, Andrew and Edward Kick ed., *Globalization and the Environment*, Koninklijke Brill NV, Leiden, 2006.

Lawrence, Kenneth D., Ronald K.Klimberg and Virginia M. Miori, *The Supply Chain in Manufacturing, Distribution, and Transportation, Modeling, Optimization, and Applications*, CRC Press, Taylor & Francis Group, Boca Raton, 2011.

Leinbach, Thomas R., Cristina Capineri, *Globalized Freight Transport, Intermodality, E-Commerce, Logistics and Sustainability*, Edward Elgar, Cheltenham UK, 2007.

MacKey, David J.C., *Sustainable Energy-Withuout Hot Air*, UIT Cambridge Ltd., 2009.

Marten, Gerald G., *Human Ecology*, James and James (Science Publishers) Ltd., 2001.

Mega, Voula, *Sustainable Development, Energy and the City, A Civilisation of Vision and Actions*, Springer Science-Business Media Inc., 2005.

Mitchell, Ronald B., William C. Clark, David M. Cash and Nancy M. Dickson ed., *Global Environmental Assessments, Information and Influence*, The MIT Press, Cambridge Mass., 2006.

Oberthür, Sebastian and Hermann E.Ott, *The Kyoto Protocol, International Climate Policy for the 21th Century*, Springer-Verlag Berlin Heidelberg, 1999.

Proost, Stef and John B. Braden, *Climate Change, Transport and Environmental Policy*, Edward

Elgar, Cheltenham UK, 1998.

Rauschmayer, Felix, Ines Omann and Johannes Frühmann ed., *Sustainable Development, Capabilities, needs, and well-being*, Routledge, London, 2011.

Rietveld, Piet and Roger R. Stough ed., *Barriers to Sustainable Transport, Institutions, Regulation and Sustainability*, Spon Press, London, 2005.

Rostow, W.W., *The Stages of Economic Growth, A Non-Communist Manifesto*, Cambridge University Press, 1960.

Ryan, Lisa and Hal Turton, *Sustainable Automobile Transport, Shaping Climate Change Policy*, Edward Elgar, Cheltenham UK, 2007.

Santos, Georgina ed., *Road Pricing: Theory and Evidence*, Elsevier Ltd., Amsterdam, 2004.

Sarkis, Joseph ed., *Greening the Supply Chain*, Springer-Verlag London Ltd., 2006.

Siebert, Horst, *Economics of the Environment, Theory and Policy*, seventh ed., Springer-Verlag, Berlin, 2008.

Sperling, Daniel and Susan A. Shaheen ed., *Transportation and Energy: Strategies for a Sustainable Transportation System*, the American Council for an Energy-Efficient Economy, Washington, D.C., 1995.

Tisdell, Clement A., *Resource and Environmental Economics, Modern Issues and Applications*, World Scientific Publishing Co. Pte. Ltd., NJ, 2009.

Vatn, Arild, *Institutions and the Environment*, Edward Elgar, Cheltenham UK, 2005.

Vig, Norman J. and Regina S. Axelrod ed., *The Global Environment, Institutions, Law, and Policy*, Congressional Quarterly Inc., Washington, D.C., 1999.

Voorhees, John and Robert A. Woellner, *International Environmental Risk Management, ISO 14000 and the Systems Approach*, Lewis Publishers, Boca Raton, 1997.

Weizsäcker, Ernst Ulrich von, *ERDPOLITIK, Ökologische Realpolitik an der Schwelle zum Jahrhundert der Umwelt*, Wissenschaftliche Buchgesellschaft, Darmstadt, 1990,

World Commission on Environment and Development, *Our Common Future*, Oxford University Press, 1987.

参考文献

Whittles, Martin J., *Urban Road Pricing: Public and Political Acceptability*, Ashgate Publishing Ltd., Aldershot, 2003.

Yang, Hai and Hai-Jun Huang, *Mathematical and Economic Theory of Road Pricing*, Elsevier Ltd., Amsterdam, 2005.

索　引

【あ行】

位置の効用……………………… 12, 26, 242
移動行為………………………………… 15, 18
移動できることの自由………………… 116
移動の自由…………………………… 114, 115
インターフェイス不全………………… 174
インター・モーダル…………………… 246
インフラストラクチュア…… 32, 173, 180
運賃・料金…………………………… 75, 85
温暖化問題……………………………… 41

【か行】

階層間環境条件………………………… 239
階層構造………………………………… 239
開発型社会……………………………… 254
回避可能費用…………………………… 86
価格メカニズム………… 71, 171, 196, 248
価値実現の実体過程…………………… 21
環境パラメーター……………………… 207
環境因子…………………………… 133, 134
還元性……………………………… 184, 193
機会費用…………………………… 135, 195
基軸の類型化…………………………… 35
基軸融合型社会的基礎施設…………… 228

規制緩和…………………………… 101, 234
規制政策…………………………… 250, 251
基礎的基本的人権……… 111, 114, 221, 251
基本的人権……… 111, 114, 117, 123, 219
公共財……………………………… 112, 253
公共交通機関…………………………… 122
共通の必需…………………………… 122, 230
均衡価格……………………………… 72, 76
グローバル社会…………………… 242, 254
経済の離陸……………………………… 220
契約運送………………………………… 107
結合需要……………………………… 22, 27
限界費用………………………………… 86
原初的形態………………… 5, 125, 218, 241
広義の費用意識………………………… 84
公共交通政策……………………… 221, 224
公共性…………………………… 109, 111, 222
公共性課題の担い手と分担…………… 111
公共性基準………………………… 110, 123, 146
公共性基準と私的交通システム……… 123
公共投資依存型社会…………………… 230
公共の利益………………………… 121, 123
交通……………………………………… 15
交通因子…………………………… 135, 137
交通学………………………………… 2, 13

索　引

交通過程の情報接合……………………… 162
交通権………………………………… 114, 221
交通権実現の分担………………………… 117
交通サービス…………………………… 15, 17
交通サービス生産要素………………………95
交通サービス生産要素市場……………… 98, 104
交通サービスと交通システム………………15
交通サービスの特性…………………………17
交通市場………………………… 94, 99, 104, 234
交通市場形成…………………………………99
交通市場支援性…………………………… 105
交通システム化資源………………… 68, 188, 195
交通システム間の情報整合……………… 163
交通システム形成基準…………………… 225
交通システム形成の諸条件…………………19
交通システム展開の系統性………………… 5
交通システムの基本的役割………………… 2
交通システムの原初性………………… 12, 218
交通システムの市場メカニズム接合… 92, 228
交通弱者…………………………………… 224
交通需要条件……………………………… 188
交通需要マネジメント…………………152, 155
交通政策の総合性…………………… 245, 251
交通政策の役割…………………………… 215
交通対象………………… 2, 13, 26, 170, 188, 202
交通対象化資源………………… 68, 185, 195, 233
「交通対象化資源／交通システム化資源」比
　……………………………… 71, 153, 209, 233
交通対象の位置……………………… 44, 245
交通における市場の重層化……………… 104
交通における費用問題の位置付け………68
交通の意義・本質……………………………13
交通の自由…………………… 27, 114, 217, 251

交通の自由度……………………… 125, 251
「交通」の定義 ………………………………29
交通の連続性……………………… 136, 250
交通費用………………………… 76, 80, 196, 203
公的機関の役割…………………………112, 120
公的資本………………………………… 112
高度情報化交通システム…………… 159, 170
高度情報化交通システム社会 ………… 159
国民国家…………………………… 60, 121
国民経済…………………………… 60, 121, 152
個人の権利意識…………………………164, 182
個別環境…………………………… 180, 239
個別交通需要対応性…… 5, 7, 54, 125, 144, 151, 243, 251
個別交通需要対応性の実現……………… 144
「個別主体」…………………………………29
個別主体の財産権……………………………31
個別主体の負担能力…………………………31
「個別性」…………………………………… 4
個別要素費用…………………………………72
コモンキャリア（Common Carrier）… 122

【さ行】

再使用・再利用……………………… 186
サステナビリティ…………… 12, 71, 154, 170, 181, 196, 207, 215, 247, 254
サステナブル・ディベロップメント……12
サプライチェーン…………… 40, 174, 232
サプライチェーン・マネジメント…… 40, 174, 232
産業革命……………… 37, 51, 89, 165, 182
産業革命発祥……………………… 219, 240
参入・退出障壁……………………… 61, 234
シェアリング・システム………………… 227

269

時間価値	231
時間的・場所的乖離	6, 21
資源因子	133
資源均衡型社会	225
資源効率評価	172
資源循環型社会	141, 210
資源循環性	71, 228
資源スプロール化	193
資源展開の二元性	188
資源の最適配分	72, 100, 197
資源非効率	20, 71, 106, 166, 191, 232
資源費用概念の導入	195
資源利用システムの重層・階層化の分析	210
自己完結性	30, 55
自己完結的循環性	139
市場価格型費用	200
市場形成と交通過程	89
市場参入の3類型	94
市場主導型社会	91
市場の失敗	52, 91, 101, 149, 234
市場の重層的展開	103
市場メカニズム	88, 92, 99, 104, 106, 148, 228, 234
市場メカニズムと交通システム形成基軸	91
システム間インターフェイス	62
自然循環システム	182
自然独占性	91
持続的発展	38, 115, 182, 187, 240, 248
「実現価値量／費用」比	79
「私的」	29, 50
私的管理下	32, 84
私的管理性	32, 55
私的交通	3, 25, 29, 43, 68, 88, 109, 142, 167, 175, 179, 200, 214, 245
私的交通システム性	47, 144, 170
私的交通システムと地域交通	142
私的交通システムの位置付け	43, 142, 217, 251
私的交通システムの概念形成	25
私的交通システムの定義	29
私的資本	112
シビル・ミニマム	32, 225
資本主義社会	63, 248
資本主義的社会関係	193
市民社会	58, 111, 114, 165, 220, 229, 255
市民社会意識	60, 164, 240
市民社会のダイナミズム	224
「社」	124
社会関係因子	134
社会資本	119
社会的基礎施設	119, 120, 123, 229
社会的基礎性	124, 235
社会的基礎投資	52
社会的共通需要	60, 147
社会的総効用の最大化	72, 232
収益性の不安定	234
集積とネットワーク	154
集積の利益	138, 154
集団的意思決定システム	165
主観的価値判断	192
需給一体性	160
需給間乖離	6
需要主導性	101, 103
需要待機型	230
需要優先性	83
循環型地域社会	205, 209

索　引

省資源 …………………… 184, 193, 206	タウン社会 ……………………… 253
情報依存型社会 ………………… 159	単位実現価値量 ………………… 69
情報化社会 ………………… 159, 173	端末交通 ………………………… 167
情報化の経済 ……………… 161, 166	端末需要 ………………………… 38
情報集積型社会 ………………… 22	地域活性ダイナミズム ………… 136
情報主導型交通システム ……… 160	地域環境 …………………… 179, 239
情報条件サステナビリティのリスク・マネジメント ……………………… 164	地域還元性 ……………………… 184
	地域交通マネジメント ………… 151
情報・情報化の経済 ……… 164, 166	地域資源のシナジー効果 ……… 168
情報先行型社会 ………………… 159	地域社会 …………… 129, 206, 253
情報綜合 ………………………… 163	地域社会形成と機能因子 ……… 133
自律的サステナビリティ ……… 140	地球外環境 ………………… 181, 184
人口・資源分布の不均等 ……… 5	地球外資源 ……………………… 207
人類の生存基盤 ………………… 15	地球科学的適合性 …… 207, 241, 254
スプロール現象 ………………… 139	地球科学的バランス …………… 238
生産要素事業者 ………………… 235	地球環境 …… 41, 70, 134, 171, 179, 181, 196, 238
生産要素市場 ………… 96, 104, 235	
生産・流通・消費 ……………… 40	地球環境適合的循環型社会 …… 183
生存性の実体化 ………………… 143	地球環境負荷評価 ……………… 196
政府の役割 ……………………… 120	地球環境問題 ……… 70, 134, 182, 195
先行投資性 ………………… 73, 197, 230	地球資源 … 12, 165, 183, 196, 207, 236, 255
戦略的投資 ………………… 70, 138	地球資源の人間社会機能化 …… 165
戦略投資 ………………………… 52	調整政策 ………………………… 247
総合原価主義 …………………… 78	調整と規制 ……………………… 247
相対的間接評価指標 …………… 209	地理的二次元性 ………………… 131
総費用、部分費用 ……………… 201	投入・産出関係 …………… 135, 198
ソーシャル・インフラストラクチュア … 32	独立採算性 ……………………… 204
ソーシャル・ミニマム …… 111, 121, 228	**【な行】**
即時財 ……………… 17, 34, 94, 99, 106, 190	
即時財の非貯蔵性 ……………… 94	人間社会 …… 1, 89, 114, 119, 164, 193, 214, 252
即時性と交通システム ………… 17	
【た行】	人間社会循環システム ………… 181
	人間社会の持続的進化性 ……… 9
第三セクター …………………… 112	ネットワーク ………… 59, 63, 173, 248

271

ネットワーク社会……………………… 173
ネットワークの経済………………… 63, 154

【は行】

バーチャル・リアリティ……………… 166
排他的支配…………………… 29, 30, 54
排他的支配になる交通手段………… 29, 30
発展段階における臨界域……………… 7
発展段階論的認識……………………… 175
パラダイム… 23, 58, 91, 152, 175, 187, 241, 254
範囲の経済性………………………… 105
比較指標としての運賃・料金………… 85
費用因子……………………………… 135
費用算定の基礎………………………… 72
費用対効果………………… 74, 204, 233
費用の「包括把握」…………………… 204
費用補償システムの多元化…………… 80
費用問題と運賃・料金………………… 75
不確実性… 17, 34, 58, 63, 160, 169, 173, 192, 230
不確実性の拡大……………………… 160
不使用能力………………… 16, 197, 230
負担能力………………………………… 82
負の指標＝費用………………………… 69
プロセス・アプローチ……………… 204
分業の経済………………… 66, 90, 95
分業の論理……………………………… 89
文明史………………… 22, 181, 252
文明史上の臨界条件………………… 181
平均費用………………………………… 85

【ま行】

自らの交通需要………………… 33, 56

【や行】

有機的機能化…………………………… 3
有機的コンプレックス……………… 137

【ら行】

Life Cycle Assessment（LCA）……… 174
利便性………………………… 56, 243
量産化、多角化、系列化、
　広域・国際化………………………… 64
歴史的発展段階………………… 7, 91
連鎖需要……………………………… 38
ロード・プライシング……………… 158

【著者紹介】
生田　保夫　（いくた　やすお）

1943年　東京都滝野川区に生まれる
1967年　明治大学商学部卒業
1972年　明治大学大学院商学研究科博士課程修了
1978年　商学博士
現　在　流通経済大学経済学部教授　交通論担当

主　著
『〔改訂版〕交通学の視点』流通経済大学出版会

私的交通システム論

発行日	2011年8月15日　初版発行	
著者	生田保夫	
発行者	佐伯弘治	
発行所	流通経済大学出版会	
	〒301-8555　茨城県龍ヶ崎市120	
	電話　0297-64-0001　FAX　0297-64-0011	

ⓒYasuo Ikuta 2011　　　　　　　　　Printed in Japan/アベル社
ISBN 978-4-947553-52-2 C3033 ¥3500E